天津社会发展报告

（2021）

主　　编　靳方华　钟会兵

执行主编　张宝义　蔡玉胜

天津社会科学院出版社

图书在版编目（CIP）数据

天津社会发展报告. 2021 / 靳方华主编. -- 天津 : 天津社会科学院出版社, 2021.1
（天津蓝皮书）
ISBN 978-7-5563-0673-2

Ⅰ. ①天… Ⅱ. ①靳… Ⅲ. ①社会发展－研究报告－天津－2021 Ⅳ. ①D672.1

中国版本图书馆CIP数据核字(2020)第229479号

天津社会发展报告. 2021
TIANJIN SHEHUI FAZHAN BAOGAO 2021

出版发行：天津社会科学院出版社
地　　址：天津市南开区迎水道7号
邮　　编：300191
电　　话：（022）23360165（总编室）
　　　　　（022）23075303（发行科）
网　　址：www.tass-tj.org.cn
印　　刷：天津午阳印刷股份有限公司

开　　本：787×1092　毫米　1/16
印　　张：20.75
字　　数：318千字
版　　次：2021年1月第 1 版　2021年1月第 1 次印刷
定　　价：108.00元

《天津社会发展报告（2021）》编辑委员会

前　言

2020 年是我国由全面建成小康社会向基本实现社会主义现代化迈进的关键年。站在“两个一百年”奋斗目标的历史交汇点，党的十九届五中全会审议通过了《中共中央关于制定国民经济和社会发展第十四个五年规划和二〇三五年远景目标的建议》，天津市委十一届九次全会通过了《中共天津市委关于制定天津市国民经济和社会发展第十四个五年规划和二〇三五年远景目标的建议》。以上《建议》为天津发展做出了战略部署，擘画了发展蓝图、规划和路径，开启了天津全面建设社会主义现代化大都市的新征程。

为深入贯彻落实党的十九届五中全会和天津市委十一届九次全会精神，《天津社会发展报告（2021）》坚持以人民为中心的发展理念，对天津社会发展成就以及社会各领域发展经验进行全方位的深度分析和系统总结，并对未来形势进行前瞻性预测。本报告主要运用数据统计分析、问卷调查、实地考察调研、专家走访与座谈等多种形式相结合的研究方法，由政府部门、科研机构与各领域专家、学者共同参与完成，对天津社会发展全局与各社会领域进行系统化、多角度、立体式和全方位审视与思考。

《天津社会发展报告（2021）》共计收录 23 篇研究报告，分为综合篇、社会发展篇、社会建设篇、社会治理篇、专题篇五部分。综合篇包括贯彻落实党的十九届五中全会精神和社会发展形势分析报告 2 篇；社会发展篇包括人口变迁、生态环境、社会组织、智能社会等发展研究报告 7 篇；社会建设篇包括人才建设、文明建设、文化消费、帮扶工作等报告 5 篇；社会治理篇包括社会治安、社区治理、疫情防控等报告 5 篇；专题篇包括社会与文化领域的专题研究报告 4 篇。

《天津社会发展报告（2021）》是由天津社会科学院发起，与天津市统计局、天津市经济发展研究院、天津市信息中心、天津市教育科学研究院、天津市卫生健康发展研究中心等单位联合编撰，旨在为市委市政府及相关部门战略决策提供有价值的参考建议。

目 录

综 合 篇

社会发展篇

社会建设篇

社会治理篇

专　题　篇

天津社会 2020 年十大亮点和 2021 年十大看点

天津社会科学院课题组[①]

一、2020 年天津社会十大亮点

亮点一："四个战时"打赢津门战"疫"，彰显伟大抗疫精神

2020 年，面对突如其来的新冠肺炎疫情，天津市委、市政府始终把人民群众生命安全和身体健康放在第一位，迅速确立"四个战时"标准，提升等级，严防死守，打出了一系列津门战"疫"组合拳：从全国率先启动"密接者"集中隔离观察，到"一船两机三楼"果断处置；从迅速集结，白衣执甲，驰援疫区，到部署津城总动员，群防群治，联防联控；从有力有序推动复工复产，到"滨城大筛"完成 246 万人核酸检测……1600 万海河儿女在市委、市政府带领下，戮力同心，抗击疫情取得重大战略成果，交出了一份出色的"天津答卷"。作为中央指导组专家组中医代表人物，天津中医药大学校长张伯礼院士被授予"人民英雄"国家荣誉称号。这是天津这座城市的光荣和自豪。

亮点二：冲刺攻坚战"最后一公里"，高质量完成脱贫攻坚任务

2020 年是脱贫攻坚决战决胜之年。天津坚持"升级加力、多层全覆盖、有限无限相结合"，精准扶贫、精准脱贫，攻克深贫堡垒，真金白银为受援地冲刺脱贫攻坚战"最后一公里"提供强助攻。到 2020 年 11 月底，天津结对帮扶的 50 个贫困县全部实现脱贫摘帽，335 万贫困人口携手小康。东西部扶

① 执笔人：吴阿娟

贫协作和对口支援任务的圆满完成，为高质量完成脱贫攻坚任务、全面建成小康社会做出了天津贡献。与此同时，天津保持攻坚态势，全面完成了本市结对帮扶困难村工作，通过产业帮扶、就业援助、金融帮扶等行之有效的举措，确保了全面高质量小康路上不落一村一户一人。

亮点三：组合拳持续推进“稳就业”，着力解决“最大的民生”

就业是最大的民生。稳住就业基本盘，即是稳民生、稳人心。2020 年，面对压力，天津多措并举、多管齐下，千方百计增岗位、保就业：“稳就业 32 条”“强化稳就业举措 76 条”“高校毕业生就业 40 条”等政策措施先后落地实施，持续推进；加大资金投入力度，打出财政补贴政策保障组合拳；大力支持企业复工稳岗；促进多渠道灵活就业；搭建智慧就业信息化服务平台等。截至第三季度末，全市新增就业 37 万多人，劳动力就业状况迅速恢复。天津坚持把稳就业摆在突出位置，健全有利于更充分更高质量就业的促进机制，全力确保了就业形势总体稳定。

亮点四：发展新时代“枫桥经验”，三级社会矛盾调处中心解民忧

坚持和发展新时代“枫桥经验”，立足于畅通和规范群众诉求表达、利益协调、权益保障通道，2020 年 5 月 15 日，天津市社会矛盾纠纷调处化解中心挂牌成立。该中心整合市级部门资源，形成了“一站式接待、一揽子调处、全链条解决”工作模式。老百姓遇到难事有地儿“找个说法”，切实把各类社会风险隐患化解在了萌芽状态、解决在了基层末端，筑牢首都“政治护城河”。全市 16 个区、257 个街乡镇和功能区，已构建起市、区、街乡镇三级社会矛盾纠纷调处化解中心，有力推动了构建源头防控、排查梳理、纠纷化解、应急处置的社会矛盾综合治理机制。

亮点五：小板凳聊出大民生，党建引领基层治理体制机制创新

借鉴疫情防控期间党员干部下沉社区的好经验好做法，落实市委“向群众汇报”工作机制，践行“人民至上”理念，天津各区积极开展“海河夜话”

活动。与老百姓马扎围坐、唠家常、扫微信、交朋友，使得“连接群众”变得既有内容又有温度，精准服务直连民心，从小切口入手推进了城市社会治理现代化的大文章。持续深化“战区制、主官上、权下放”工作机制，坚持以党建为引领，积极进行基层治理体制机制创新，把党的政治优势、组织优势、群众工作优势转化为基层治理优势，天津打出了自己的社会治理品牌。

亮点六：文明城区创建成效显著，市民素质和社会文明程度提升

2020 年，是创建全国文明城区决战决胜之年。家庭全覆盖、全市各社区、村居全覆盖、工作、生活场所全覆盖等多个“全覆盖”让文明如影随形。依托全市 4000 多名街片长和 1.2 万多名小巷管家，通过美丽社区创建、志愿者服务、环境卫生大清整等一系列举措，形成了社会公众参与共建共治共享的良好格局，社会主义核心价值观深入人心，市民素质和社会文明程度不断提升。2020 年全域文明城区创建成绩喜人：西青区、北辰区、滨海新区新晋第六届全国文明城区；和平区、河西区复查确认保留全国文明城区荣誉称号。

亮点七：“871”重大生态工程加快推进，谱写城市绿色发展代表作

“871”(“875 平方公里湿地升级保护”“736 平方公里绿色生态屏障建设”“153 公里海岸线严格保护”）成为我市一串“城市生态密码”，深刻阐释着绿色发展新路子。其中，在中心城区与滨海新区中间地带构筑绿色生态屏障，打造京津冀东部生态走廊，是天津绿色高质量发展的代表作，显著提升了城市“颜值”和“气质”，推动了京津冀生态共建共享。2020 年也是污染防治攻坚战收官之年，我市打好蓝天、碧水、净土三大保卫战，主要污染物排放总量持续减少，大气质量明显改善，PM2.5 年均浓度下降到 48 微克/立方米，截至 12 月 1 日重污染天气仅为 11 天。“绿底色”给津城百姓带来了实实在在的幸福感。

亮点八：“数字生活”满意度全国前十，城市数字化水平不断跃升

从云买菜到云课堂，从云办公到云办会，再到火热的直播带货……“数字生活”“云生活”十分亮眼，释放新的增长动能。天津致力于加强数字社会、数字政府建设，推动公共服务、社会治理等领域的数字化、智能化不断跃上新水平。建成“津心办”一网通办平台，实现了1100多个服务事项“指尖查询、掌上通办”，涉及八大民生领域近百种服务项目；建成“津治通”一体化社会治理信息化平台，实时体现全市“全科网格”工作情况，实现全市四级贯通应用。《中国城市数字治理报告（2020）》显示，天津市民的“数字生活”满意度位居全国前十。

亮点九：兜牢民生大小事，“绣花功夫”织密多层次社会保障网

截至2020年第三季度，全面完成农村困难群众危房改造任务、改造城市积水片区、建成150个美丽村庄等2020民心工程，已一一兑现。城乡最低生活保障标准增至每人每月1010元、失业保险金月人均增加90元、养老床位新增约4000张、幼儿园学位新增3.8万个、院前医疗急救站点达到196个、急救平均时间降至9分03秒、农村饮水提质增效工程144个村通水、新建8座垃圾处理厂、连续5年提前和延长供暖期，取暖补贴受益人群达15万……我市下足“绣花功夫”，通过多种扶持政策和服务措施拉动，做好普惠性、基础性、兜底性民生建设，织密多层次社会保障，筑牢了民生基石。

亮点十：“十三五”社会建设成就斐然，进入品质社会建设新纪元

2020年11月27日，天津市委十一届九次全会审议通过了《关于制定天津市国民经济和社会发展第十四个五年规划和二〇三五年远景目标的建议》，对“十三五”时期天津社会发展取得的重大成就做出总结。全面建成小康社会取得决定性成就；城乡居民人均可支配收入年均增长8.1%；用于民生的财政支出达到75%以上；标志性污染物PM2.5年均浓度下降31%……一系列数字见证了“十三五”时期天津社会建设取得的不凡成绩。“十四五”时期，“提高人民群众生活品质”成为奋斗目标。提高就业质量和城乡居民收入、建设高质量教育体系、加快建设健康天津、实施应对人口老龄化战略等将强力推进。天津进入“品质”社会建设新纪元。

二、2021 年天津社会十大看点

看点一：“十四五”擘画社会发展新目标，建党百年民生事业再上新台阶

2021 年，确保“十四五”开好局起好步，以优异成绩庆祝建党 100 周年，成为令人瞩目的看点。天津市委十一届九次全会确立了“十四五”时期天津社会发展的主要目标：城市文明程度得到新提高、生态文明建设取得新成效、民生福祉达到新水平、治理效能得到新提升。“新”字当头，成为天津社会建设的风向标和路线图。随着目标逐步实现，在幼有所育、学有所教、劳有所得、病有所医、老有所养、住有所居、弱有所扶上将持续取得新进展，使人民群众的获得感成色更足、幸福感更可持续、安全感更有保障。到 2035 年，“城乡居民人均收入迈上新的大台阶”的美好远景更是可期可盼。

看点二：打造“津城”“滨城”双城格局，城市空间布局更加优化

天津市委十一届九次全会，提出了打造 “津城”“滨城”双城发展格局。这是推进京津冀协同发展、打造世界级城市群的重大举措，是用新发展理念优化完善城市布局的必然选择，将推动城市发展由“单中心”向“多中心”转变升级，形成“一市双城”空间布局。打造双城发展格局意义重大，“津城”的现代服务功能将明显提升，“滨城”的城市综合配套能力将显著增强，合理分工、功能互补、协同高效的空间布局将更加优化。双城发展格局也必将惠及双城百姓生活，就业岗位、生态环境、公共服务、交通出行、城市文化等方面将不断涌现新变化，产生新影响，带来新实惠。

看点三：进一步推动市域社会治理现代化，推进社会高效能治理

以党建为引领，全面加强党的领导，是天津推进基层治理现代化的一根“红线”和破解基层治理突出问题的一把“金钥匙”。天津坚持党的基层组织建设与社会治理一体化推进，健全党组织领导的自治、法治、德治相结合的城乡基层治理体系，不断推进市域社会治理现代化。2021 年，是天津持续深化创新“战区制、主官上、权下放”党建引领基层治理体制机制的一年，将进一步加强基层社会能力建设，推动社会治理和服务重心向基层下移，向基层放权赋能，织密社会综治网格，提升“智”理水平。作为全国第一批市域社会治理现代化试点地区（创建期为 2020—2022 年），滨海新区等正积极推动市域社会治理现代化在天津的生动实践，推进社会高效能治理。

看点四：重点领域立法回应群众新期盼，法治天津建设进程加快

随着《天津市人民政府立法规划（2020—2022 年）》实施，地方立法工作格局将进一步完善。加强重点领域立法，深化京津冀协同立法，坚持立改废释并举，将不断提高立法质量和效率，有效回应人民群众新期盼，使立法能够反映人民意愿、得到人民拥护、经得起实践检验。2021 年，《天津市养老服务促进条例》《天津市社会信用条例》《天津市工会劳动法律监督条例》等一系列事关社会民生发展的法律法规将相继出台实施。通过不断构建系统完备、科学规范、运行有效的制度体系，将为全面提高社会主义现代化大都市治理能力和水平提供法治保障，有力推动法治天津、法治政府、法治社会一体建设进程。

看点五：“一老一小”重要民生问题着力突破，“幸福指数”看涨

2021 年是《天津市促进养老服务发展三年行动方案（2019—2021 年）》收官年，将实现四大目标，满足人民群众多层次多样化养老服务需求。《天津市养老服务促进条例》也将于 2021 年 1 月 1 起正式施行，将进一步推动养老服务多元化人性化智慧化发展。目前我市人口老龄化程度持续加深，“十四五”时期，养老问题将作为重大民生问题加以重点突破，实施应对人口老龄化战略，确保实现老有所养。完善普惠性学前教育、推进教育公平、推动义务教育优质均衡发展和城乡一体化等目标将逐步制定举措落地。“一老一小”重点民生领域的着力突破、持续优化，人民群众“幸福指数”看涨。

看点六：城市服务创新应用“智能+”，新型智慧城市加速到来

《中国互联网发展报告 2020》显示，天津位列中国互联网发展指数综合排名第九名。天津着力于推进城市运行管理智能化，促进信息化与绿色化在城市管理、政务服务、交通服务、公共服务、居民生活等服务领域的应用，推动城市治理更加精细化、现代化、智能化、人性化。2021 年，随着做强“城市大脑”，加速社区服务智能化、提高全民数字技能，实现信息服务全覆盖等，我市围绕医、食、住、行、乐等方面将不断开展城市服务创新应用，支撑城市健康高效运行和突发事件快速智能响应等，提升城市品质品位。新型智慧城市正加速朝你我走来。

看点七：推动全域旅游示范区建设，文旅融合打造靓丽城市名片

已成功创建国家全域旅游示范区的蓟州区和 2020 年 12 月 17 日被认定为国家全域旅游示范区的中新（天津）生态城、和平区，成为我市首批 3 家市级全域旅游示范区。我市深挖历史文化资源，实施文旅融合品牌战略，坚持以文塑旅、以旅彰文，推动文化和旅游融合发展。编制《天津市文化和旅游融合发展“十四五”规划（2021—2025）》，深入推进长城国家文化公园（天津段）、大运河国家文化公园（天津段）、双城中间绿色生态屏障旅游区、湾区亲海亲水旅游项目、东疆海洋主题旅游项目、东方伊甸园项目等六大标志性项目，实施文化和旅游消费惠民工程。文旅融合，商旅并举，推动全域旅游示范区建设，将打造出一张张靓丽的城市名片。

看点八：生活垃圾管理条例落实关键年，依法推行关乎你我他

《天津市生活垃圾管理条例》于 2020 年 12 月 1 日起正式施行，这是深入贯彻落实习近平总书记生态文明思想特别是关于垃圾分类工作的重要指示精神，按照市委工作要求，以法治力量推动生活垃圾分类制度化的一项重要举措。到 2020 年底前，我市生活垃圾分类法律法规和制度体系基本建成。2021 年是《天津市生活垃圾管理条例》推行的第一年，是建立健全生活垃圾分类

投放、分类收集、分类运输、分类处理全程分类管理系统、落实生活垃圾分类制度全覆盖等任务的关键年份。全面推行垃圾分类，遵从减量化、资源化、无害化原则，对提升城市文明程度、改善城市环境意义重大，关乎人人。

看点九：便利 10 万人京津通勤，出行体验更快更优更智能

天津重磅推出 12 项京津通勤便利化举措，涉及实行京津城际运营公交化、推出支付优惠同城化、实现枢纽通达便利化、开通重点区域直通车四个方面，力争在 2021 年年内全部落地。这将大大便利每天往返京津通勤出行的 10 万人。2021 年，津静市郊铁路还将开工建设；津石高速将全线贯通，实现 1.5 小时到达雄安新区……打造津、滨双城间 20 分钟直达轨道线网、建设“轨道上的京津冀”等发展前景，让人们对城市交通网线充满期待。同时，随着《天津市交通强国建设试点实施方案》及试点任务申请的顺利获批，无人递送、无人巴士、共享出行等场景智慧交通应用将很快出现在你我身边，带来全新体验。更快、更优、更智能的交通出行令人期待。

看点十：社会主义核心价值观引领公共文化服务，“滨海模式”创立新样本

滨海新区 2018 年入选第四批国家公共文化服务体系示范区创建资格名单。2020 年 9 月至 12 月，示范创建验收工作展开。两年多来，滨海新区通过加强设施建设、加快公共文化服务体制机制改革，全面提升了服务品质和效能。一个覆盖城乡、布局合理、便捷高效、保基本、促公平、做示范的现代公共文化服务体系全面展现，并创造了新时代公共文化服务领域加强社会主义意识引领的“十个有”滨海模式。通过“组团式”“矩阵式”“融合式”“聚能式”“赋能式”等实践活动，社会主义核心价值观的文化传播能力显著增强，初步创立了社会主义核心价值观引领公共文化服务发展的新样本。

综　合　篇

贯彻落实党的十九届五中全会精神 开创天津社会发展新局面

天津社会科学院课题组[①]

摘　要：“十三五”以来，天津市社会发展取得长足进步，更好满足了人民群众的物质文化需求，教育发展水平明显提升，医疗改革取得重大进展，就业和收入水平显著提高，社会保障能力极大增强，社会救助体系日趋健全，社会治理迈出实质性步伐。与此同时，天津市社会发展还存在较多短板与弱项，与人民群众对美好生活的新期待相比，还有较大差距，主要表现为民生保障不充分、不平衡，供给服务水平和能力不足，社会治理不协调、不完善，尚未完全形成共建共治共享治理格局。“十四五”时期，天津市的社会发展水平将得到进一步提升，社会发展内涵将得到进一步拓展，社会发展空间将得到进一步扩大，社会发展质量将得到进一步提高，主要趋势和基本特征表现为社会发展越发具有主导性、越发具有全面性、越发具有均衡性、越发具有法治性。十九届五

① 执笔人：王东

中全会审议通过的《中共中央关于制定国民经济和社会发展第十四个五年规划和二〇三五年远景目标的建议》，对今后五年的社会发展，从更高站位、更高要求出发，提出了“改善人民生活品质，提高社会建设水平”的新思路、新方略，从七个方面作出了新谋划、新部署。天津市应按照“一二七”的思路及策略，不折不扣地抓好贯彻落实。“一个思想”，即坚持以人民为中心的发展思想；“两大任务”，即改善人民生活品质和提高社会建设水平；“七项举措”，即推进社会发展的七项重大措施，分别为多渠道增加城乡居民收入，推动实现更高质量的就业，全面提升教育质量和水平，建立更加公平更可持续的社会保障体系，提升健康和医疗服务水平，加强人口服务与管理，打造共建共治共享的社会治理格局。

关键词： 党的十九届五中全会　社会发展　保障民生　社会治理　天津市

党的十九届五中全会是在“两个一百年”奋斗目标历史交汇点上召开的一次十分重要的会议。会议高度评价了决胜全面建成小康社会取得的决定性成就，统筹考虑了“十四五”规划和 2035 年远景目标，对“十四五”时期我国发展做出战略部署，对于全面建设社会主义现代化国家开好局、起好步，开辟中国特色社会主义新境界，实现中华民族伟大复兴的中国梦，具有十分重要的意义。全会审议通过的《中共中央关于制定国民经济和社会发展第十四个五年规划和二〇三五年远景目标的建议》（以下简称《建议》），对我国“十四五”时期的社会发展事业进行了全面部署，为天津市推动社会发展指明了前进方向，提供了根本遵循。

“十三五”以来，天津市坚持以习近平新时代中国特色社会主义思想为指导，以习近平总书记对天津工作提出的“三个着力”重要要求为元为纲，把新发展理念贯穿发展全过程和各领域，坚定不移走高质量发展之路，紧扣京津冀协同发展大局，落实“一基地三区”功能定位，坚持把保障和改善民生作为出发点和落脚点，坚持财政再紧保障民生的力度不减弱的目标不懈怠，一方面加强顶层设计，健全完善政策体系，另一方面则有效提升基本公共服务能力，提高社会治理水平，切实增强了人民群众的获得感、幸福感、安全感，取得了历史性进步。

一 “十三五”以来天津市社会发展取得新成效

一是教育发展水平明显提升。教育为民生之本。2016—2019 年，天津市教育事业全面发展。加快实施学前教育五年行动计划，新建改扩建和提升改造幼儿园 218 所；关注“一小”问题，新增幼儿园学位 6 万余个。完成 890 多所义务教育学校第三轮现代化达标验收，天津市成为国家首批“三全育人”综合改革试点市。完成第二批特色高中建设评估验收，推出 54 个普通高中学科特色课程基地，7 所高职院校、10 个专业群入选全国“双高计划”。全国新工科教育创新中心落户天津大学，天津茱莉亚学院大学预科项目正式开学，5 所高校、12 个学科入选国家“双一流”建设项目。积极推进国家现代职业教育改革创新示范区建设，成功举办第十届全国职业院校技能大赛和全国职业教育活动周。全市各大中小学校焕然一新，成为群众眼里亮丽的风景。

二是医疗改革取得重大进展。启动健康天津建设，天津中医药大学第二附属医院竣工，黄河道医院改扩建等建设项目建成。全面推开家庭医生签约服务，实现医保异地就医住院费用直接结算。分级诊疗格局基本形成，全市所有二、三级医院和基层医疗卫生机构参加医联体建设，组建专业的专科医联体取得重大突破。“天津健康体育云平台”上线启动，动态监测市民体质状况。天津市儿童医院马场院区投入使用，天津市第一中心医院新址改扩建项目封顶，天津市中心妇产医院、天津市胸科医院老院区改造工程开工。国家集中采购和使用试点药品价格大幅降低，二级以上公立医院智慧服务实现全覆盖。院前医疗急救反应速度大幅提高，急救站点增至 171 个。人均期望寿命 81.69 岁，婴儿死亡率控制在 6‰以下。持续实施天津市妇女儿童健康促进计划，服务 401.4 万人次。天津中医药大学第一附属医院成为第四批国家中医临床医学研究中心。截至 2019 年末，天津市共有各类卫生机构 5964 个，卫生技术人员 10.96 万人。

三是就业和收入水平显著提高。天津市大力实施就业优先战略，采取积极的就业政策，包括实施“海河英才”行动计划，出台并落实降低社会保险费率，做好援企稳岗工作，实行高校毕业生求职创业补贴，提高技能人才的待遇，妥善安置化解过剩产能企业职工，推动工资集体协商，保证零就业家庭、低保家庭至少有 1 人实现就业等一系列政策，千方百计稳就业、促就业。2016—2019 年，天津市新增就业人数呈逐年递增趋势，2019 年新增就业首次突破 50 万人，四年累计新增就业人数 197 万。2020 年，为缓解疫情带来的就业压力，天津创新就业服务方式，通过“云招聘”畅通高校毕业生就业渠道，通过东西协作将就业与扶贫良性结合，通过“就业红娘”牵线破解困难群众就业难题，通过启动 1422 个社区工作者岗位、2000 个市属国有企业岗位、3000 个基层教师岗位的招聘工作，进一步拓宽就业渠道，保就业工作取得阶段性成果，就业形势总体平稳。落实城乡居民增收措施，城乡居民收支平稳增长，2019 年全市居民人均可支配收入 42404 元，是 2016 年的 1.24 倍；全市居民人均消费支出 31854 元，是 2016 年的 1.22 倍，其中 2016—2019 年的教育文化娱乐、医疗保健支出，每年增长幅度都超过 10%。

四是社会保障能力极大增强。2016—2019 年，天津市社会保障体系不断完善，低保标准在实现城乡一体化的基础上，从 2016 年的 705 元（城市）、540 元（农村），统一调整为每人每月 1010 元。建立职工大病保险制度，覆盖 590 万职工，职工和居民医保门诊报销限额、贫困人口大病保险保障水平进一步提高。截至 2019 年末，全市参加职工基本医疗保险人数为 595.04 万人，参加居民基本医疗保险人数为 541.94 万人，参加城镇职工基本养老保险人数为 695.57 万人，参加城乡居民养老保险人数为 164.49 万人，参加城镇职工工伤保险人数为 400.22 万人，参加城镇职工失业保险人数为 335.51 万人，参加城镇职工生育保险人数为 341.26 万人。

五是社会救助体系日趋健全。着力解决“一老”问题，构建以社区为支撑的居家养老服务体系，加强特殊困难群体帮扶，建成“救急难”服务平台，残疾人无障碍导向标识系统进一步完善，城乡低保、低收入家庭救助、特困供养等标准得到新提升。2019年末，全市建成109个老年日间照料服务中心，养老机构364个，老人家食堂1565家；全市低保对象14.10万人，特困供养人员1.20万人，各类福利机构收养人员2.78万人。2020年，天津市还及时将受疫情影响生活陷入困境的人员，纳入社会救助范围，通过适度扩大低保覆盖范围，做到应保尽保，通过适度扩大临时救助范围，实现应救尽救，落实特困人员救助供养政策，加强照料服务，加强对生活困难群众的排查走访，强化兜底保障，规范社会救助工作流程，提高社会救助效率水平。

六是社会治理迈出实质性步伐。近年来，天津市主动服务保障京津冀协同发展重大国家战略，努力探索新时代超大城市治理特点规律，以解决市域内影响国家安全、社会安定、人民安宁的突出问题为着力点，加强市域治理体制机制创新，把深入推进“战区制、主官上、权下放”作为全市“1号改革创新工程”强力推动，走出了一条超大城市社会治理的新路子。按照“战区制、主官上、权下放”的社会治理原则，全市被视作国家治理的一个“战区”，16个区、248个街镇、5205个社区村层层划分为“分战区”，各“战区”党委书记是该区域社会治理的第一责任人，打造党委主导、战区主管、部门主责、基层主抓的工作格局。以机构改革为依托的“街镇吹哨，部门报到”制度，重新定义基层政府或派出机构与职能部门之间的关系，赋予街道对有关部门的调度权、考核评价权、人事建议权，同时明确提出应由部门落实的工作职责不得下派给街道社区，确保街道聚精会神抓党建、抓治理、抓服务。为改变各地普遍存在的“七网八网、各自为战”的情况，将全市划分全科网格2.2万个，配备了2.4万余名网格员，明确社区（村）党组织书记担任网格长，民警担任副网格长。依托网格化管理和信息化平台，调度指挥各方力量资源，整合熟悉基层情况的社会力量，共同推进社会治理，将矛盾纠纷化解于萌芽之中。当前，天津市“放管服”改革工作走在全国前列，平安城市建设使本市的安全指数位居全国前列，发起全国第一个社区志愿者组织，积极推出诸多志愿服务品牌。在抗击新冠肺炎疫情期间，全市共有8431支志愿团队的 277689 名志愿者参与到社区管控、关爱特殊群体等志愿服务工作中，极大地助力了天津市的抗疫工作。

二 “十四五”时期天津市社会发展面临的形势分析

“十三五”时期天津市社会发展取得长足进步，更好满足了人民群众的物质文化需求，创造出平安和谐、公平正义的社会环境，全市广大人民群众安居乐业、幸福生活。但也要看到，天津市的社会发展还存在较多短板与弱项，与人民群众对美好生活的新期待相比，还有较大的差距。民生保障不充分、不平衡，供给服务水平和能力不足，社会治理不协调、不完善，尚未完全形成共建共治共享治理格局。

第一，民生改善不平衡问题。主要表现：一是优质教育资源配置不均衡。受区域间经济发展不平衡影响，各级各类教育在办学理念、资金投入、办学条件、教学标准等方面存在差异，师资力量和教学质量不平衡，优质教育资源分布不均。二是医疗资源分布不均衡。城市医疗资源分布集中、农村医疗资源相对匮乏的现象还没有得到根本性的改变，群众跨区域就诊现象较为明显，增加就医难度和医疗费用的同时，部分医疗机构的优势得不到合理利用，造成医疗资源的浪费。三是收入水平不均衡。地区之间、行业之间、城乡之间的收入差距依然较大，人民群众对收入差距偏大问题的关注度较高。

第二，民生改善不充分问题。老百姓普遍关心的住房、医疗、就业、养老等民生问题没有得到充分解决；老百姓需求转向享受需求、改善需求、发展需求，不断从基本物质需求转向政治、文化、社会需求，人们对法治、公平、正义、安全、环境等方面的需求日益增加，保障和改善民生依然是天津市发展过程中需高度关注的问题。一是老百姓看病难、医疗负担重的问题依然较为突出。基层医疗机构人才引不进、留不住的问题仍然存在，城市大医院人满为患。同时，一些就医流程繁琐，使老百姓就医时间过长，一些医院需要挂号排一次队、看病排一次队、付费排一次队、拿药排一次队等，群众就医体验较差、获得感较少。二是社会救助水平与困难群众需求仍有差距。

主要是认定对象精准度和及时性不够，开展救助的主体责任未能得到充分履行。三是养老服务能力与群众需求仍有较大差距。主要是养老机构基础设施较差，服务能力较弱，养老服务补助标准较低，养老服务机构运营管理难度较大，养老护理员队伍建设与实际需求不相适应，支持养老服务业发展的合力尚未形成，等等。

第三，社会治理不协调问题。主要表现：一是防灾减灾救灾基础仍显薄弱。一些地区和部门对“以防为主，防抗救相结合”的思想转变不到位，风险防控意识淡薄；存在防灾减灾工作人员缺乏、经费保障不力的问题，自然灾害应急预案体系不完善、应急演练不到位；防汛抗旱工程基础设施建设存在短板，防灾减灾救灾科技支撑能力不足，灾情监测的专业人才和相应的设备设施欠缺，监测预警设施建设相对滞后。二是社区数量及管辖范围与人员力量不匹配。随着城镇化进程加快，人口数量不断增长，现有社区数量、管辖范围、服务半径与社区工作人员力量及其承担的工作量不相适应的矛盾日益凸显。同时，社区背负行政事务过重，存在台账多、创建评比多、任务多、机构多、挂牌多、盖章多、信息系统多“七多”现象，严重制约了社区治理功能的有效发挥。

第四，社会治理不完善问题。主要表现：一是防灾减灾救灾工作机制有待完善。防灾减灾救灾工作在资源整合、力量统筹、信息共享等方面沟通协调还不够，跨部门、跨地区、军地间应急联动协调机制需要进一步完善，各级减灾委整体工作推进有待加强。二是社区共建共治共享机制有待完善。驻社区机关、物业服务企业等单位组织参与社区共驻共建缺乏有效的激励引导措施。居民参与社区共建共治的意识淡薄。社区作为社区治理的组织者、发动者，法定的治理权力落实不到位，在涉及物业服务矛盾调处、组织居民议事协商等方面缺少有效的抓手，多方主体参与社区共建共治共享的治理格局尚未完全形成。三是社会组织和专业社工人才有待培育。公益类、慈善类、互助类和服务类社会组织数量不足，参与社区治理的能力有待提高。同时，专业社工服务能力较弱，志愿服务体系建设不够完善、作用发挥明显不够，社区管理、服务发展的能力不足。

“十四五”时期是我国全面建成小康社会、实现第一个百年奋斗目标之后，乘势而上开启全面建设社会主义现代化国家新征程、向第二个百年奋斗目标进军的第一个五年。在这即将到来的五年里，“智能化”将会成为一个闪亮的标签，人工智能、云计算、大数据、物联网、区块链、量子科学等新兴技术和产业蓬勃兴起，我国将成为新工业革命的关键参与者和重要引领者。“十四五”时期我国发展的这些新特征、新发展和新变化，势必对天津市今后五年的社会发展产生决定性的影响。可以预见，“十四五”时期，天津市的民生水平将得到进一步提升，民生内涵将得到进一步拓展，民生空间将得到进一步扩大，民生质量将得到进一步提高。一是社会发展越发具有主导性。“十四五”时期，天津市的社会发展统领着经济、政治、社会、文化、生态领域的发展目标、价值标准，在更高水平上满足人民日益增长的美好生活需要。二是社会发展越发具有全面性。“十四五”时期，天津市的社会发展在满足人民群众的物质文化生活需要的同时，还将满足人民群众在法治、公平、正义、安全、环境等方面日益增长的福祉需求，并在满足当代人日益增长的美好生活福祉需要的同时，对后代人的民生福祉需求进行呵护。三是社会发展越发具有均衡性。“十四五”时期，天津市的社会发展将实现更加均衡的发展和更为公平的分配，在打破城乡、地域、行业之间的民生福利差别，实现城乡公共服务一体化上将迈出实质性步伐。四是社会发展越发具有法治性。“十四五”时期，天津市将更加重视社会发展制度建设，在民生保障、民生价值、民生文化、民生环境、民生氛围等方面建构一套制度体系，用法治手段保障社会事业可持续发展。

可以预见，在“十四五”时期，天津市社会发展的地位将大幅度提高，社会发展的规模将大幅度增加，社会发展的厚度将大幅度增强，社会发展的广度将大幅度扩展，社会发展的质量将大幅度提升，一个朝气勃勃的社会发展新时代已经到来。

三 “十四五”时期天津市社会发展的基本思路与重大任务

十九届五中全会《建议》对今后五年的社会发展从更高站位、更高要求出发，提出了“改善人民生活品质，提高社会建设水平”的新思路、新方略，从提高人民收入水平、强化就业优先政策、建设高质量教育体系、健全多层次社会保障体系、全面推进健康中国建设、实施积极应对人口老龄化国家战略、加强和创新社会治理七个方面作出了新谋划、新部署。全市上下一定要认真学习、深刻领会、准确把握，把思想和行动高度统一到以习近平同志为核心的党中央决策部署上来，并按照“一二七”的思路及策略不折不扣地抓好贯彻落实。

（一）一个思想：坚持以人民为中心的发展思想

人民立场是中国共产党的根本政治立场，是马克思主义政党区别于其他政党的显著标志。坚持以人民为中心的发展思想，是当前乃至未来一切工作的重要遵循，社会发展也不例外。坚持以人民为中心，就是要坚持人民主体地位，坚持一切为了人民、一切依靠人民，努力抓好保障和改善民生、加强和创新社会治理各项工作，让改革发展成果更多更公平地惠及全体人民，朝着实现全体人民共同富裕的目标稳步迈进。党的十九届五中全会再次强调了“十四五”时期社会发展以实现最大多数人的利益为目标，以保障改善民生和加强社会治理为重点，切实保障好人民群众的经济、政治、文化、生态等权益的主张和要求，提出坚持把实现好、维护好、发展好最广大人民根本利益作为发展的出发点和落脚点，尽力而为、量力而行，健全基本公共服务体系，完善共建共治共享的社会治理制度，扎实推动共同富裕，不断增强人民群众获得感、幸福感、安全感，促进人的全面发展和社会全面进步。这是“十四五”时期处理经济社会关系的重要原则。天津市在“十四五”期间推进社会发展，要坚持以人民为中心的发展思想，把增进人民福祉、促进人的全面发展、朝着共同富裕方向稳步前进作为经济社会发展的出发点和落脚点，始终做到发展为了人民、发展依靠人民、发展的成果由人民共享，不断实现人民对美好生活的向往。

（二）两大任务：改善人民生活品质和提高社会建设水平

当前，新时代社会主要矛盾已经转化为人民日益增长的美好生活需要和不平衡不充分的发展之间的矛盾。尤其是全面建成小康社会即将实现，人民群众的生活需求领域得以拓展、层次实现提升，已经从“有没有”全面转向了“好不好”，要求不断提升生活的“美好度”，期盼生活得更有尊严、更有品味、更有价值。人民在物质生活方面不再满足于有饭吃、有衣穿、有房住、有车坐等，而是要求吃得健康、穿得得体、住得宽敞、坐得舒适等；要求平等参与、平等发展权利得到充分保障，依法享有广泛权利和自由；要求享有更加完善的社会保障体系，更加高效的社会治理体系，更加可靠的社会安全体系等；要求享有明媚的阳光、新鲜的空气、清洁的水源、健康的食品、优美的环境，等等。因此，改善人民生活品质，既是全市广大人民群众的殷切期盼，也是解决社会主要矛盾的有效手段，还是天津市推进高质量发展、促进人的全面发展的战略选择。

与此同时，当今社会正处在一个迅猛变革、快速发展的时代，社会治理工作的内涵不断丰富、外延不断拓展、要求不断提高，面临的风险挑战和责任压力非常大。同时，传统因素与非传统因素相互叠加，经济金融、生态保护、交通消防、食品药品、教育医疗、信息网络等领域的安全监管还有疏漏盲点，隐患依然不少。与加强社会治理的新形势、新任务、新要求相比，天津市的工作中还存在一些不适应、不匹配、不到位的问题，一些领域的短板还比较明显。为此，必须加强和创新社会治理，完善党委领导、政府负责、民主协商、社会协同、公众参与、法治保障、科技支撑的社会治理体系，提升社区治理科学化、精细化、智慧化水平，推进市域社会治理现代化。

（三）七项举措：推进社会发展的七项重大措施

改善人民生活品质，提高社会发展水平，是一项系统工程，必须采取综合性的措施举措，切实抓好、落地落实。

一是多渠道增加城乡居民收入。“十四五”时期，天津市居民收入将会保持较快增长，人民生活水平将会不断提高。要持续实施增加群众收入的政策措施，健全工资合理增长机制，完善再分配机制，发挥第三次分配作用，多渠道增加城乡居民收入。大力实施有利于缩小收入差距的政策，着力提高低收入群体收入，扩大中等收入群体，合理调节过高收入，取缔非法收入。特别是要健全各类生产要素由市场决定报酬的机制，探索通过土地、资本等要素使用权、收益权，增加中低收入群体要素收入，加大税收、社保、转移支付等调节力度和精准性，发展慈善事业，切实改善收入水平和财富分配格局。

二是推动实现更高质量的就业。“十四五”时期，天津市就业规模将会继续扩大，就业结构将会持续优化，就业质量将会进一步提升。要采取更加积极的就业政策，注重缓解结构性就业矛盾，支持和规范发展新就业形态，扩大就业容量，提升就业质量。促进重点群体就业，完善重点群体就业支持体系，帮助残疾人、零就业家庭成员就业。鼓励创业带动就业，搭建创业服务平台，完善促进创业带动就业、多渠道灵活就业的保障制度，促进更多劳动者自主创业。加强就业、创业服务，健全就业公共服务体系、劳动关系协调机制、终身职业技能培训制度，加强信息服务平台建设，健全就业需求调查和失业监测预警机制。构建和谐劳动关系，全面实行劳动合同制度，强化劳动纠纷调处，加强劳动保障监察执法，维护好、保障好劳动者的待遇和权益。

三是全面提升教育质量和水平。“十四五”时期，天津市教育质量将会全面提升，教育体系将会更加成熟，教育发展成果将会更公平惠及全市人民。要落实立德树人的根本任务，重视青少年身体素质和心理健康教育，增强学生文明素养、社会责任意识、实践本领，培养德智体美劳全面发展的社会主义接班人。大力推进教师队伍建设，加强师德师风建设，健全学校家庭社会协同育人机制，提升教师教书育人能力素质。深化教育改革，推进育人方式、办学模式、管理体制、保障机制改革，促进各级各类教育更加符合教育规律、更加符合人才成长规律、更能促进人的全面发展。强化基础教育的普惠性和公平性，完善普惠性学前教育和特殊教育、专门教育保障机制，推动义务教育均衡发展和城乡一体化，鼓励高中阶段学校多样化发展。紧密结合产业需求发展职业教育，实施职业院校现代化建设工程，增强职业技术教育适应性，深化职普融通、产教融合、校企合作，探索推行特色学徒制，大力培养技术技能人才。促进高等教育高质量内涵发展，提升高校创新能力和学科专业水平，提高高校人才培养质量，加快培养理工农医类专业紧缺人才，着重加强基础研究，注重知识创新，创建一批协同创新中心和高等院校、科研院所智库，尤其是下大力气推进智库园建设。建设学习型社会，促进继续教育多层次、多类型协同发展，加强社区教育、农村教育和老年教育设施建设，发展远程教育，发挥在线教育优势，推动各类学习资源开放共享，形成人人皆学、处处能学、时时可学的环境和氛围。

四是建立更加公平更可持续的社会保障体系。“十四五”时期，天津市社会保障事业将会实现高质量发展，社会保障运行机制将会更加健全，社会保障待遇水平将会得到极大提高，更加公平、更有效率、更可持续的多层次社会保障体系将会基本建成。要重点推进七个方面制度建设，稳步建立长期护理保险制度，健全灵活就业人员社保制度，健全多层分类的社会救助体系，完善帮扶残疾人、孤儿等社会福利制度。完善基本社会保险制度，推进社保转移接续，实施全民参保计划，建立社会保险待遇正常调整机制，推动基本医疗保险、失业保险、工伤保险市级统筹，积极发展商业医疗保险。完善社会福利网络，健全城乡居民最低生活保障等社会救助体系，健全老年人、残疾人关爱服务体系和设施，推进社会福利由补缺型向适度普惠型转变。

五是提升健康和医疗服务水平。“十四五”时期，天津市医疗卫生服务体系将会更加完善，基层医疗卫生水平将会全面提升，基本公共卫生服务均等化水平将会大幅度提高。要深化医疗卫生体制改革，加快优质医疗资源扩容和区域均衡布局，加快建设分级诊疗体系，加强公立医院建设和管理考核，推进医药和耗材集中采购使用改革，发展高端医疗设备，加快发展健康产业。支持社会办医，大力发展中医药事业，推广远程医疗。织密公共卫生防护网，完善公共卫生事件监测预警处置机制，落实医疗机构公共卫生责任，改革疾病防控体系，强化监测预警、风险评估、流行病学调查、检验检测、应急处置等工作。提高医疗服务能力，重点是建立稳定的公共卫生事业投入机制，加强人才队伍建设，完善公共卫生服务项目，强化基层公共卫生体系，提升健康教育、慢性病管理和残疾康复服务质量，重视精神卫生和心理健康。提高居民健康素质，深入开展爱国卫生运动，完善全民健身公共服务体系，倡导健康生活方式，普及健康知识进社区、进学校、进家庭，促进居民养成文明健康的生活方式。

六是加强人口服务与管理。“十四五”时期，天津市积极应对人口老龄化的制度框架初步建立，可持续的人口发展格局将会加快形成，人口与经济社会发展的适应性、协调性将会越来越强。优化生育政策，提高优生优育服务水平，发展普惠抚育服务体系，降低生育、养育、教育成本。优化人口布局，有序疏解中心城区人口，大幅提升新区、新城、小城镇等区域的人口吸纳能力，推进重点区域职住平衡，提高人口分布与就业分布的协调性。加强人口服务管理，推进户籍制度改革，完善居住证制度，有序推进外来人口市民化，合理引导和调控外来人口增长，实现人口发展和经济社会发展相适应。完善老年保障和社会服务体系，健全养老服务综合监管制度，推动养老事业和养老产业协调发展，发展普惠性养老服务和互助性养老，构建居家社区机构相协调、医养康养相结合的养老服务体系，支持家庭承担养老功能，发展银发经济，培育、壮大养老服务的新业态、新模式。

七是打造共建共治共享的社会治理格局。“十四五”时期，社会治理制度化、规范化、程序化水平将会进一步提高，社会治理水平将会全面提升，社会发展活力将会得到极大增强，人民安居乐业、社会安定有序。要完善社会治理体系，健全党组织领导的法治、德治相结合的城乡基层治理体系，完善基层民主协商制度，推动社会治理重点向基层下移，加强城乡社区治理和服务体系建设，减轻基层特别是村级组织负担，构建网格化管理、精细化服务、信息化支撑、开放共享的基层管理服务平台。发挥群团组织和社会组织的作用，支持和规范社会组织承接政府购买服务，完善社区、社会组织协同，民众、志愿者等公众参与的社会治理格局，畅通和规范市场主体、新社会阶层、社会工作者和志愿者等参与社会治理的途径。加快建设社会治安防控体系，完善社会矛盾排查预警和调处化解综合机制，落实重大决策社会稳定风险评估制度，加强和改进信访工作，健全社会心理服务体系和疏导机制、危机干预机制。依法严密防范和惩治各类违法犯罪活动，提升平安天津建设法治化、现代化水平。

天津市社会发展形势分析报告（2021）

天津社会科学院课题组①

摘　要： 2020年，天津市统筹新冠肺炎疫情防控和经济社会发展工作，扎实做好“六稳”工作，全面落实“六保”任务，全市经济延续稳定加快恢复态势，各项社会事业持续发展，居民收入增速回升，消费意愿持续回暖，就业形势总体趋稳，教育资源建设更加均衡，医药卫生体制改革进一步深化，健康服务水平持续提升，新冠肺炎疫情防控工作取得重大战略成果，公共卫生体系建设得到进一步强化，社会保障体系更加完善，困难群众兜底保障工作不断加强，市民文明素质和城市文明程度稳步提升，基层治理体系和治理能力现代化扎实推进，治理效能明显改善。2021年，天津面临保障和改善民生的财政压力增大、劳动力就业形势严峻、人才引育政策环境亟需提升、社保基金可持续安全运营存在风险、基本公共服务能力水平仍需增强等问题和短板。面对贯彻落实党的十九届五中全会精神、启动落实“十四五”规划和全面建设社会主义现代化大都市等目标任务，天津需要进一步强化就业优先政策，多措并举提高城乡居民收入水平，全面深化教育领域综合改革，进一步完善多层次社会保障体系，加快推进“健康天津”建设，健全完善基本养老服务体系，深入推进基层社会治理创新，构建基层社会治理新格局。

关键词： 社会形势　社会发展　保障民生　天津市

---

① 执笔人：叶国平

2020年是天津“十三五”规划的收官之年，也是天津全面建成高质量小康社会的决胜之年。前三季度，天津坚持以习近平新时代中国特色社会主义思想为指导，深入贯彻落实习近平总书记对天津工作提出的“三个着力”重要要求和一系列重要指示精神，紧扣全面建成高质量小康社会目标任务，按照市委、市政府决策部署，坚持贯彻新发展理念，沉着有力应对各种风险挑战，统筹新冠肺炎疫情防控和经济社会发展工作，扎实做好“六稳”工作，全面落实“六保”任务，全市经济延续稳定加快恢复态势，经济复苏向好基础进一步巩固，三大攻坚战扎实推进，居民收入、就业、社会保障和公共服务等各项社会事业稳步发展，广大人民群众获得感、幸福感、安全感不断增强。

一 2020年天津社会发展总体形势

2020年，天津市委、市政府面对新冠肺炎疫情和经济困难形势的严峻挑战，出台一系列统筹疫情防控和经济社会发展的政策措施，不断为天津发展注入动力、释放活力、增添信心，全市经济运行回暖向好。同时，高度重视各项社会事业建设，扎实做好民生保障，持续推进各项民生工程，不断增进人民福祉，努力推动全市经济社会实现高质量发展。

（一）居民收入增速回升，消费意愿持续回暖

2020年，天津经济不断克服疫情影响，主要指标持续改善，总体呈现加快回升态势。工业生产加快恢复，服务业稳步回升，固定资产投资增幅提升，实际利用外资保持增长，新经济发展提质加速，动能转换扎实推进，为经济回稳发展奠定扎实基础。前三季度，全市地区生产总值为10095.43亿元，与上年同期持平。天津市在统筹新冠肺炎疫情防控和经济恢复发展工作的同时，积极实施居民增收政策措施，为居民收入的恢复增长创造了较好环境。前三季度，全市居民人均可支配收入34469元，同比增长2.5%。其中，城镇居民人均可支配收入37722元，增长2.5%；农村居民人均可支配收入19091元，

增长 1.5%。城乡居民收入名义增速分别较上半年回升 4.0 个百分点和 5.8 个百分点，城乡居民收入比为 1.98，差距略有扩大。从居民收入来源看，前三季度，天津居民人均工资性收入 22066 元，小幅增长 0.5%，比上半年回升 2.7 个百分点。主要是天津扎实推进各行业复工复产，大力稳定就业形势，加大对企业和就业困难劳动力的扶持力度，落实疫情防控一线医务人员待遇和城乡社区工作者补助等，这些因素都对居民工资性收入的稳定增长起到了积极作用。天津继续加大民生领域的投入，上调退休退职人员基本养老金标准，农村地区户厕改造持续推进，清洁取暖用电用气补贴发放等惠民政策，推动了居民转移净收入快速增长。前三季度，居民人均转移净收入 6818 元，增长 14.0%，比上半年加快 2.2 个百分点，继续成为拉动居民收入增长的第一动力。居民收入的稳定增长保证了社会消费的总体平稳。前三季度，全市社会消费品零售总额下降 16.8%，比上半年收窄 4.9 个百分点，市场消费继续回暖。其中，限额以上社会消费品零售总额下降 14.6%，收窄 6.7 个百分点。天津居民人均消费支出 20858 元，下降 12.2%。其中，城镇居民人均消费支出 22737 元，下降 12.8%；农村居民人均消费支出 11971 元，下降 7.2%。与上半年相比，居民消费支出降幅明显收窄。特别是进入第三季度后，居民消费意愿持续回暖，基本生活需求总体恢复，居民在食品烟酒、衣着、生活用品及服务、医疗保健等方面的支出基本达到上年同期水平。

（二）多措并举促进就业，就业形势总体趋稳

2020 年，天津坚持把稳就业摆在更加突出位置，全面强化就业优先政策，健全有利于更充分更高质量就业的促进机制，落实促进就业主体责任，千方百计稳定和扩大就业，全力确保就业形势总体稳定。相继出台“稳就业 32 条”“强化稳就业举措 76 条”“高校毕业生就业 40 条”和“帮扶困难村劳动力就业 8 条”等政策措施，开展“百日千万网络招聘专项行动”等活动，在援企稳岗、金融支持、创业补贴、培育和扩大就业等方面综合施策，针对高校毕业生、农民工、就业困难人员等出台特殊就业支持政策，精准帮促重点群体就业。前三季度，全市新增就业 37.01 万人，完成全年计划的 74%；三季

度，城镇调查失业率为 5.6%，与二季度相比下降 0.3 个百分点。具体措施如下：一是扩大政策享受规模，增设财政补贴项目，落实社保费“免减缓”政策，切实减轻企业负担。截至 2020 年 9 月底，减免养老、失业、工伤三项社会保险费 185.42 亿元，向 4.94 万户企业返还 6.83 亿元失业保险；为 147 家重点物资生产企业解决用工 1.3 万人。二是将高校毕业生就业摆在首要位置，挤出 1.1 万个机关事业、国有企业岗位，定向招用应届毕业生，对离校未就业毕业生实行实名制管理、一对一帮扶，确保有就业意愿的尽快就业。实施高校毕业生就业服务全面网络化，扩大就业见习人员范围，将本市中职、技工院校毕业学年在校生纳入见习范围。三是深入推进“大众创业、万众创新”，落实创业培训、创业房租补贴、创业孵化补贴、岗位和社保补贴等各项支持政策，积极支持各类人员创业，发放创业担保贷款 5 亿元。加大对创业担保贷款的支持力度，扩大个人创业担保贷款政策期限、次数和贴息范围，放宽小微企业创业担保贷款申请条件，帮助小微企业缓解现金流困难。四是实施失业保险援企稳岗“护航行动”，强化 10 类就业困难人员兜底帮扶，千方百计为低收入群体稳定就业创造条件，帮助 6.19 万失业人员再就业，帮助 2.92 万就业困难人员实现就业，确保零就业家庭动态清零。五是深入实施“海河英才”行动计划，累计引进人才 31.9 万人，以实施“海河工匠”建设为抓手，大力推进职业技能提升行动，开展补贴性技能培训 37 万人次。

（三）教育资源建设更加均衡，教育质量水平进一步提高

2020 年，天津以推动教育公平发展和质量提升为主线，全面深化教育改革，扎实推进高等教育“双一流”建设、职业教育改革创新、基础教育资源均衡建设，进一步补齐学前教育短板，促进义务教育优质均衡发展。天津与教育部签署协议，双方携手合作，进一步共建南开大学、天津大学两所教育部直属高校，共建天津医科大学、天津工业大学和天津中医药大学三所天津市地方高校，共同推进五所高校“双一流”建设。推进研究生教育改革创新，优化学科专业结构，促进交叉学科融合发展。结合疫情防控实际，有序组织实施本市中小学教育教学工作，统筹安排符合条件的居住证持有人随迁子女

在公办学校就读。持续将学前教育资源建设列入全市20项民心工程，新建、改扩建一大批幼儿园，积极探索“优质园办新园，新园独立运行”的集团化管理体制，提升幼儿园办园条件和园舍安全水平，大力发展学前教育，着力解决“入园难”。截至2020年9月，新增幼儿园学位3.8万个，占全年任务的95%。着力打造具有天津特点、中国特色、世界水平的现代职业教育体系，作为首个国家职教改革试验区、全国唯一的国家职教改革示范区，2020年天津再次升级为唯一的“国家现代职教改革创新示范区”。不断深化继续教育改革，加强继续教育体系和内涵建设，初步构建“四横四纵四覆盖”的终身学习服务体系，实现市级、区级、街乡镇级、村居委会级四个横向办学层级沟通衔接，社区教育、开放教育、老年教育、农民教育四个纵向办学体系融合发展，城区、环城、城郊、滨海四个职教集团覆盖全市终身教育。全市目前开展学历继续教育的各类学校63所，学历继续教育在校生达47万人，全市各类非学历培训年均160万人。

（四）医药卫生体制改革进一步深化，健康服务水平持续提升

2020年，天津把人民健康放在优先发展的战略位置，牢固树立“大健康”理念，深入实施健康天津战略，深化医疗、医保、医药联动改革，积极落实国家关于深化医药卫生体制改革的目标任务，增强公立医院的公益性，推进分级诊疗，提升基层医疗机构的服务能力，强化医疗机构监督考核，切实提升人民群众的医疗保障水平。率先在省级层面打通互联网诊疗服务医保线上报销渠道，支持定点医疗机构开展在线咨询、在线诊疗等互联网诊疗服务，满足了参保患者的多元化诊疗需求；实现医疗、生育保险13项登记业务“全城通办”，医保住院登记、城居医疗门（急）诊就医登记等20项民生事项“网上办”，扩展了“金医宝”应用软件（APP）便民功能实现“掌上办”，为老百姓提供更加高效的经办服务；逐年提高门诊最高支付限额和住院报销待遇，城乡居民医保人均财政补助标准新增30元；建立职工大病保险制度，将580万职工纳入大病保障范围，全面落实降低大病保险起付线政策，原则上按上一年度居民人均可支配收入的50%确定，巩固大病保险保障水平；全面扩大

异地就医住院直接结算人员范围，实现有需求人员全覆盖；全面扩大异地住院备案医院范围，总数已达 419 家，实现具备住院条件的医院全覆盖。截至目前，全市参加基本医疗保险人数达 1100 余万人，参保率稳定在 95%以上。为了降低患者负担，天津作为全国首批试点城市之一，全面启动了部分药品“超级团购”，以量换价，让群众可以用上质优价廉的药品。进一步完善综合养老服务体系，推动医疗卫生工作重心下移、资源下沉，增加提供老年护理服务的医疗机构和床位数量，丰富老年护理服务模式，全面提升居家养老综合服务水平。截至 2020 年 9 月，全市新增养老床位约 4000 张，新建老年日间照料中心 76 个；完成家庭医生签约服务老年人 97 万人，为 60 岁以上老年人提供入户理疗服务 11.3 万人次。

（五）新冠肺炎疫情防控工作取得重大战略成果，公共卫生体系建设得到进一步强化

2020 年，面对突如其来的新冠肺炎疫情，天津统筹推进疫情防控和经济社会发展，以战时状态、战时机制、战时思维、战时方法全力打好疫情防控人民战争、总体战、阻击战，用一个多月的时间基本遏制住本地疫情蔓延势头，用不到两个月的时间实现本地确诊病例清零，取得了抗疫斗争的重大战略成果。面对突发疫情，天津果断实施“四个战时”，第一时间启动一级响应，全力应对“海陆空”疫情冲击；把人民群众的生命安全和身体健康放在第一位，采取坚决果断的“硬核”措施，外堵输入、内防扩散，阻断疫情传播源头，打造“1+3”的天津版“小汤山”定点救治医院布局，应收尽收、应治尽治，最大限度地提高收治率和治愈率，降低感染率和病亡率；充分发挥党建引领基层治理的独特优势，动员全市上下共同参与疫情防控工作，实施“三到四下五统”基层工作法，最大限度地实现群防群控；坚持“全国一盘棋”，驰援疫区“前线”，参与京津冀联防联控大会战；扎实做好“六稳”工作，全面落实“六保”任务，奋力夺取疫情防控和经济社会发展“双战双赢”。面对常态化疫情防控形势，天津从调整管理体制、优化职能设置、充实人员力量、健全执法机制、加大财政保障力度五个方面入手，按照统一指

挥、平战结合的原则，优化完善疾病预防控制机制，建立健全职责明确、能级分明、运转顺畅、保障有力的疾病预防控制管理体系。同时，深入开展爱国卫生运动，推动建立健康的生活方式和习惯，健全公共卫生应急物资保障体系，加强药品和医疗防护物资储备，提升核酸检测能力，严格落实“三区两通道”要求，推进医疗机构发热门诊改造，进一步提高突发公共卫生事件防控和突发事件紧急医学救援能力，不断健全公共卫生应急管理体系。

（六）社会保障体系更加完善，社会保障能力稳步提升

2020年，天津市持续深化社保制度改革，坚持深化社保制度改革与防范基金风险并重，坚持降低企业社保负担与提高群众社保待遇并举，进一步完善社保制度体系，加大基本民生保障力度，推进社会保障制度健康可持续发展。一是持续推进全民参保计划，落实扩面征缴主体责任，促进未参保人员参保缴费。截至2020年9月底，全市养老、工伤、失业保险参保人数分别达到885.15万人、403.96万人、342.97万人，分别完成年度计划的101.1%、99.7%、99.4%。二是按照国家部署上调退休退职人员基本养老金，提高城乡居民基础养老金，确保基本养老金按时足额发放。2020年1月1日起，普遍调整了退休退职人员基本养老金。企业退休、退职人员每人每月增加60元，机关事业单位退休、退职人员每人每月增加53元。此外，全部退休、退职人员还根据本人缴费年限和基本养老金水平进行了挂钩调整，对高龄人员和调整后月基本养老金仍低于3376元的企业退休人员进行了额外调整。2020年基本养老金调整后，全市228万人受益，月人均提高5%。三是调整工伤保险待遇，上调伤残津贴、退休工伤人员补贴、供养亲属抚恤金标准，一级至四级工伤职工分别增加190元、180元、170元、160元，一级至四级伤残退休工伤人员分别增加60元、50元、40元、30元；供养亲属中的配偶抚恤金增加70元，其他供养亲属增加53元。四是适当提高失业保险待遇标准，扩大失业保险发放范围。自2020年7月1日起，领取失业保险金的期限处于第1个月至第12个月的，失业保险金月发放标准由1330元提高到1420元；领取失业保险金的期限处于第13个月至第24个月的，失业保险金月发放标准由1290元提

高到 1380 元，失业保险金发放标准月人均增加 90 元。此外，前三季度，天津还完成市区零散棚户区改造 12.2 万平方米，完成全部农村困难群众危房改造任务，向中低收入住房困难家庭发放租房补贴 3.23 亿元。

（七）社会救助体系日益完善，困难群众兜底保障工作不断加强

2020 年，天津市紧盯困难群体，进一步健全完善最低生活保障、特困人员救助供养、低收入家庭救助、受灾人员救助、医疗救助、教育救助、住房救助、就业救助和临时救助的“8+1”社会救助体系，完善社会救助常态化排查和主动发现工作机制，强化分类救助和精准救助，全力做好兜底保障工作。在坚持现有救助标准和差额救助原则的基础上，适度扩大最低生活保障覆盖范围，加强低收入家庭中的重残人员、重病患者、大龄重残子女等的救助力度，及时将因疫情期间无法外出务工、经营、就业，导致收入下降、基本生活出现困难、符合低保条件的城乡居民纳入低保范围，做到应救尽救、应保尽保、应帮尽帮。及时调整城乡居民最低生活保障标准，调整后城乡最低生活保障标准由每人每月 980 元统一调整为每人每月 1010 元。此外，还对低收入家庭救助范围和标准、特困人员供养标准分别进行了调整。完善对重度残疾人、重病患者以及老年人、未成年人等特殊困难群体的救助政策，加强社会救助政策与儿童保障的衔接，强化分类救助和精准救助。继续实施大病保险倾斜报销政策，享受定期抚恤补助的优抚对象和医疗救助对象大病保险起付线降至普通参保居民的 50%，支付比例在普通参保居民基础上提高 5%，取消封顶线。采取多种措施帮扶特殊困难群体，前三季度，发放残疾人居家托养服务补贴 9301 万元，惠及 5.7 万余人；为 485 名单亲困难母亲发放子女助学金 88.48 万元；开展困难企业职工、困难职工和农民工免费查体，已完成 2.7 万人；对困难群体发放取暖补贴，取暖补贴标准从 340 元到全额不等，受益人群达到 15 万人。

（八）创文创卫工作成效显著，市民文明素质和城市文明程度稳步提升

2020年，天津市继续把创文创卫列入20项“民心工程”，各区以创文创卫为引领，统筹“多城联创”工作，全面推进《天津市全域创建文明城市三年行动计划（2018—2020）》，深入落实《天津市文明行为促进条例》，大力推进诚信体系建设，着力抓好城市精细化管理，持续改善市容环境面貌，扎实做好创文创卫各项目标任务，进一步提升市民文明素质和城市品质品位，让广大人民群众共享创建成果。一是实施美化、绿化、净化、亮化、细化工程，深入开展市容环境综合整治，落实门前包保责任制，加强沿街门店脏乱治理，持续推进垃圾分类工作，确保城市道路安全畅通，环境整洁有序。二是实施农村全域清洁化工程，全面开展农村全域清洁化环境卫生大清整活动，全力改善农村环境，彻底消除卫生死角，让农村生态“靓”起来、环境“美”起来。三是加强城乡基础设施升级改造，提升群众生活质量。截至2020年9月，全市城镇老旧小区改造新开工49个、256万平方米、3.2万户；改造城市12个积水片区已全部完工；完成供热旧管网改造52.82公里、燃气旧管网改造7.07公里；提升改造乡村公路开工412公里，完工309公里；建成美丽村庄150个；推进小区路灯和老旧小区室内变电站改造，改造路灯3956基，变电站241座；实施农村饮水提质增效工程，476个村已完工，其中144个村已通水。四是扎实推进诚信体系建设，不断提高群众诚信意识。初步建成“1+16+N”信用信息系统，信用承诺信息归集能力大幅度提升，重点行业领域创新应用不断丰富，区级特色化应用成效显著，信用承诺制持续深入人心。截至2020年9月，天津市共归集主动公示型、审批替代型、行业自律型、信用修复型、容缺受理型五类信用承诺135.52万件。国家公共信用中心发布的新一期《城市信用监测月报》显示，天津城市综合信用指数以88.2分位列全国第8位，比上年同期提升21名。目前，全市各区正在强力推进创文创卫各项工作，市民文明素质和公共秩序环境都有明显改观，市民群众的满意率、支持率和参与率也在稳步提高。经中央文明办评审，西青区、北辰区、滨海新区入选第六届全国文明城区，和平区、河西区复查确认保留全国文明城区荣誉称号。

（九）基层治理体系和治理能力现代化扎实推进，治理效能明显改善

2020年，天津以加强党建为引领，以放权基层为重心，联动统筹各种力量，深化“战区制、主官上、权下放”体制机制创新，充分发挥党组织在基层治理的领导核心作用，强化街道（乡镇）、社区（村）在基层治理中的战区地位，发挥街道（乡镇）前线指挥部作用，落实“一把手”主体责任，努力把制度优势转化为基层治理效能。一是突出党建核心地位，增强上下贯通的统领力。目前天津各区普遍建立党委主导、战区主管、部门主责、基层主抓的基层治理工作格局，切实为基层减负放权赋能，推动工作机构下移，职能职责下放，服务资源下沉，动员各方力量参与基层治理和共建共治共享，为群众提供精准有效的服务管理。二是强化网格化管理，拓展基层治理的覆盖面。以“网为民生、格致精微”为目标，重视加强区、街两级网格化管理机构建设运行管理，深化“区级统管、街道统办、社区统收、网格统报”四统机制，着力打造上下贯通、无缝对接、全域覆盖的管理服务“一张网”，做到“小事一格解决、大事全网联动”，实现“横向到边、纵向到底”的无缝隙社会治理体系。三是挂牌成立市、区、街乡镇三级社会矛盾纠纷调处化解中心，织密社会风险“防控网”，推进矛盾纠纷多元化化解。三级社会矛盾纠纷调处化解中心把全面加强党的领导作为破解难题关键，派驻人员直接联系各级各部门“一把手”，对矛盾纠纷进行全科受理，强力推动问题解决，实现矛盾纠纷“一站式接待、一揽子调处、全链条解决”，形成党建引领的“大调处”格局。截至2020年9月，市、16个区、257个街乡镇社会矛盾纠纷调处化解中心挂牌投入使用，三级中心累计接待群众5.2万余人次、受理信访事项2.9万余件，其中，为群众提供咨询1.5万余件，化解矛盾纠纷8000余件，6000余件正在调处中。

二 2021 年天津社会发展的主要形势判断

当今世界正经历百年未有之大变局，国际力量对比深刻调整，国际环境日趋复杂，新冠肺炎疫情影响广泛、深远，经济全球化遭遇逆流，不稳定性、不确定性明显增加。我国已转向高质量发展阶段，以国内大循环为主体、国内国际双循环相互促进的新发展格局正在形成。纵观国内外发展环境，推进天津高质量发展，既面临历史性机遇，也面对严峻挑战。天津承担着京津冀协同发展、服务“一带一路”建设等重大国家战略任务，拥有独特的区位、产业、港口、交通等优势，拥有改革开放先行区、金融创新运营示范区、自由贸易试验区、国家自主创新示范区等先行先试的优越条件，有利于高质量发展的积极因素不断积累，特别是打造新发展格局为天津带来难得的历史性机遇。但同时天津也依然处在向高质量发展转变的过程之中，经济也处在爬坡过坎、负重前行的战略调整阶段，产业结构偏重偏旧偏粗放，新动能不足，结构升级、动能转换、市场活力发展的困难依然较大。

2021 年是天津市“十四五”规划的开局之年，也是天津由全面建成高质量小康社会向全面建设社会主义现代化大都市迈进的起步之年。面对新目标、新挑战、新征程，天津将继续以习近平新时代中国特色社会主义思想为指导，深入贯彻新发展理念，增强机遇意识和风险意识，在抓好常态化疫情防控的同时，扎实做好“六稳”工作，全面落实“六保”任务，着力畅通经济循环，在危机中育新机，于变局中开新局，在构建新发展格局中找定位、强优势，不断巩固天津经济恢复向好的态势，持续改善基本民生，切实增强人民福祉，推动全市经济社会实现更高质量的发展。对于 2021 年天津的社会发展形势，我们可以做出如下基本判断：

（1）随着天津围绕强化就业优先政策而采取的政策支持、岗位开发、目标责任等措施的综合发力，以及针对高校毕业生、农民工、就业困难人员等精准帮促政策效果不断呈现，2021 年天津新增就业人数有望保持稳步增长，重点群体的就业支持体系会更加完善，就业困难会有所缓解，就业质量会进一步提高。

（2）随着天津经济发展复苏向好基础进一步巩固和一系列减税降费惠民政策的深入实施，2021 年居民收入增长速度有望继续保持高于经济增长的态势，并带动天津居民消费水平的增长和消费结构的改善。

（3）随着“健康天津”建设和“互联网+医疗健康”的持续推进，2021 年天津医药卫生体制改革将进一步深化，卫生健康资源布局将进一步优化，卫生健康体系将进一步完善，人民群众异地就医将更加便捷，药品价格和就医负担将会进一步降低。

（4）随着天津“一老一小”工作的持续发力，2021 年天津将继续强化优质学前教育资源建设供给，强化社区老年日间照料中心和老年日间照料站的建设服务，幼儿入园将更加便利，养老服务水平将会明显提升。

（5）随着天津社会保障体系和社会救助体系的日益完善，2021 年天津相关人员待遇的正常调整机制会更加健全，相关人群的养老、医保、生活补助、低保、专项救助等待遇保障水平会继续提高。

（6）社会主义核心价值观将更加深入人心，市民的思想道德素质、科学文化素质、身心健康素质会进一步提高，公共文化服务体系和现代文化产业体系更加健全，人民精神文化生活更加丰富，市民文明素质和城市文明程度会有新的提高。

（7）为贯彻落实党的十九届五中全会精神，提升天津市域社会治理现代化水平，2021 年天津基层社会治理工作将会进一步加强，各项社会治理的体制机制将会进一步健全，群众参与基层社会治理的制度化渠道将更加完善，防范重大风险的体制机制会更加健全，重大突发公共事件应急能力会明显增强，共建共治共享的社会治理水平会进一步提高。

三　2021 年天津社会建设面临的挑战

2021 年，面对严峻复杂的国内外经济环境，面对新冠肺炎疫情的持续影响，天津在向高质量发展的深度转换和全面建设社会主义现代化大都市的过程中，经济结构升级、动能转换、市场活力发展的难度依然较大，重点民生领域的一些结构性短板会不断显现。如何以改善民生为导向，培育新的有效投资和消费需求，增强经济发展韧性，巩固经济复苏动力，促进就业稳定增长，扎实做好民生保障工作，各种困难和挑战将会更加繁重，各种风险和不确定性将会更加凸显，天津社会建设也将面临一系列的挑战。对此，我们要有清醒的认识，并予以高度重视。

1.保障和改善民生的财政压力更趋增大

为帮助企业克服疫情影响，助力企业纾困解难，激发市场活力，创造更有利的发展环境，推动经济尽快复苏，2020 年天津全面落实国家出台的一系列减税降费优惠政策，前三季度新增减税降费累计达 438.8 亿元，对财政收入带来较大影响。尽管天津经济增长由负转正，但 1—9 月财政收入同比仍下降 15.3%。2021 年，国际环境仍然复杂严峻，不稳定性、不确定性较多；国内疫情外防输入、内防反弹的压力不小。天津经济仍处在恢复进程中，持续复苏向好基础仍需巩固，天津地方财政收入下降的局面短时期难以转变，用于保障和改善民生的刚性支出压力将会进一步加大，如何解决财政收入下降与民生支出相对增加的矛盾，扎实做好民生保障工作，各种困难和挑战将会更加复杂。

2.劳动力就业形势十分严峻

天津劳动力就业的严峻形势主要体现在总量和结构两个方面：一方面，劳动力就业总量增长与市场主体需求疲软之间的矛盾进一步加剧。2021 年天津高校毕业生数量将达到历年之最，由于农村城镇化和疫情缓解而进城务工的农村劳动力将会大幅度增长，而疫情对实体经济的影响短时间还难以消除，宏观经济恢复正常增长还需要一个过程，部分行业企业岗位需求恢复仍然较为缓慢，这对新增劳动力就业带来很大挑战。另一方面，劳动力人才结构不合理的现象较为突出。高校毕业生的增加和“海河英才”计划的实施，使天津人才供给总量快速增长，总体上人才市场上存在供大于求的状况，但人才的专业和技能结构与天津经济结构升级和产业业态重塑的实际存在较大错位，天津急需的一些高端人才供给不足，企业普遍存在中高端复合型人才匮乏的现象，特别是高端商务、软件、金融等方面人才供给严重不足，这也增加了做好天津就业工作的难度。所以，还需要进一步通过保市场主体、助企纾困、鼓励灵活就业等措施，加大政策落实力度，进一步缓解这些重点群体的就业压力。

3.人才引育政策环境亟需提升

目前，天津的人才引育政策环境面临严峻的挑战：一是“海河英才”计划引才效果逐年减退。2018 年 5 月天津开始实施“海河英才”计划，当年月均引进人才 2 万人，2019 年月均引进人才降到 0.96 万人，而 2020 年前 9 个月，月均引才人数进一步下降到 0.79 万人。二是天津对人才吸引力总体呈现下降趋势。根据恒大研究院和智联招聘共同发布的“中国城市人才吸引力报告”，作为直辖市之一的天津近年来人才吸引力一直在缓慢下降，从 2016 年到 2018 年，人才吸引力指数排名从第 8 名降到第 10 名，再到第 12 名，2019 年有所好转，回到第 10 名位置。而由 BOSS 直聘研究院推出的《2020 年三季度人才吸引力报告》显示，在 2020 年三季度，天津人才吸引力指数仅为 2.14，在主要城市中排名第 15 位，落后很多城市。三是对中高端人才吸纳力能力不足。根据猎聘发布的“中高端人才就业现状大数据”，自 2018 年第二季度到 2019 年第二季度，天津中高端人才的净流入率为-2.77%。2020 年上半年，在全国城市新增中高端人才需求占比中，天津仅排名第 14 位，占比 1.34%，而中高端人才供给占比为 2.01%，排名第 11 位。天津中高端人才需求占比小于供给占比，显示天津对人才的吸纳能力比较欠缺。因此，如何优化天津人才引育环境，加大人才引进力度，在全国人才大战中保持天津的优势与特色，尤其是通过加强民营经济和高科技企业发展，提升人才吸引力，将决定着天津高质量发展的活力和动能。

4.社保“免减缓”政策对基金可持续安全运营带来挑战

为统筹疫情防控与经济社会发展，2020 年天津实施了“免减缓”企业社会保险费政策，截至 2020 年 9 月，全市共为企业减免养老、失业、工伤三项社会保险费 185.42 亿元。在坚持企业降成本和职工保险待遇的双维护，实施阶段性减免社保费政策后，对社保基金的可持续性带来挑战。一方面，减免社保费后，必然带来基金征收明显减少；另一方面，确保养老待遇按时足额发放、每年一度的待遇调整等刚性支出不减，又带来基金支出不断增加。这些都在客观上造成养老保险基金收支平衡压力日益增大，预计年末企业职工基本养老保险基金累计结余金额的可支付月数明显减少。为确保个人社会保险权益不受损，按时足额发放各项社保待遇，应加快企业职工养老保险制度整体改革步伐，增加中央财政资金对企业职工养老保险基金的转移支付，加大财政投入力度，切实防范化解养老金支付风险。

5.基本公共服务能力水平仍需进一步增强

目前，天津在上学、就业、就医、社会保障、文化生活等公共服务方面还存在一些明显短板和亟待解决的问题，与经济社会高质量发展的要求还有差距。如教育方面，优质教育资源和教育人才分布还很不均衡，入园难和入园贵问题仍然存在；卫生健康方面，优质医疗资源的分布也不尽合理，基层医疗卫生服务能力还有待提升；就业方面，公共就业服务信息网络建设发展不平衡，人力资源服务业发展相对滞后，就业服务能力亟需提高；文化生活方面，区级公共文化设施建设普遍简陋，文化馆、群艺馆、健身广场等文化阵地亟需提档升级，卫生、国防、科普教育基地严重缺乏，社区打造 15 分钟便民生活圈的目标还有相当距离。

四 贯彻五中全会精神，促进天津社会发展的政策建议

（一）进一步强化就业优先政策，多措并举提高城乡居民收入水平

实施更加积极的就业政策，千方百计稳定和扩大就业，坚持经济发展就业导向，完善创业带动就业、多渠道灵活就业保障制度，持续优化营商环境，扩大就业容量，提升就业质量，促进充分就业。聚焦实体经济发展促进就业，围绕传统产业转型升级、现代服务业发展，提供精准岗位对接服务。支持和规范发展新就业形态，坚持以企业需求为导向，以战略性新兴产业为重点，加强创业孵化示范基地建设，推动创业载体升级，推进就业创业鼓励支持政

策向新经济、新业态、新技术行业和领域全面延伸。加大政策扶持力度，提高继续教育培训补贴、续签长期劳动合同社会保险补贴、稳岗补贴的补贴标准。完善重点群体就业支持体系，落实好高校毕业生就业见习、企业吸纳、创业帮扶等政策，扎实做好农民工、退役军人、就业困难人员等重点群体就业帮扶。建立健全终身职业技能培训制度，深入实施“海河工匠”建设工程，发挥企业培训主体作用，构建多层次技能人才培养模式，全面提升重点群体职业技能水平和就业创业能力。强化残疾人等困难群体就业援助，坚决防止和纠正就业歧视，确保零就业家庭保持动态清零。同时，完善工资制度，健全工资合理增长机制，提高劳动报酬在初次分配中的比重，着力保护劳动所得，增加劳动者特别是一线劳动者劳动报酬。完善国有企业经营管理人员激励方式，加大高校、科研院所、医疗卫生机构绩效工资分配自主权。完善有利于提高居民消费能力的收入分配制度，增加低收入群体收入，扩大中等收入群体，逐步形成合理有序的收入分配格局。多渠道增加城乡居民财产性收入，发展慈善事业，发挥第三次分配作用。

（二）全面深化教育领域综合改革，建设高质量教育体系

深入贯彻党的教育方针，全面落实教育优先发展战略，完善立德树人体制机制，全面深化教育领域综合改革，加强教师队伍建设和师德师风建设，提升教师教书育人能力素质，推进教育评价关键领域得实质性突破。推进大中小幼思政课一体化建设，全面推进高校课程思政建设，加强和改进学校体育美育，广泛开展劳动教育，重视青少年身体素质和心理健康教育，发展素质教育，健全学校家庭社会协同育人机制，增强学生文明素养、社会责任意识、创新精神、实践能力，促进学生德智体美劳全面发展。推动教育从规模增长向质量提升转变，健全普惠性学前教育和特殊教育、专门教育保障机制，完善职业技术教育、高等教育、继续教育统筹协调发展机制，促进区域、城乡和各级各类教育均衡发展，促进教育公平。建立多层次、多样化、覆盖城乡的婴幼儿照护服务体系，加强公办园和普惠性民办园建设。缩小义务教育城乡差距和校际差距，推动义务教育从均衡发展

迈向城乡一体化。实施品牌特色高中建设工程，深化普通高中课程教学改革，实施特殊教育提升计划，促进普通高中优质特色发展，提高义务教育阶段特殊教育普及水平。完善城乡统一、重在农村的义务教育经费保障机制，着力改善乡村学校办学条件，提高教学质量。深入推动高等教育高质量内涵发展，增强教育服务创新发展能力，加快推进“双一流”建设，优化高校区域布局、学科结构、专业设置，实施顶尖学科培育计划，推进一流本科和研究生教育。推进国家产教融合型试点城市建设，大力发展职业教育，打造职业教育示范区升级版，加快世界一流现代职业教育体系建设，支持高职院校参与国家“双高计划”建设，完善行业企业办学的职教特色，推广学徒制，推进职普融通、产教融合、校企合作，积极建设国际一流职业教育大学，打造新时代职业教育创新发展高地。深化教育领域“放管服”改革，尊重教育发展规律，充分发挥学校办学主体作用，支持和规范民办教育发展，规范校外培训机构，充分释放教育事业发展生机活力。充分利用现代信息技术更新教育理念、变革教育模式，发挥在线教育优势，加快发展面向每个人、适合每个人、更加开放灵活的终身学习教育体系，建设学习型社会。

（三）深化社会保障领域改革，进一步完善多层次社会保障体系

健全基本社会保险制度，加快发展多层次社会保险，努力形成更加公平更可持续的社会保障体系。坚持应保尽保原则，以增强公平性、适应流动性、保证可持续性为重点，健全统筹城乡、可持续的基本养老保险制度、基本医疗保险制度，稳步提高保障水平。继续扩大社保覆盖面，加大征缴力度，强化参保联合惩戒措施，促进各类用人单位依法参保，不断提升社保能力。推进养老保险全民参保，健全基本养老、基本医疗保险筹资和待遇调整机制，深化医疗保障制度改革，健全重特大疾病医疗保险和救助制度。继续提高城乡居民基本医保和大病保险保障水平，完善跨省异地就医直接结算政策，提高退休人员基本养老金，落实退役军人待遇保障，完善退役士兵基本养老、基本医疗保险接续政策。建立健全政策、经办、信息、

监督四位一体的风险防控体系，加强社保基金监督管理，积极防范社保基金风险。完善工伤保险制度、失业保险制度，建立健全以基本生活救助、专项社会救助、急难社会救助为主体，社会力量参与为补充，分层分类的救助制度体系。完善最低生活保障制度，继续提高优抚对象定期抚恤补助、城乡低保、低收入家庭救助、特困供养标准。积极发展“物质+服务”救助方式，扩大临时救助对象范围，完善残疾人福利制度和服务体系，设立职工重病关爱资金，提高贫困人口大病保险待遇，推进城乡救助服务均等化。健全困境儿童分类救助帮扶制度，完善妇女、老年人权益保障和关爱服务体系。

（四）加快推进“健康天津”建设，强化提高群众健康水平的制度保障

把人民健康放在优先发展战略地位，坚持预防为主、防治结合，按照保基本、强基层、建机制要求，健全基本医疗卫生制度，实行医疗、医药、医保联动，进一步提高公共卫生服务、医疗服务、医疗保障、药品供应保障水平，织牢公共卫生防护网，努力全方位全周期保障人民健康。改革完善疾病预防控制体系，强化监测预警、风险评估、流行病学调查、检验检测、应急处置等职能。建立稳定的公共卫生事业投入机制，加强人才队伍建设，改善疾控基础条件，完善公共卫生服务项目，强化基层公共卫生体系，落实医疗机构公共卫生责任，创新医防协同机制。完善重大突发公共卫生事件监测预警机制，健全医疗救治科技支撑和物资保障体系，提高应对突发公共卫生事件能力。坚持基本医疗卫生事业公益属性，深化医药卫生体制改革，加强公立医院建设和管理考核，推进国家组织药品和耗材集中采购使用改革，加强临床重点学科建设，完善精神卫生三级服务体系建设，加强儿科医疗服务能力建设，鼓励支持社会力量办医。加快推进分级诊疗，网格化布局组建区域医联体，推进基层服务模式转型，深化家庭医生签约服务，提高常见多发病诊疗能力，提升基层医疗服务水平。加强新一代信息技术应用，推进“互联网+医疗健康”服务体系建设。坚持中西医并重，建立符合

中医药特点的服务体系、服务模式、人才培养模式，促进中药新药研发和产业发展。提升健康教育、慢病管理和残疾康复服务质量，重视精神卫生和心理健康。深入开展爱国卫生运动，促进全民养成文明健康生活方式。完善全民健身公共服务体系，落实全民健身实施计划，加快发展健康产业，加强群众运动健身科学指导，加快群众健身场地设施建设，推进全民健身行动广泛深入开展。

（五）实施积极应对人口老龄化国家战略，进一步完善基本养老服务体系

实施落实优生优育政策，健全普惠多育服务体系，提高人口素质。加快完善居家社区机构相协调、医养康养相结合的养老服务体系，健全养老服务综合监管制度。深入推进居家养老，加快日间照料中心社会化运营改革，积极推进全国居家和社区养老服务改革试点，办好老人家食堂。推进市级公办养老院改扩建、区级公办养老院公建民营，增加托底养老床位数量。健全老年健康服务体系，培育养老服务新业态。按照“政府主导、服务多样、经营市场”的思路，以接续型、一站式和智能化为特色，推进养老综合服务中心试点建设，兼具居家、社区、机构养老服务，探索多层次、多模式、多形式、多特色养老服务模式。注重开发老龄人力资源，发展银发经济。加大政策支持，支持社会力量兴办养老服务机构，多元拓展资金来源，推动养老事业和养老产业协同发展。

（六）深入推进基层社会治理创新，健全完善基层社会治理体系

持续深化“战区制、主官上、权下放”党建引领基层治理体制机制创新，充分发挥党组织在基层治理的领导核心作用，打造党委主导、战区主管、部门主责、基层主抓的基层社会治理格局，大力提升社会主义现代化大都市治理能力和水平。完善“街乡吹哨、部门报到”工作机制，推动社会治理和服务重心向基层下移，向基层放权赋能，强化街道（乡镇）、社区（村）在基层治理中的战区地位，发挥街道（乡镇）前线指挥部作用，落实“一把手”

主体责任，扛起主责、首责、全责。坚持党的基层组织建设与社会治理一体化推进，巩固深化“一肩挑”成果，健全党组织领导的自治、法治、德治相结合的城乡基层治理体系，强化基层党组织对村委会、居委会、业委会、物业管理企业、基层社会组织的政治引领、组织引领、机制引领，确保党的领导“一根钢钎插到底”。发挥群团组织和社会组织在社会治理中的作用，畅通和规范市场主体、新社会阶层、社会工作者和志愿者等参与社会治理的途径，发挥行业协会商会自律功能，完善群众参与基层社会治理的制度化渠道，实现政府治理和社会调节、良性互动，打造人人有责、人人尽责、人人享有的社会治理共同体，构建基层社会治理新格局。

说明：本文数据及资料主要来自天津市统计局、国家统计局天津调查总队和天津市政府及其有关部门网站。

社会发展篇

天津市人口形势分析报告（2021）

施美程　天津社会科学院城市经济研究所副研究员
陈　滢　天津社会科学院城市经济研究所副研究员

摘　要： 近年来，天津人口规模和人口结构呈现出与以往不同的发展形态，主要表现为：人口数量步入稳定阶段，老龄化水平逐年提高，人口受教育程度不断提升，人口区域分布由中心向周边扩散。其带来的经济后果是：人口低增长、劳动年龄人口减少、老龄化和抚养比提高将削弱支持经济增长的人口红利，人力资本将成为新常态下经济发展的重要动力。建议完善天津人口及相关社会政策，真正发挥出集聚人才的效力；加大继续教育和在职培训力度，提高存量人口人力资本水平；深化劳动力市场改革，驱动人力资本效率提升。

关键词： 人口发展态势　经济影响　人才政策

一　天津市人口发展态势

（一）人口数量步入稳定阶段，中长期仍有增长空间

20 世纪 90 年代以来，天津常住人口经历了缓慢增长阶段（1993—2003）、快速增长阶段（2004—2015）后，从 2016 年起增长势头放缓，人口数量步入稳定阶段，2017 年首次出现了负增长，比 2016 年减少了 5.25 万人。截至 2019 年末，天津常住人口为 1561.83 万人，只比上年末增加 2.23 万人；全市户籍人口为 1108.18 万人，比上年末增加 26.55 万人。常住人口出生率 6.73‰，死亡率 5.30‰，自然增长率 1.43‰，自然增长 2.23 万人。

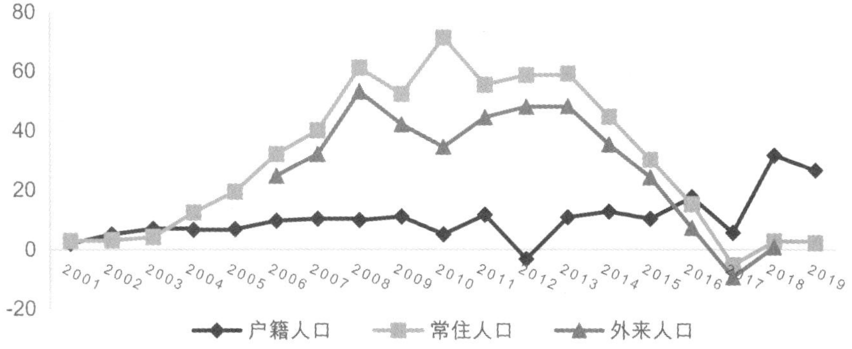

图 1　天津市常住人口、户籍人口、外来人口的变化

从图 1 可以看到，2017—2019 年户籍人口的增长开始超过外来人口和常住人口增长，这主要得益于“海河英才”行动计划和积分落户政策，前者自 2018 年 5 月实施以来至 2020 年底累计引进各类人才 29.5 万人落户。常住人口增长则受外来人口减少的影响，已经降到了近 20 年来的历史最低水平。在中国经济进入新常态的大背景下，天津经济也正处于历史性深度调整期，加之新冠肺炎疫情的冲击，宏观经济增速下滑幅度超出预期，上半年甚至出现了负增长。疫情期间由于限制出行、企业停工歇业等原因，影响了生产生活

的正常开展，更加剧了人口流失。

从中期趋势来看，天津常住人口仍有增长的潜力和空间。近两年人口增长减速主要是受短期内经济下行压力影响。天津市作为京津冀城市群中心城市，在京津冀协同发展中定位“全国先进制造研发基地、北方国际航运核心区、金融创新运营示范区、改革开放先行区”功能，具有优越的地理位置、深厚的工业基础，是未来全国各地特别是周边区域人口集聚的重点城市，良好的经济发展前景，加之在教科文卫等公共服务领域的诸多优势，与国内其他城市相比仍具有较强的竞争力。进入新常态以来，面对经济增长与转型升级、环境保护等多重压力，天津主动对以传统制造业为主的产业结构进行调整改造升级，关停大量“散乱污”企业，该过程难免产生结构性、摩擦性失业，削弱了对外来人口的吸引力。随着新技术、新动能和新模式替代旧产能、旧要素、旧方式，天津经济重新获得生机，人口流失现象也将得到修复。

从长期趋势来看，我国已进入人口结构转变的关键性历史阶段，即人口红利窗口期关闭。这一时期的人口规模与结构性变化一般表现为：人口增长率降低、劳动年龄人口减少、抚养比提高、人口老龄化加速、平均预期寿命显著延长、人口素质显著提高、人力资本存量大幅度增长、人口城乡分布格局改变、城镇化快速发展等特征。天津近些年来人口规模和结构也呈现出与以往不同的发展形态，比如人口增长趋缓、老龄化速度加快、人力资本水平稳步提升、人口分布扩散等。尽管外来人口的注入使天津人口转变的速度慢于全国的人口新常态，但这一人口发展趋势是不可逆转的。

（二）人口老龄化水平逐年提高，劳动年龄人口逐年减少

天津人口老龄化总体呈现上涨趋势，2005 年到 2018 年，常住人口中 65 岁及以上老年人数量从 100.93 万人增长到 169.5 万人，占常住人口比重从 9.68%增长到 10.87%，提高了 1.19 个百分点；户籍人口中 65 岁及以上老年人数量从 103.15 万人增长到 167.63 万人，占户籍人口比重从 10.98%增长到 15.5%，提高了 4.52 个百分点。随着人均预期寿命的提高，高龄老年人数量逐年增加，户籍人口中 80 岁及以上老年人数量从 17.94 万人增长到 32.77 万

人，占户籍人口比重从 1.91%增长到 3.03%，提高了 1.12 个百分点。常住人口的老龄化速度慢于户籍人口的老龄化速度，主要是因为占常住人口三分之一比例的外来人口绝大多数都是来津就业人群，年龄结构整体偏低，故而拉低了常住人口的整体老龄化水平。以“海河英才”行动计划落户人口的年龄结构为例，50 岁及以下人口占 99.7%，40 岁及以下人口占 90.4%。同样与全国平均水平相比，天津常住人口的老龄化水平和速度也比较低。2018 年天津常住人口的老龄化率和老年抚养比分别为 10.87%和 14%，分别比全国平均水平低 1.03 个百分点和 2.8 个百分点，分别高于户籍人口的老龄化率和老年抚养比 4.6 个百分点和 8 个百分点。近十年来，天津常住人口的总抚养比一直徘徊在 24%～27%区间内，而户籍人口的总抚养比自 2011 年起开始进入上升通道，10 年增加了 10 个百分点。

2018 年天津市常住人口中劳动年龄人口总数为 1240.55 万人，与 2017 年相比减少 10.52 万人，户籍人口中劳动年龄人口总数为 751.34 万人，与 2017 年相比减少 7.13 万人。劳动年龄人口占户籍人口比重为 71%，占常住人口比重为 79%，以就业人口为主的外来人口贡献了 8 个百分点。劳动年龄人口数量增长速度逐年趋缓，如图 2 所示，劳动力资源和社会从业人员总数在 2015 年达到顶峰后不再快速增长，降幅从 2010 年开始增大。劳动力年龄结构同样呈现相对老化趋势，即 50 岁及以上劳动年龄人口所占比例越来越高。当前大多数企业员工平均年龄在 40 岁以下，中青年劳动力为主力军，员工年龄结构尚处在合理区间。但部分规模较大的企业，由于发展时间长、体制成熟，人员相对稳定，随着企业的发展，老员工越来越多，员工老龄化问题最早显现。

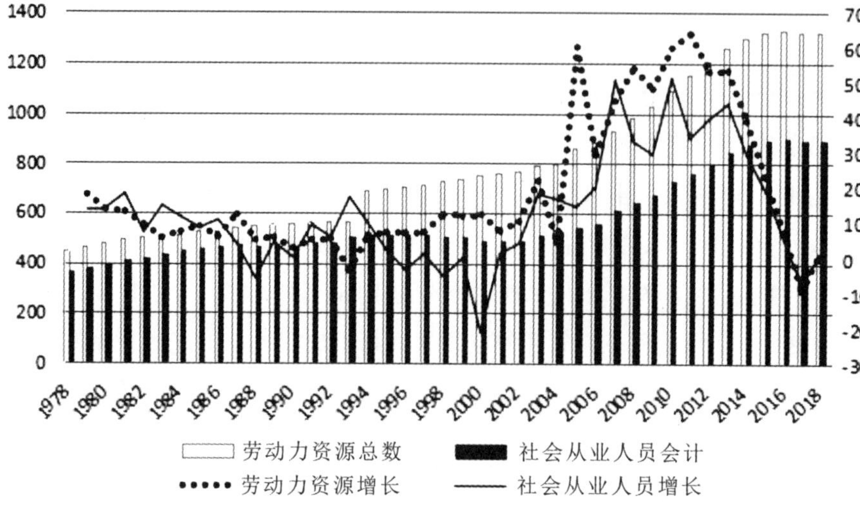

图 2　1978 年以来天津劳动力资源与社会从业人员数量变化

（三）人口受教育程度不断提升，高层次人才队伍加快形成

2014 年到 2018 年，天津 16 岁及以上常住人口平均受教育年限分别为 10.93 年、11 年、11.29 年、11.58 年、11.56 年，提升速度非常缓慢；6 岁及以上常住人口中受过大专及以上教育的人口比重分别为 19.7%、23.86%、24%、26.68%、26.21%，提升速度逐年下降。[①]可见，依靠义务教育普及率提高和高等教育扩招来提高受教育水平的路径是一个需要长期积累的缓慢过程。相比之下，通过人才政策直接引进高学历外来人口不失为一个见效更快的方法，截至 2019 年底，“海河英才”行动计划已累积引进各类人才 24.8 万人，平均受教育年限高达 15.9 年，其中大学本科以上学历占 74.7%，高中及以上学历占 97.1%，两项指标均远高于常住人口平均水平。

面对经济高质量发展要求和国内各城市间人才激励竞争，为打造一支在数量、质量和结构上具有一定优势并能满足经济和社会发展需要的高层次人才队伍，发挥政策对人才的集聚优势和引导作用，“十三五”时期天津进一

① 根据历年天津市人口抽样调查加权数据计算。

步加大引才引育力度，人才队伍建设步伐不断加快。截至 2017 年底，全市人才资源总量达 288 万人，其中专业技术人才 156.3 万人。高层次人才数量持续增长，在津“两院”院士达 38 人，“长江学者”达 147 人，国家“千人计划”人才达 210 人，国家“万人计划”人才达 117 人，国家杰出青年基金获得者达 105 人，中国青年科技奖获得者达 22 人；天津市杰出人才 20 人，天津市“千人计划”人才 1076 人，“特支计划”151 人、高层次创新创业团队 78 个。2018 年 5 月，天津市出台“海河英才”行动计划，大幅降低人才落户门槛，这是近年来市级层面出台的投资力度最大、覆盖面最广的人才政策。通过实施积极的人才政策，天津市人才总量呈现不断增长趋势。截至 2019 年底，累计引进各类人才 24.8 万人，其中资格型、技能型人才分别为 4.8 万人和 6.4 万人。

“十三五”时期，天津还大力开展本地就业人口的技能培训。以政府购买培训成果机制为引领，采取市场需求引导与政府补贴激励相结合的方式，鼓励社会各类人员积极参加职业技能培训，开发并应用了“职业培训包”培训模式，对职业标准、教学方式、教材师资、实习实训、考核鉴定等职业技能培训进行全过程优化规范。截至 2018 年底，已有 235 个职业、1028 个培训包开展实验性培训，培训人数超过 5 万人。全市取得职业资格证书的劳动者达到 238.3 万人，高级工以上高技能人才 67.5 万人，高技能人才占取证人员的比例为 28%，三年内 128.6 万人通过“百万技能人才培训”福利计划取得职业资格证书。围绕“先进制造研发基地”的定位，按照“全国领先、世界一流”的理念，天津建成市职业技能公共实训中心，在具备条件的区，建设了产业特色鲜明的区域公共实训平台，支持具备条件的行业企业建立技能大师工作室。2019 年 4 月启动的“海河工匠”建设旨在围绕产业发展需求培养技能人才，在长征火箭、长城汽车等先进制造业企业建立 205 个企业培训中心，覆盖技能工人 15.8 万人。深入实施“千企万人”计划、“千人计划”和“131”创新型人才培养等重大人才项目；人才“绿卡”的“含金量”得到提升，新增购房、交通补贴等 8 项服务功能，累计发卡 4.4 万张，人才环境不断优化。

（四）人口区域分布由中心向周边扩散，公共资源配置不平衡

天津中心城区人口占全市人口的比重一直呈下降态势，从 2008 年的 35.5%下降为 2019 年的 31.7%，下降了 3.8 个百分点；同期，环城四区和滨海新区人口占全市人口的比重分别上升了 2.8 个百分点和 2.3 个百分点。中心城区人口规模在 2014 年达到 504.7 万人的顶点后趋于下降，到 2017 年降为 490.9 万人，减少了 13.8 万人，到 2019 年略增加到 495.59 万人。随着中心城区功能向环城四区拓展、轨道交通建设和私家车普及以及房价压力等因素，中心城区的人口增长在中长期内将进入规模稳定和逐步向周边区域扩散、迁移阶段。

中心城区人口和经济活动高度密集。2018 年中心城区以占天津土地面积的 1.52%，承载了全市 31.5%的人口、21.2%的 GDP、33.5%的服务业增加值，人口密度和经济密度分别为 27133 人/平方公里和 22.04 亿元/平方公里，人口密度分别是环城四区、远郊五区和滨海新区的 15.2 倍、47.6 倍、20.6 倍，经济密度分别是环城四区、远郊五区和滨海新区的 12.0 倍、49.6 倍、6.3 倍。从表 1 可以看到，天津优质公共资源，包括教育、科技、医疗卫生资源，以及公共服务的投入能力等，主要集中在中心城区及环城四区，中心城区优质公共资源的占有水平显著高于其他板块。

具体而言，高等教育资源分布极不均衡，天津公立本科院校共计 20 所，中心城区和环城四区就有 19 所，占全市的 95%，远郊五区只有 1 所，滨海新区尚为空白。高中教育资源方面，中心城区与其他三大板块出现明显差异，市教委直属重点中学全部集中在中心城区，区属市级重点中学的分布呈六四开局面，优质教育资源向中心城区集中非常明显。天津市共有医院、卫生院 571 家，中心城区拥有 231 家，占 40.5%，相比其他区域的占比仍然很高。由于大病急病都要跑到中心城区就医，加之很多医院还承担着治疗全国疑难杂症的任务，造成中心城区另需承接大量以就医为目的的短期流动人口，给本来就紧张的优质医疗资源分配带来更大压力。社区卫生服务中心在中心城区的比重达到 50%，环城四区和远郊五区的数量过少。

表 1　2018 年天津市四大板块人口与公共资源分布情况

	土地面积(平方公里)	人口规模（万人）	公立本科院校（所）	市教委直属重点中学（所）	区属市级重点中学（所）	医院、卫生院（个）	社区卫生服务中心（个）	医院、卫生院床位数（张）
全市	11911	1559.6	20	9	45	571	114	61164
中心城区	181（1.5%）	492.93（31.6%）	10（50%）	9（100%）	29（64.4%）	231（40.5%）	57（50%）	33826（55.3%）
环城四区	1884（15.8%）	338.81（21.7%）	9（45%）	0（0%）	4（8.9%）	82（14.4%）	30（26.3%）	8966（14.7%）
远郊五区	7576（63.6%）	429.52（27.5%）	1（5%）	0（0%）	5（11.1%）	186（32.6%）	0（0%）	10785（17.6%）
滨海新区	2270（19.1%）	298.34（19.1%）	0（0%）	0（0%）	7（15.6%）	72（12.6%）	27（23.7%）	7587（12.4%）

数据来源：2018 年天津市统计年鉴。

二　天津市人口发展态势的经济影响

2018 年天津户籍人口抚养比达到 42%，高于中国总抚养比 2 个百分点，常住人口抚养比只有 26.7%。尽管常住人口意义上仍处于人口红利窗口期内，但人口红利的获得是依靠外来人口持续不断的流入，在中国人口老龄化不断深化和人口迁移规模逐年下降的背景下，天津步入人口新常态的趋势不可逆转，人口红利机会窗迟早要关闭，对此必须保持清醒认知，并提早做出应对准备。天津人口发展态势将从以下几个路径对经济产生影响。

（一）人口低增长从需求和供给两方面影响经济增长

人口增长趋缓将使经济增长失去一个重要的动力来源，以充足劳动力和较低抚养比为主导的传统人口红利将逐渐消失。供给方面，人口低增长不仅通过劳动力供给短缺、降低储蓄率等途径给经济增长带来不利影响外，还会降低企业对市场的预期，加剧经济增速的下滑，并带来通货紧缩的风险，甚至经济的长期萧条。需求方面，人口低增长会降低消费需求，进而削弱对经济增长的拉动力，不利于通过扩大内需拉动经济增长。2014 年以来，天津的消费增速始终低于全国同期水平，特别是进入 2017 年以后，受国际、国内和天津自身因素的影响，以及缺乏新消费热点，消费进一步减缓，这其中也不乏人口低增长产生的负面作用。此外，人口低增长还会导致个人和社会资产（如房产）的贬值，实践表明，人口流失严重的地区房价下跌速度也相对较快。

（二）劳动力数量减少和成本提高不利于经济增长

我国劳动年龄人口自 2012 年以来持续减少，就业劳动力数量将在 2024 年达到峰值，然后进入负增长，天津市劳动力资源和社会从业人员数量也在 2015 年左右达到顶峰。更严重的是，伴随着人口老龄化进程，劳动力也进入不断老化的趋势。目前劳动年龄人口已经进入退休高峰期，劳动参与率不断下降，每年新增劳动力数量开始减少，这些变化都会加快劳动力转为负增长的步伐。劳动力规模缩减将给经济带来两个不利后果：一是劳动力供给趋紧，并推动劳动成本上涨；二是在低水平劳动生产率情况下，劳动力数量减少、劳动力成本加速提升、劳动生产率增速下降，都不利于经济增长，如果三者同时出现，对于经济更是一个严重的威胁。同时从积极角度看，劳动力减少和劳动成本上升也可以从微观层面对企业提升生产效率形成倒逼机制。主要通过两个途径：一是用物质资本和技术替代劳动力；二是进行技术创新。微观个体行为反映到宏观层面上就是产业结构的升级和优化，全要素生产率提高，形成创新驱动和效率驱动的增长模式。

（三）老龄化和抚养比提高将削弱支持经济增长的人口红利

我国已经进入老龄化和老年人口增长加速时期，2018 年末 65 岁及以上人口占总人口的比重为 11.9%，老年抚养比为 16.8%。由于持续多年的人口净流入，天津常住人口的老龄化水平和速度均低于全国平均水平。但是户籍人口总抚养比自 2011 年进入上升通道这一现象，从人口学意义上预示了人口红利开始消失的趋势。宏观层面上，人口老龄化会通过劳动力供给短缺、储蓄率下降、劳动生产率下降、消费需求减少、公共财政负担加剧等削弱经济活力。微观层面会增加家庭负担，进而给老年服务体系带来冲击。截至 2018 年底，全市 60 岁以上户籍老年人达到 259.08 万人，占比 23.97%，养老机构仅 362 家，建成照料中心（站）1301 个，养老床位 6.6 万张，按每千名老年人拥有 30 张床位的指标，尚有 1.1 万张缺口，居家养老服务设施仅覆盖 24%的社区（村）。人口老龄化除带来问题和挑战以外，也会对经济带来一些积极影响，比如推动消费结构和产业结构向服务化发展，有利于老龄产业繁荣；对技术进步形成倒逼机制；可能带来储蓄率提高和人力资本水平提升，收获第二次人口红利。但这些积极影响能否实现要取决于制度安排是否合理。

（四）人力资本成为新常态下经济发展的重要动力

在工业化阶段以传统制造业为主的产业结构下，以劳动力低成本为特征的人口资源能够发挥比较优势，但是进入新科技革命背景下的信息化、后工业化社会后，普通劳动力已经难以适应创新驱动高质量发展的客观要求，向高质量发展转型需要与之相匹配的人力资本水平。人力资本是技术创新、技术进步和技术扩散不可缺失的人力基础，对于经济增长有着至关重要的作用。改革开放以来，天津的教育事业有了长足的发展，尤其是进入 21 世纪，高等教育的快速发展，为天津积累了大量的人力资本，可以说，天津已经进入了收获人力资本红利的关键时期。但是，与北上广深等一线城市相比，天津还有一定差距。以北京、天津两市的人口受教育水平为例，2018 年天津市常住人口中高中以上学历人口所占比例均低于北京市（见图 3）。人力资本水平的差距将成为天津打造高水平区域产业链、承接北京非首都功能和产业转移的制约因素。

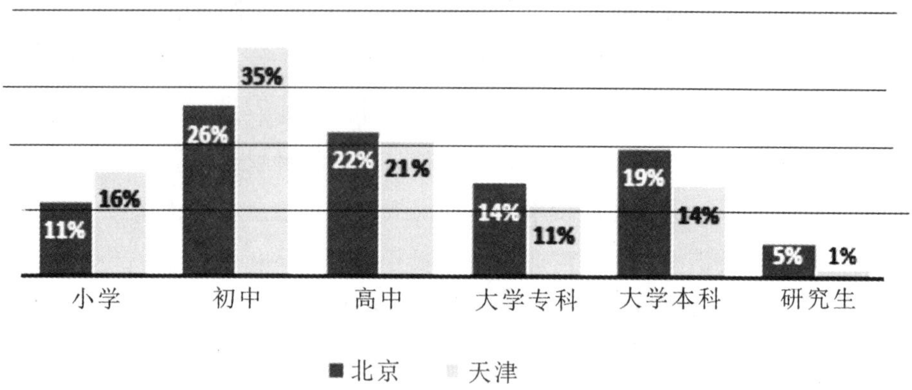

图 3　2018 年天津、北京常住人口中各种受教育程度人口比例

三　完善天津人口及相关社会政策的建议

良好的人口基础是迈向高质量发展的关键，这需要持续优化人口结构，创新人口管理机制，保持与经济发展相适应的人口活力。对此，必须全面深化改革，以合理的制度安排和政策设计规避、控制人口转型过程中产生的消极后果，发挥其积极作用。未来一段时期，天津人口发展应从修复人口流失、稳定人口增长、加强人才引育和驱动人力资本效率提升上下功夫。具体建议如下：

（一）调整完善人口政策，真正发挥出集聚人才的效力

人口管理与人才工作的成功离不开政府主体作用的发挥、人才政策的支持和高质量人才环境的建设。从天津人才政策的落实情况看，引进人才在数量、质量、结构等方面还不能满足经济发展和产业升级的需要，具体体现在高端人才数量与质量不足，人才创业创新能力较弱等方面。另外，人才政策在执行上也存在不科学、不到位的问题。对此，政府必须进一步提高对人才工作的重视程度，改变重“量”轻“质”思想，健全覆盖人才引进、培育、激励、保障等全方位政策体系，进一步优化人才政策的执行环境。

1.找准人才政策的着力点

在城市间人才政策趋于同质化背景下，天津需理性面对经济发展与人才结构的优化路径，使人才引进方向与城市战略定位和产业发展目标保持高度匹配，从而找准痛点，精准施策。

第一，重点引进大学毕业生。近几年这部分最年轻且最具创新活力和消费潜力的高素质就业群体已经成为各地激烈争夺的对象，很多城市不断降低落户门槛，甚至给予安居补贴、购房优惠等政策。建议天津根据人才需求目录，针对部分短缺专业优秀毕业生适当提高物质激励力度，更重要的是，通过就业机会使他们做出长期留津就业的决策，通过导师项目、见习岗位、创业平台等各种途径把他们留下来。

第二，重点引进产业和科技竞争急需的高端人才。从对天津的定位、与先进省市对比以及天津自身发展的需求来看，人才队伍中的战略科学家、高端人才、领军型企业家仍然不足。建议针对这类人才加大投资和引进方式创新力度。紧紧抓住人工智能、生物医药、新能源新材料等重点产业，以平台、项目、团队三大抓手，进行人才培养、引进和重点支持工作。坚持本土培养和柔性引进两条腿走路，将观念从“引人”向“引智”转变，做到“不求所有、但求所用”。参考海南鼓励各级各类用人单位设立“候鸟”人才工作站等平台模式，发挥桥梁服务作用，用好“候鸟”人才。

2.提高人才政策的竞争力

第一，调整完善政策内容。对现有政策从执行主体、执行环境、执行过程、执行考核以及实施效果等方面进行分析评估，重点解决政策目标模糊不清、职能部门沟通不畅、政策不兑现、待遇不到位、人才交流与创新创业载体缺失等问题。建议在人才政策内容制度工作中吸纳企业、高层次人才等第三方意见，保证人才政策的科学合理性和可操作性。

第二，改善政策执行环境。从生活和工作两方面为人才营造良好的创新创业环境，一方面必须遵循“人随产业走”的经济规律，比如武汉、重庆、成都同引进小米第二总部、腾讯西南总部和华为全球存储总部落户的方式成功吸引了大量人才集聚。当然，只有基于高质量的产业和良好的营商环境，通过提高产业活跃度、岗位适配性、资金技术等创新要素集中度等基本条件，才能让引进的人才真正留得下来，将流量变为生产力。另一方面，要为引进的人才及家属提供就业、住房、教育、医疗等全方位生活保障，使他们摆脱后顾之忧，从而专注于创新创业。

（二）加大继续教育和在职培训力度，提高存量人口人力资本水平

在人口老龄化趋势下，经济增长动能从对人口数量的依赖转向人口智力的依赖，如何提高劳动力的人力资本水平、挖掘人力资本效率，成为应对新常态的正确思路。

1.大力发展继续教育和终身教育

“完善终身教育体系、建设学习型社会”是推动我国从人口大国向人力资源大国转变的重要途径，也是助力天津经济实现高质量发展的必要举措，要加快完善终身教育体系和加快推进学习型城市建设。

第一，加强宣传和引导。加大“全民学习、终生学习”理念的普及和推广，提高社会成员对终身教育和全民终身学习的认知度、认可度和接受度。在落实政府主体责任、职业教育机构骨干支撑作用的前提下，建立激励机制，引导个人、家庭、企业和社会增加对人力资本的投资。

第二，推动平台建设。推动完善终身学习公共服务平台，继续推进“学分银行”和“老年开放大学”建设。关注健康老年人力资源开发，为有工作意愿的老年人提供教育与培训机会，调动他们参与社会经济生活的能动性，支持老年人参与志愿活动、互助养老、社区治理、家庭照料等活动。

2.加大在职培训力度

在职培训是员工、企业和社会都能获益的人力资本投资，也是快速提升存量人口人力资本水平的重要途径。要继续以政府购买培训成果机制为引领，采取市场需求引导与政府补贴激励相结合的方式，鼓励社会各类人员积极参加职业技能培训。

第一，提高培训精准度。针对培训对象的差异，围绕市场和企业需求进一步完善“职业培训包”模式，做到对象精准、方案精准、保障措施精准、

资金使用精准、培训成效精准。开展点对点服务，主动对接企业，摸清诉求，针对试点企业的业务范畴、服务流程、用工特点、发展趋势等帮助企业合理规划培训方案。

第二，加强新业态人才培养。加大互联网、人工智能、物联网等新技术新业态发展急需的数字技术人才培养力度。推进高等教育和职业教育专业设置、人才培养模式与新技术、新业态、新模式发展衔接匹配，推动新就业形态从业人员向知识型和技能型就业为主转型。制定和实施支持新形态就业人员的职业培训政策，加大职业培训补贴的力度。

第三，重点培育创新创业人才。以创业培训为发力点，面向大学生等青年创业群体，推行网络创业培训新模式，努力营造想创业、能创业、创成业的营商环境。落实重点领域人才培养工程，以“海河英才”创新学院为平台，积极开展高端人才培训。

（三）完善劳动力市场，驱动人力资本效率提升

在向高质量发展迈进过程中，人力资本作为唯一可持续的动力源，需要充分释放和涌流，目前与此相适应的制度环境尚未有效形成。对此，必须进一步深化劳动力市场改革，引导劳动要素从低效领域向高效领域流动，激发劳动者的积极性和创造性，实现由劳动要素驱动向效率驱动和创新驱动转型。

1.深化劳动力市场改革

当前，劳动力市场中仍然存在很多可能扭曲人力资本投资回报率、不利于产生效率驱动和创新驱动以及创业创新发展的各种制度束缚和桎梏，亟待通过深化改革来打破和消除。

第一，引导劳动力要素合理流动。贯彻落实《关于促进劳动力和人才社会性流动体制机制改革的意见》《关于构建更加完善的要素市场化配置体制机制的意见》等文件精神，深化体制机制改革，破除妨碍劳动力、人才社会性流动的体制机制弊端，使人力资本得到充分利用，发挥劳动力、人才的主观能动性。建立引导劳动力要素从低质低效领域向优质高效领域流动的机制，提高要素质量和配置效率，引导各类要素协同向先进生产力集聚。

第二，健全人力资本配置机制。在产业结构转型升级过程中，由于劳动力供给方和市场需求方的匹配问题，使部分群体面临实现就业、再就业的结构性和摩擦性困难，比如人力资本专用性较强的大学生、受教育水平较低且缺乏技能特别是缺乏技能更新能力的城镇就业困难群体以及退伍军人、进城农民等，需要针对这些就业人员建立健全职业介绍、职业指导、培训补贴、社保补贴等制度，提高人力资本的配置效率。

第三，支持灵活就业和新就业形态发展。基于互联网和数字技术的新就业形态快速发展，创造了大量灵活就业、居家就业、自主创业机会，已成为稳就业、保就业的重要载体。因此，面向这些新业态的劳动力市场制度供给必须及时跟上，比如法律地位、劳动标准、职业保障、消费者合法权益等，需要通过相关政策加以规范和解决。同时应加强市场监管和风险防范力度，规范引导企业建立可持续的运营和盈利模式。

2.建立规范可持续发展的人才激励机制

要想发挥出人才的最大潜能，使其转化为驱动创新和增长的生产力，就必须形成让优秀人才脱颖而出的激励机制。

第一，因企施策，探索推进人才机制改革。鼓励和支持企业健全人才内部流动、绩效考核、个性化服务和培养、股权分红激励等工作机制。完善人才评价机制，发挥政府、市场、用人单位多元评价主体作用，建立科学化、社会化、市场化的人才评价制度。给予企业高层次人才评价自主权，突出品德、能力和业绩评价导向，构建分层次、分类别的评价体系，科学设置评价标准，增强人才评价的针对性，让真正为企业所用的人才摆脱唯学历、唯资历、唯论文的枷锁。

第二，构建物质激励与精神激励相结合的机制。完善收入分配制度，建立重实绩、重贡献的公平合理的分配机制，妥善处理引进人才和现有人才在薪酬待遇、选拔使用上的关系。针对不同层次、不同年龄的人才需求，制定内容多样的激励措施，注重发挥荣誉激励、成就激励、情感激励的重要作用。鼓励和支持专业技术人才跨单位、跨体制兼职就业创业，进一步激发他们的创新创业创造活力。

参考文献

[1] 天津市统计局：《2019 年天津市国民经济和社会发展统计公报》。

[2] 《天津市科技创新“十三五”规划》。

[3] 《天津市人口发展“十三五”规划》。

[4] 《天津市人力资源和社会保障事业发展“十三五”规划》。

[5] 李建民：《中国的人口新常态与经济新常态》，《人口研究》2015 年第 1 期。

天津市文化事业发展研究报告（2021）

单　晨　天津社会科学院经济分析与预测研究所助理研究员

王会芝　天津社会科学院经济分析与预测研究所副研究员

摘　要： 2020年是全面建成小康社会的决胜之年和“十三五”规划的收官之年，也是擘画“十四五”发展的关键之年。2020年，天津市文化事业发展稳步推进，现代公共服务体系建设不断完善，文化惠民工程深入实施，公共文化供给提质增效，出版传媒广播影视事业全面推进，文化遗产管理利用水平持续提升，文化旅游科技融合纵深发展，京津冀文化协同发展不断深化。2021年推进天津文化事业发展，建议不断健全和完善现代化公共文化服务体系，加强高质量公共文化供给，着力提升公共服务效能；贯彻落实国家及本市重大战略部署，促进区域文化协同发展；加强历史文化遗产保护开发利用与传承，丰富城市文化底蕴；以新业态、新模式推进文化消费高质量发展，提升城市文化软实力。

关键词： 天津　文化事业　机遇　挑战　展望

2020年是全面建成小康社会的决胜之年和“十三五”规划的收官之年，也是擘画“十四五”发展的关键之年。天津全面贯彻党的十九大和十九届二中、三中、四中、五中全会精神，深入落实习近平总书记在天津考察工作和京津冀协同发展座谈会上的重要讲话精神，坚持中国特色社会主义文化发展道路，统筹做好疫情防控和全面复工复产，激发天津文化创新活力，推进现代化公共服务体系建设、文化惠民工程、文艺创作生产、文化遗产保护利用与传承、出版传媒广播影视等各项工作再上新台阶，促进文化事业和文化产业协调发展，不断满足人民群众对美好生活的文化需要。

一　2020 年天津市文化事业发展状况分析

（一）现代公共文化服务体系建设不断加强

一是加快推进公共服务设施建设与完善。实施平津战役纪念馆、周恩来邓颖超纪念馆基本陈列改陈及配套提升项目，开展桑志华旧居、广东会馆修缮项目；推进有线电视网络整合工作，为加快广电 5G 发展和智慧广电建设奠定良好基础。

二是博物馆事业取得新进展。博物馆数字化进程加快，天津市博物馆公共服务平台上线。疫情防控期间，天津博物馆、天津自然博物馆等文博场馆积极对接媒体平台与互联网企业，利用网络资源开展网络云展览、云活动。天津博物馆文物数字化保护项目再上新台阶，智慧保护、智慧管理、智慧服务水平显著提升；推动馆校共建，成立了国家海洋博物馆馆校共建联盟和国家海洋博物馆馆校共建工作委员会。积极挖掘馆藏文物津味元素，打造文创产品。天津博物馆“玉壶春瓶系列文创产品”获 2020 中国特色旅游商品大赛金奖。

三是落实书屋书吧建设工作。完善书屋书吧纳入图书馆总分馆体系建设工作，推动书屋书吧与区级图书馆资源整合，深化书屋书吧惠民服务功能。截至目前，已建成 3556 个农家书屋、2000 多个职工书屋、200 个城市书吧阅读新空间、近 300 个图书馆、遍布全城的社区图书服务点、覆盖全线的“书香专列”、24 小时开放的智能书店和城市书房。着力提升农家书屋和城市书吧效能，发挥书屋书吧在理论宣讲、志愿服务、丰富活跃文化生活等工作中的作用，推动书屋书吧建设智能数字化阅读模式。同时，组织出版单位和书屋书吧有效对接，做好书屋书吧的图书补充更新工作。

（二）深入实施文化惠民工程，不断增加公共文化供给

一是文惠卡持续发行且效能提升。坚持以文惠卡发行带动市场，发行天津文惠卡五周年纪念票折，扩展文惠卡使用范围至“方寸直播”平台，举办2020年文惠卡下半年重点演出推介会。

二是积极开展“云上”观演模式。北方演艺集团积极利用新媒体产品试水“云端”惠民，“云创作”“云练功”“云排练”“云课堂”“云剧场”接连不断，通过“北方演艺直播剧场”“方寸直播”平台推出高质量直播演出，打造“2020年全国喜剧精品云上演出季暨首届蹦豆儿喜剧节”；天津交响乐团利用网络平台推出“空中音乐会”系列演出、“空中讲堂”；天津京剧院以“线上剧院”的形式推送优秀原创剧目视频，天津市青年京剧团通过官方微信平台推出“中华云剧场”经典剧目展播。丰富多彩的线上活动，满足了疫情期间群众的精神生活需求。

三是不断推出异彩纷呈的线下文化活动。围绕中国共产党成立99周年、中华人民共和国成立71周年，各文艺单位通过电视、网络推送主题鲜明、风格多样的文艺演出。国庆与中秋双节期间，“文化惠民演出推广季”推出286场文艺演出，演出收入为2019年同期市场的320%，有效促进了演出消费复苏。另外，举办了天津市第五届市民文化艺术节。扎实推进全民阅读活动，举办2020书香天津·书屋书吧“云课堂”线上主题阅读活动、读书月系列活动暨“花香·果香·书香”青少年主题阅读实践活动；组织开展2020年“我的书屋书吧我的梦”少年儿童阅读实践活动，持续开展“新时代乡村阅读季”活动。丰富的文化活动，增强了新时代人民群众的获得感和幸福感。

（三）汇聚文化力量，助力疫情抗击与脱贫攻坚

一是推进新创剧目，文艺创作成果丰硕。积极落实《天津市舞台艺术创作生产三年规划（2018—2020年）》，持续加强对艺术创作生产的引导。及时跟进2020年重点剧目创作、京津冀民乐名曲音乐会等多个项目，确保新创剧目有序推进。评剧电影《海棠红》在美国、加拿大等国家的多个城市同时

放映，主演王冠丽获颁中国戏曲传播大师奖。

二是积极开展“以艺战疫”。开展京剧、歌曲等各类主题文艺创作和作品录制工作，以优秀文艺作品激励疫情防控阻击士气。疫情期间，全市国有专业院团创作的抗击新冠肺炎疫情各类艺术作品约 100 个，其中歌曲 50 首，戏剧作品 2 首，戏曲作品 13 首，朗诵作品 12 首，曲艺作品 23 首。抗疫题材话剧《生死 24 小时》受邀参加“秋天的‘剧’会——全国话剧院团疫情期间原创作品线上展演”。

三是以艺术为纽带，深化津青甘文化交流合作，助力脱贫攻坚。推进文化艺术扶贫交流常态化，多次向新疆和田、西藏昌都、河北承德等七个对口支援合作地区推送免费“天津文博云资源”；开展 2020“春雨工程”，派出优秀文化志愿者队伍赴甘肃天水、新疆和田等地区开展文化交流和演出活动。

（四）推动优化升级，新闻出版业、广播电视电影事业发展良好

一是影视剧创作生产持续发力，津产影视剧影响力持续提升。启动 2020 年度天津市促进影视剧繁荣发展扶持奖励资金申报工作。该项目实施两年来，影视行业创作活力不断释放，推出了《银河补习班》《小娘惹》等一批优质项目。2020 年，两部津产电视剧《大侠霍元甲》《小镇警事》亮相央视；重大革命历史题材电视剧《换了人间》获得第 32 届电视剧“飞天奖”。网络影视内容生产创作逆势上扬，网络电影《陆行鲨》、网络剧《人间烟火花小厨》、网络动画片《大理寺日志》等表现突出。

二是传统媒体与新媒体融合发展，宣传能力显著提升。充分发挥宣传主阵地、主渠道的作用，“津云”形成了“一次采集，多种生成，全媒体传播”的舆论宣传新模式，新媒体矩阵、区融媒体平台多点配合，积极稳妥引导社会舆论，为经济社会持续稳定健康发展提供了有力的舆论支持。积极助力“双战双赢”，津云新媒体集团协同 16 个区融媒体平台推出《天津助企惠民抗疫公益计划》、上线“天津助企惠民抗疫公益平台”，天津海河传媒中心开展“海河有爱　津媒助力——扶贫行动计划”活动，助力打赢脱贫攻坚战。制作大型六集专题片《大考》、航拍纪录片《大美天津》和数字光盘《天津战

“疫”中的感动》，推出了一批有影响力的宣传作品。

三是出版行业积极以专业能力服务社会。高效助力科学防控疫情，出版《天津市民新型冠状病毒感染的肺炎防控指南》《新型冠状病毒感染的肺炎防控指南（少儿版+音频版）》《新型冠状病毒肺炎防控指南漫画版双语系列》等图书；做好宣传和舆论引导工作，出版《2020津门战“疫”纪实》《谁是新时代最可爱的人——津门战“疫”的平凡英雄》等图书。另外，优秀作品不断涌现。五部作品入选2020年中国作家协会重点作品扶持项目，杨柳青画社五种图书入选《2020年农家书屋重点出版物推荐目录》，《纸飞机》等三种图书获第七届中华优秀出版物奖提名奖，两个古籍整理出版项目获2020年度国家古籍整理出版专项经费资助。

（五）加强文化遗产保护和管理，提升文物资源利用水平

一是加强文化遗产保护和管理。深入贯彻落实习近平总书记关于加强文物保护利用工作的要求，争取到国家文物保护专项资金 5258万元资助10个文物保护项目，加强千像寺造像等全国重点文物本体保护，突出重点文物保护单位的安全防护，推进可移动文物保护，实施蓟州多宝佛塔出土文物抢救性保护和北疆博物院珍贵藏品预防性保护项目。

二是加强“非遗”资源宣传推介。围绕文化和自然遗产日年度活动主题，以传统体育、传统医药和餐饮类“非遗”项目为重点，结合天津地方特色，举办了“非遗”宣传展示活动，普及“非遗”知识，并通过“天津非遗”微信公众平台和天津市非物质文化遗产网同步推送。以京东为平台，搭建线上“天津非遗购物节”专区，通过直播带货、联名款首发等形式，对天津市国家级、市级“非遗”代表性项目进行推介、销售。各区也围绕活动主题，推出近40项线上和线下的系列活动。

三是提升文物资源的利用水平。深入挖掘文博资源内涵，讲好文物藏品背后的故事，举办了“龙城瑰宝——朝阳北塔出土重要文物展”“刻画洞天——天津博物馆藏砖雕展”“中国古代体育文物展”等特色系列展览；加强“非遗”普及和传承工作，举办了“我心中的的国宝——天津美术馆第八

届文物主题夏令营”，开展“非遗”进校园、进社区活动，建立完善“非遗”教学体系及“非遗”项目宣传推广体系，形成有效的青少年“非遗”项目传承和保护机制，举办了“我们的节日·中秋”戏法曲艺“非遗”专场公益演出。

四是深入推进长城国家文化公园（天津段）、大运河国家文化公园（天津段）建设。编制《天津市大运河国家文化公园建设保护规划》，全面梳理大运河文化旅游资源，重点建设大运河管控保护、主题展示、文旅融合、传统利用四类主体功能区。印发实施《长城国家文化公园（天津段）建设保护规划》及导则，持续跟进长城国家文化公园保护传承、研究发掘、环境配套、文旅融合、数字化展示五大类工程，严格保护长城文物本体，传承弘扬长城文化价值，完善长城国家风景廊道体系。

（六）“文化+”深度融合，新业态新模式不断涌现

一是加强顶层设计，推动文化和旅游融合发展。编制了《天津市文化和旅游融合发展“十四五”规划（2021—2025）》，深入推进六大标志性项目，实施文化和旅游消费惠民工程，培育新业态、新产品和新的消费模式。

二是深入挖掘历史文化资源，大力推动文化旅游。深入实施文旅融合品牌战略，陆续举办“非遗购物节”、2020 天津夜生活节等活动，开展“天津之夜”品牌营销推介，推出天津旅游通票 2.0 版本。推出“I·游天津”2020 旅游季系列活动，利用全网矩阵推广平台，精准推广 10 大主题 50 条旅游精品线路；整合开发五大道及周边文化旅游资源等近代文化景观，将天津民俗特色景点与演艺产品结合起来，打造精品文旅融合品牌。

三是融合文旅发展新业态新模式。举办了 2020 中国旅游产业博览会，线上开展论坛、展会、推介和签约洽谈等工作，线下开展京津冀区域旅游合作工作会议、3D 构建虚拟场景展现旅游装备等活动，打造线上线下一体的新模式，体现“文化+旅游+科技”三位一体发展新格局。

（七）推动文化协同发展和文化交流合作

一是持续推进京津冀文化协同发展战略。“京津冀文化协同发展展区”亮相第十五届北京文博会，全面展示三地艺术创作、文化创意、文化旅游协同发展成果；三地联合承办第六届京津冀“非遗”联展、2020第五届雁栖湖论坛，共同携手打造京津冀交响乐艺术联盟大型交响音乐会，开展“张家口印象”京津冀“非遗”线上展演活动。成立中国（京津冀）广播电视媒体融合发展创新中心，共同签署《京津冀新视听战略合作协议》，强化三地在广播电视网络视听领域的全面合作。

二是推动津台交流合作，助力惠台政策落地。整合“7+10”项目，梳理年度7个重要活动项目，组织实施了10个交流项目。开展在津复学台生“迎端午”座谈会、台商座谈会、走访慰问台胞台企等活动，主动了解需求，解决实际问题。开展线上交流、文创设计大赛、青年职业技能大赛等活动，促进两岸文化交流。落实惠台措施，制作扶持政策汇编、推出“台企 e 码通”二维码、举办12期线上政策解读会，加大复工复产“11条”以及天津市“52条”“46条”惠台措施的落实力度，推动各项惠台措施落地。

二 天津市文化事业发展面临的机遇

（一）宏观层面部署为文化事业发展带来新机遇

2020年，习近平总书记在教育文化卫生体育领域专家代表座谈会上强调，“十四五”时期，要把文化建设放在全局工作的突出位置，要繁荣发展文化事业和文化产业，全面繁荣新闻出版、广播影视、文学艺术、哲学社会科学事业，着力提升公共文化服务水平，让人民享有更加充实、更为丰富、更高质量的精神文化生活。《中华人民共和国文化产业促进法》或将于近期出台，我国文化体制改革的不断深化、文化事业全面繁荣、文化产业快速发展的局面加速形成。天津市为促进文化建设相继出台若干实施方案和专项规划，并不断推进政策落地实施，文化建设的政策环境持续优化。此外，京津冀文化协同发展为天津文化事业注入新动力，京津冀三地积极贯彻《京津冀文化产业协同发展规划纲要》和行动计划，健全京津冀文化合作交流长效机制，打造跨区域合作交流平台载体，全面促进了京津冀文化协同纵深发展，积累了丰富的协同发展实践经验，赋予天津文旅发展新动力。

（二）新一代信息技术和“新基建”推进服务升级和业态创新

一方面，新一代信息技术和新基建助力公共服务提质增效。疫情期间，文化场馆和旅游景点推进数字化、智慧化基础设施建设，完善数字资源共享体制机制，提升了文化服务的质量与效率。新一代信息技术在推进公共服务智能化水平、优化社会监管治理模式中的作用凸显。另一方面，新一代科学技术应用于优秀传统文化和当今主流文化发掘、传播，带来了新闻出版、广播影视、文化艺术、文物保护利用、非物质文化遗产传承发展、创意设计、文化旅游等领域的深刻变革，推进新内容、新模式、新业态不断产生与壮大，对文化事业建设和文化产业发展进行全方位、全链条改造。

（三）消费升级带动文化需求增加，促进文化服务供给侧改革

随着居民消费结构不断升级，服务、信息、文化类消费快速增长，文化产业发展对推动国民经济增长、满足人民美好生活需要发挥越来越重要的作用。特别是疫情期间，以数字内容为核心的文旅产业异军突起，各类文化场馆、景区景点积极推出云展览、云直播、云旅游等数字产品和服务；网络动漫、网络音乐、网络文学、短视频等新业态发展活跃，跨界直播带货、宅经济促进了消费回补和潜力释放。“文化+”实现了更快、更广、更深的融合发展。国务院办公厅印发《关于以新业态新模式引领新型消费加快发展的意见》，提出深入发展在线文娱，鼓励传统线下文化娱乐业态线上化。天津市旅游资源中，以万国风貌建筑、名人政要旧居、历史纪念地等为主要类型的文化旅游资源占比较大，凝结着近代中国百年史，形成“百年中国看天津”的地域特色，加之“依河傍海，人无我有”的独特自然优势，天津在延长文化产业

链、形成独具特色的文化产品与服务方面具有广阔的发展空间。

三　天津市文化事业发展面临的挑战

（一）文化服务场馆公共安全应急体系建设有待进一步完善

新冠肺炎疫情的暴发对公共文化服务供给造成一定的冲击。疫情暴发初期，为防止疫情蔓延，文博馆、演出娱乐场所等公共文化服务场馆全面关闭，文艺演出、群众文化活动暂时停摆，对人民群众的日常文化生活造成影响。完善突发事件应急工作机制，健全常态化的危机防范应对机制，切实做好文化聚集场所的应急处理工作，最大限度地降低突发事件风险和隐患，控制和减轻事件造成的危害和影响，是当前公共服务管理面临的挑战。

（二）多样化、多层次、多方面文化产品和服务供给不足

天津市文化产品和服务供给数量和质量在不断提升，但与满足广大人民群众多样化、多层次、多方面的精神文化需求仍然存在一定的差距，尤其是融合当代中国价值观念、体现天津文化特色的精品力作数量还较少。如何更好地同广大人民群众的需求相对接，使文化产业的生产结构根据市场需求进行深入的优化调整，是天津市文化产品和服务生产面临的重要任务。

（三）特殊群体基本文化权益保障机制有待进一步完善

天津市已经建立起比较完备的公共文化服务网络体系，但特殊群体基本文化权益保障机制有待于进一步完善，面向老年人、残疾人、未成年人等特殊群体的文化公共服务设施相对不足，文化服务水平也有待于进一步提升。特别是智能应用软件（APP）、微信平台等的应用，使得某些群体在获取公共服务上存在一定的困难。

（四）宣传推广方式需要进一步创新

知晓率和参与率是影响公共文化产品和服务发挥效能的重要因素。天津市为丰富群众文化生活，推出了丰富多彩的文化活动，需要进一步分析并掌握服务对象在信息获取途径等方面的特点以及变化趋势，创新宣传推广方式。通过加强宣传的力度和精准度，提高群众的知晓率和参与率，促进文化产品和服务的社会效益和经济效益的充分发挥，不断巩固文化消费理念，促进文化消费，扩大内需。

（五）文化建设与新技术融合发展步伐需进一步加快

5G 基站建设、大数据中心、人工智能等都与文化建设有着密切的联系，完善现代公共文化服务体系需要加强与新型基础设施建设的融合发展。目前，天津市文化建设与新一代信息技术建设的融合发展程度较低，且存在不均衡现象。人工智能在文化大数据上的应用相对欠缺，应用新一代信息技术进行艺术产品创作的水平也有待提升。

四　2021 年天津市文化事业发展展望

（一）不断健全和完善现代化公共文化服务体系

一是优化全市公共文化设施布局，引导新建大型文化设施向人口密集地区及文化设施薄弱地区布局；采取盘活存量、调整置换、集中利用等多种方式，拓展公共文化服务空间。推进无障碍设施建设，加大特殊群体公共服务供给，充分保障特殊群体的基本文化权益。

二是继续推进公共文化智慧化建设。加强与新基建的融合发展力度，加大金融、税收等政策的支持力度，鼓励博物馆、科技馆、文化馆等重点公共文化场所的智能化、信息化改造项目；着力提升街道、社区基层综合文化设施标准化、信息化建设水平。

三是完善公共安全应急体系建设。坚持预防和应急相结合，加大安全检查工作力度，补齐公共服务场所的“安全短板”；夯实应急物资储备，强化应急保障基础；加强公共卫生危机管理队伍建设，强化责任落实，提升监测预警和应急响应能力。

（二）加强高质量公共文化供给

一是提升文博场馆效用能级。推进图书馆、博物馆、美术馆等公共文化资源数字化网络体系建构步伐，打造主客共享的数字文化生态系统。充分利用互联网和数字化手段，对文化资源进行数字化转化和开发，在实现立体形态展示的基础上，着力完善接触、交互、解读环节，让优秀传统文化资源真正“活起来”。

二是加强文艺院团演出、创作的支持与引导。加强思想引领，鼓励文艺工作者增强责任意识和大局意识，提高服务能力和创新能力；实施精品创作工程，鼓励文艺工作者扎根本土、深植时代，推出更多具有天津独特文化符号的思想性、艺术性、观赏性俱佳的精品力作；加强文艺队伍建设，建立文艺创作与生产的科学决策机制、客观评价机制、创新发展机制和政策保障机制，完善专业艺术表演组织团体的管理制度，规范文艺演出制度。

三是加强网络文化建设和管理。推进网络文化产品在内容、形式、载体上的创新，加大原创优秀网络文艺作品的创作生产力度；实施网络文化作品精品工程和品牌工程，着力提升网络文化产品的思想内涵、现实价值和审美价值；完善网络文化监管治理长效机制，强化互联网版权和著作权管理，大力开展净化网络环境整治活动，营造良好的网络文化发展环境。

（三）推进国家及本市重大战略部署，做好“三个深化”

一是深化京津冀文化协同发展。全面贯彻落实习近平总书记考察天津时的重要指示和在京津冀协同发展座谈会上的重要讲话精神及市委实施意见，创新和完善公共文化产品和服务共享和交流机制，促进京津冀文化资源效用最大化；以政府主导，充分调动市场力量和社会公益组织力量，加快建设京津冀政企合作、跨区域文化企业及团体合作机制，形成多元化的文化协同发展主体。

二是深化文化扶贫攻坚行动。习近平总书记对脱贫攻坚工作做出重要指示，强调善始善终，善作善成，不获全胜决不收兵。继续推进“春雨工程”，拓展对口支援深度和广度，重点做好西藏、新疆、青海、甘肃等地精准帮扶；坚持弘扬传统文化和宣传新时代发展理念相结合，培育富有地方特色的文化活动，搭建多元文化活动载体和平台，充分发挥“扶志”“扶智”作用，激发贫困地区发展的内生动力，巩固扶贫成果。

三是深化“一带一路”沿线国家文化交流。以建设国际文化旅游名城为目标，着力建立与“一带一路”沿线国家的长效合作机制，通过举办艺术展演、节展赛事等方式，提升天津文化平台能级；深化与“一带一路”沿线国家的文化贸易和投资往来，让富有中国故事、天津故事的优秀文化产品走向国际市场，推动中华文化“走出去”。

（四）加强历史文化遗产保护、开发和传承工作力度

一是持续推进重点文物和非物质文化遗产的保护利用。推进文物保护修缮工作以及文化保护工程项目数字化建设，完善近现代文物建筑保护利用规范；处理好历史文化遗产开发和保护利用的关系；拓展“非遗”展示和传播平台，推进“非遗”进校园、进社区、进展馆，确保“非遗”传承工作持续性开展。

二是积极探索工业遗产保护利用范式。积极探索工业遗产保护利用模式，借鉴国内外先进理念和方法，着力盘活存量资源，开发以深度体验为核心的旅游产品和项目，整合设计精品工业游线路，打造工业文化游亮点。

三是加强红色文化遗存的保护传承。统筹革命文物保护利用与红色旅游发展，推出一批红色研学等体验型红色旅游项目；整合高校、社科机构等研究力量，加强红色文化研究与阐释；组织培训红色文化讲解员，讲好红色遗址、红色文物背后的故事，传承红色基因。

（五）推进文化消费高质量发展

一是加强消费模式创新。推进以文惠卡、文化消费季和线上线下文化消费平台为代表的文化消费模式，通过发放消费券、举办促销活动等举措，实现普惠市民、促进消费、互利共赢的目的；利用文化旅游大数据平台，对消费数据进行历史分析与动态监测，引导市场提供有效和精准产品和服务，满足不同群体不同层次的文化需求。

二是推进消费场景创新。深化跨界融合发展，推动文化与科技、旅游、农业、体育、商业等领域融合发展，构建具有国际影响力的现代文化产业体系和文化市场体系，形成文化产业经济无边界渗透新格局；依托公共文化生活空间，进行旅游化、市场化的开发转化与活化，打造主题化、场景化、沉浸式的新型文旅消费场景，实现文化事业与文化产业互利共生。

三是发展壮大文化企业。进一步落实财政、税收、金融等政策，帮扶企业努力降低疫情影响，保护和激发市场主体活力；实施文化企业梯度培育计划，形成一批主业突出、具有核心竞争力的骨干文化企业；引导企业加大文化科技创新投入，提高文化科技创新转换能力；推进文化企业与新一代信息技术、人工智能的深度融合发展，助力企业数字化转型升级。

四是细分文化消费群体，拓宽推介渠道。强化文化消费基础数据的利用，通过数据分析掌握文化市场消费倾向及变化趋势，以需求拉动为导向，制定相应的产品、营销、服务战略；强化新媒体应用，利用抖音、微信、微博等数字营销快速引流；规划和建立科学的营销效果反馈与评估系统，对营销效果进行及时跟踪、评价。

天津市社会组织发展研究报告（2021）

李培志　天津社会科学院社会学研究所副研究员

摘　要： 2020 年是天津全面建成高质量小康社会的收官之年，也是天津推动社会组织高质量发展迈出坚实步伐的收获之年。这一年，天津社会组织以自身独特的方式和行动，积极参与脱贫攻坚、新冠肺炎疫情防控、社会治理创新等，在服务国家、服务社会、服务群众、服务行业中发挥了应有作用和价值，为推动中国特色社会组织发展贡献了天津之为。整体来看，天津积极培育发展社会组织，社会组织发展质量和效益稳步提高，社会组织参与重大实践的形式逐渐丰富，社会组织积极作用的发挥日益明显。随着全面深化改革的推进，以制度建设为核心，推动新时代天津社会组织向高质量发展，既是中国特色社会组织发展之路的内在要求，也是天津开展社会建设、创新社会治理的题中之义。为此，2021 年做好新时代天津社会组织工作，促进社会组织可持续健康发展，亟须在细节、实效上见功夫，要以制度建设为核心，进一步加强社会组织管理服务，加大社会组织扶持培育力度，推动社会组织党建工作上水平。

关键词： 社会组织　脱贫攻坚　疫情防控　社会治理

“社会组织，又称‘非政府组织’‘非营利组织’或‘民间组织’，是区别于政府组织、企业组织的具有非政府性、非营利性等特征的新的组织形态。”[①]一定程度上讲，我国社会组织的成长、发展与变化，见证了我国社会转型与变迁、社会建设与治理波澜壮阔的历史进程。实践表明，社会组织是我国社会主义现代化建设的重要力量，特别是随着全面深化改革的推进，其地位和作用越发凸显。2020 年是天津全面建成高质量小康社会的收官之年，也是天津推动社会组织高质量发展迈出坚实步伐的收获之年。这一年，天津社会组织以自身独特的方式和行动，积极参与脱贫攻坚、新冠肺炎疫情防控、社会治理创新等，在服务国家、服务社会、服务群众、服务行业中发挥了应有作用和价值，为推动中国特色社会组织发展贡献了天津之为。

一　天津市社会组织发展现状分析[②]

截至 2020 年 3 季度，天津市有社会组织 5898 个，其中社会团体 2328 个、民办非企业单位 3467 个、基金会 103 个。[③]另外，从特定领域（或类别）的社会组织发展情况来看，截至 2020 年 6 月，天津市市属直接登记和已脱钩行业协会商会的数量为 332 个；[④]据 2020 年 10 月 26 日在慈善中国网站上查询了解，目前天津登记认定的慈善组织有 135 个。[⑤]

2020 年，天津积极培育发展社会组织，社会组织发展质量和效益稳步提高，社会组织参与重大实践的形式逐渐丰富，社会组织积极作用的发挥日益明显。可以说，随着社会治理体系和治理能力现代化建设的深入开展，作为推动天津经济社会协调发展的重要主体，天津社会组织所承担的使命和责任将会更大。

① 王名：《社会组织论纲》，社会科学文献出版社 2013 年版，第 2 页。

② 本文主要聚焦市级社会组织的基本情况和典型实践，在具体分析讨论中主要涉及社会团体、社会服务机构（民办非企业单位）和基金会三类社会组织。

③ 《2020 年 3 季度民政统计分省数据》，中华人民共和国民政部网站，2020 年 11 月 6 日，http：//www.mca.gov.cn/article/sj/tjjb/sjsj/2020/202011/20201106003.html。

④ 天津市市属直接登记和已脱钩行业协会商会名单，见天津社会组织公共服务平台，2020 年 6 月 12 日，http：//mz.tj.gov.cn/ZTZL7295/ZTZL9993/TJSHZZGGFWPT8299/SY5882/TZGG1129/202008/t20200805_3384310.html。

⑤ 慈善组织查询，见慈善中国网站，http：//cishan.chinanpo.gov.cn/biz/ma/csmh/a/csmhaindex.html，2020 年 10 月 26 日。

（一）社会组织培育、管理水平不断提升

积极推进社会组织扶持培育工作，充分发挥社会组织孵化载体功能。从2020年7月22日召开的社会组织孵化培育工作部署会上了解，此次经过入孵申请、审核评定程序共有44家社会组织入孵，入孵的社会组织将依托天津市社会组织党群活动服务中心、市社会组织服务管理中心提供的基础设施、专业培训、专家指导、信息平台等多项助力支持性服务，补齐发展的短板，提升社会组织服务与自身发展能力。[①]继续开展社会组织公益创投活动，进一步激发社会组织发展活力。2020年10月，启动2020年天津市社会组织公益创投活动，此次社会组织公益创投项目分为社会组织独立申报项目和社会组织组团申报项目，资助资金为天津市福利彩票公益金，项目申报范围严格按照“四助”，即助老、助残、助困、助孤，主要包括公共服务类、社工服务类、社区服务类、社会组织扶持发展类等。[②]动员和引导社会组织参与社会治理，充分发挥社会组织在社会治理体系中的重要作用，促进政府治理和社会调节、居民治理的良性互动。

推动社会组织管理工作“放管服”改革，围绕创新方式方法、灵活安排调整、提高工作效率、提升服务能力的目标要求，扎实开展市属社会团体、社会服务机构年报工作，如参加年度报告网上填报的市属社会团体、社会服务机构，不再需要向民政部门报送纸质年度工作报告书；有业务主管单位的市属社会团体、社会服务机构在网上报送的年度工作报告和年度审计报告，将通过新系统同步报送至业务主管单位审核、备案；市属社会团体、社会服务机构提交年度工作报告后，民政部门通过信息平台、互联网和其他便于公

① 《市民政局（社管局）部署社会组织孵化培育工作》，天津社会组织动态（微信公众号），2020年7月23日。

② 《天津市民政局关于征集2020年天津市社会组织公益创投项目的预通知》，天津社会组织公共服务平台，2020年10月23日，http://mz.tj.gov.cn/ZTZL7295/ZTZL9993/TJSHZZGGFWPT8299/SY5882/GQDT307/202010/t20201023_3995633.html。

众查询的方式，向社会公开年度工作报告内容。[①]为进一步加强社会组织监督管理，规范社会组织行为，2020 年 6 月至 9 月，开展了社会组织抽查审计工作，此次共抽查审计市级社团、民办非企业单位 50 家，其中社会团体 30 家、民办非企业单位 20 家。[②]严格开展社会组织风险排查，严厉打击非法社会组织。强化法治意识，坚持依法行政，切实履行好登记审查、日常管理与执法监督职责。总体而言，一年来，天津社会组织孵化、登记、管理、执法、评估等各项工作扎实有序开展，严格监管与培育支持同步推进，社会组织承接政府购买服务能力明显提升，广大社会组织服务天津经济社会发展的环境不断优化。

（二）社会组织参与新冠肺炎疫情防控作用积极

新冠肺炎疫情发生后，天津社会组织根据自身组织特征和组织优势，迅速开展行动，担当作为，通过多种形式积极参与疫情防控，为疫情防控取得阶段性胜利以及统筹推进常态化疫情防控贡献了力量。2020 年 1 月 29 日，天津市民政局发布《关于动员社会组织依法有序参与新型冠状病毒感染的肺炎疫情防控阻击战的倡议书》，号召广大社会组织积极参与疫情防控，提出强化战斗意识，充分发挥党组织的战斗堡垒作用和党员的先锋模范作用；强化大局意识，充分发挥社会组织的联防联控作用；强化服务意识，发挥社会组织依法有序参与疫情防控的治理作用等倡议。[③]为进一步做好社会组织参与疫情防控工作，还对不同类别社会组织进行了有针对性地指导并发出倡议。如针对社会服务机构面向公众易产生人员聚集的特点，开展了市属社会服务机构疫情防控专项访查工作，通过采用电话问询与实地走访相结合的方式访查

---

① 《天津市民政局关于开展市属社会团体和市属社会服务机构 2019 年度报告工作的通知》，天津社会组织公共服务平台，2020 年 6 月 2 日，http://mz.tj.gov.cn/ZTZL7295/ZTZL9993/TJSHZZGGFWPT8299/XWZX7600/ZWXW7258/202008/t20200805_3387061.html。

② 《天津市民政局关于开展 2019 年度市级社团、民非抽查审计的通知》，天津社会组织公共服务平台，2020 年 6 月 2 日，http://mz.tj.gov.cn/ZTZL7295/ZTZL9993/TJSHZZGGFWPT8299/XWZX7600/ZWXW7258/202008/t20200805_3387062.html。

③ 《天津市民政局关于动员社会组织依法有序参与新型冠状病毒感染的肺炎疫情防控阻击战的倡议书》，天津社会组织公共服务平台，2020 年 1 月 30 日，http://mz.tj.gov.cn/ZTZL7295/ZTZL9993/TJSHZZGGFWPT8299/XWZX7600/ZWXW7258/202008/t20200805_3387019.html。

了 143 家社会服务机构，重点访查对象为非国办博物馆、培训机构、特殊教育为主的人员聚集型社会服务机构。[①]又如对市属行业协会商会做好疫情防控提出了具体意见，进一步规范行业协会商会有序参与疫情防控。[②]再如针对社会工作服务机构、志愿服务组织、社会工作者、志愿者，提出了“服从安排部署，立足本地开展工作；发挥自身优势，参与社区防控工作；发挥专业优势，做好心理支持和情绪疏导工作；提供精准服务，做好弱势群体关爱帮扶工作；强化社会责任，科学理性传播信息；链接社会资源，依法做好动员工作”等倡议。[③]

随着疫情防控形势的发展，推动经济正常运行，复工复产工作被提上重要日程，为此天津市民政局向市属各行业协会商会发出了以提高政治站位、加强行业指导、服务企业发展、勇于变危为机为主要内容的倡议，进一步发挥行业协会商会作用，指导帮助企业复工复产。[④]广大行业协会商会积极响应倡议，根据自身情况，或主动链接资源，或提供物质保障等，通过多种形式助力疫情防控和复工复产。如疫情期间天津市医药商业协会积极引导会员加大医药物资储备，志愿承担医药物资储运调配，维护医药市场价格秩序稳定；天津市安全生产管理协会和天津市化学试剂行业协会帮助会员企业申报生产消毒液行政许可，组织会员企业捐赠消毒用品，尽全力保障复工复产等。[⑤]

从 2020 年 3 月 18 日举行的第 99 场天津市新型冠状病毒肺炎疫情防控工

① 《天津市民政局（市社管局）开展市属社会服务机构疫情防控专项访查工作》，天津社会组织公共服务平台，2020 年 2 月 13 日，http://mz.tj.gov.cn/ZTZL7295/ZTZL9993/TJSHZZGGFWPT8299/XWZX7600/ZWXW7258/202008/t20200805_3387020.html。

② 《天津市民政局（市社管局）关于市属行业协会商会进一步做好新型冠状病毒肺炎防控工作的指导意见》，天津社会组织公共服务平台，2020 年 2 月 13 日，http://mz.tj.gov.cn/ZTZL7295/ZTZL9993/TJSHZZGGFWPT8299/XWZX7600/ZWXW7258/202008/t20200805_3387022.html。

③ 《天津市民政局关于社会工作服务机构、志愿服务组织、社会工作者、志愿者依法有序参与疫情防控工作的倡议书》，天津社会组织公共服务平台，2020 年 2 月 13 日，http://mz.tj.gov.cn/ZTZL7295/ZTZL9993/TJSHZZGGFWPT8299/XWZX7600/ZWXW7258/202008/t20200805_3387023.html。

④ 《天津市民政局（市社管局）关于在疫情防控期间进一步发挥行业协会商会作用指导帮助企业复工复产的倡议书》，天津社会组织公共服务平台，2020 年 2 月 25 日，http://mz.tj.gov.cn/ZTZL7295/ZTZL9993/TJSHZZGGFWPT8299/XWZX7600/ZWXW7258/202008/t20200805_3387028.html。

⑤ 《市民政局（市社管局）疫情期间走访调研我市行业协会》，天津社会组织公共服务平台，2020 年 3 月 17 日，http://mz.tj.gov.cn/ZTZL7295/ZTZL9993/TJSHZZGGFWPT8299/XWZX7600/ZWXW7258/202008/t20200805_3387030.html。

作新闻发布会上了解，截至目前，全市社会组织及所属会员单位捐赠总额达9.5亿元，全市基金会、红十字会、慈善协会等慈善组织接受捐赠6.3亿元。[①]为进一步支持疫情防控工作，规范捐赠款物的管理、安排和使用，增列天津市南开区红十字会、天津市河北区红十字会、天津市红桥区红十字会、天津开发区慈善协会等社会组织为接受境外慈善捐赠受赠人，以此更广泛动员社会力量助力打赢疫情防控阻击战。[②]整体来看，天津各类社会组织参与疫情防控，一般都结合自身的优势和特点，特别突出专业性、联合性、志愿性等。如天津市易欣向上社会工作服务中心等30家社会服务机构，发起“抗疫情，安民心，心理支持在行动”志愿服务活动，200多名志愿者分7个小组为市民提供免费心理测评，服务超过5万人次；天津市社会工作协会等55家社会组织联合发起“筑牢心理防线、打造安心社区”专项行动，为社区工作者提供心理援助志愿服务；天津蓝天应急救援志愿服务中心自筹设备、车辆，成立公益消杀小组，持续深入医院、车站、社区等公共场所进行预防性消杀，已完成473.99万平方米消杀作业，受益人数280477人。[③]总之，天津广大社会组织已成为天津抗击疫情的重要力量，社会组织通过多种方式有序参与疫情防控，并发挥了其应有的社会功能和积极作用。

（三）社会组织助力脱贫攻坚成效显著

2020年，天津社会组织紧扣决胜全面建成小康社会、决战脱贫攻坚任务目标，通过捐赠物资资金、实施帮扶项目等多种途径参与脱贫攻坚，取得了良好的社会反响。积极引导社会组织履行社会责任，发挥自身专长和优势，推动并形成了以基金会等公益慈善组织为骨干力量，社会团体、社会服务机

① 《市民政局：全市社会组织及所属会员单位捐赠总额达9.5亿元》，天津社会组织公共服务平台，2020年3月20日，http：//mz.tj.gov.cn/ZTZL7295/ZTZL9993/TJSHZZGGFWPT8299/XWZX7600/ZWXW7258/ 202008/t20200805_3387032.html。

② 《天津市民政局关于增列区级慈善组织为受赠人的函》，天津社会组织公共服务平台，2020年2月21日，http://mz.tj.gov.cn/ZTZL7295/ZTZL9993/TJSHZZGGFWPT8299/SY5882/TZGG1129/202008/t20200805_ 33 84285.html。

③ 《市民政局：全市社会组织及所属会员单位捐赠总额达9.5亿元》，天津社会组织公共服务平台，2020年3月20日，http：//mz.tj.gov.cn/ZTZL7295/ZTZL9993/TJSHZZGGFWPT8299/XWZX7600/ZWXW7258/ 202008/t20200805_3387032.html。

构、社工机构和志愿服务组织共同参与的帮扶格局，特别是以募集能力强、资金量大的基金会为抓手，引导基金会将年度公益支出用于东西部扶贫协作与对口支援地区的扶贫项目。[①]据2020年7月7日天津社会组织公共服务平台发布的信息显示，截至目前，天津市基金会已完成扶贫项目认领89个，认领公益帮扶资金已达2100万元，扶贫项目类型涉及民生保障、基础设施、教育助学、产业发展、医疗救助等多个领域。[②]

为营造“脱贫攻坚我有责，人人参与献爱心”的社会氛围，助力脱贫攻坚，2020年4月，天津发布社会组织助力决战决胜脱贫攻坚倡议书，提出让党旗在社会组织参与决战决胜脱贫攻坚的前沿高高飘扬，助力对口帮扶地区高质量完成脱贫攻坚任务，尽锐出战帮扶挂牌督战贫困村等倡议，号召全市社会组织要以更大决心、更强力度助力天津市挂牌督战的3个未摘帽县、46个深度贫困村的结对帮扶工作。[③]深入开展社会组织助力脱贫攻坚项目，着力解决对口支援地区“两不愁三保障”突出问题。据2020年9月26日天津社会组织动态（微信公众号）发布的信息显示，目前社会组织认领公益帮扶资金已达3500.49万元，市属社会组织已与天津市对口的46个挂牌督战村全部达成结对关系，涉及社会组织96家，认领项目55个，资金总额达420.48万元，帮扶领域涵盖扶老助老、助学助教、扶残助残、医疗卫生、文化体育等诸多方面。[④]

继续开展“天津公益行”活动，充分调动社会组织的主动性和积极性。据了解，天津市民政局动员社会组织帮扶甘肃省贫困县捐赠仪式在甘肃省庆阳市镇原县举行，2020年“天津公益行”就此拉开帷幕，31家社会组织捐赠资金1426万元，帮扶项目32个，项目对接镇原县、迭部县、靖远县，帮扶

---

① 《“天津公益行”走进西藏》，天津社会组织动态（微信公众号），2020年9月17日。

② 《天津市民政局组织全市基金会投入2100万助力脱贫攻坚》，天津社会组织公共服务平台，2020年7月7日，http://mz.tj.gov.cn/ZTZL7295/ZTZL9993/TJSHZZGGFWPT8299/XWZX7600/ZWXW 7258/202008/ t20200805_3387071.html。

③ 《听党话　跟党走　凝心聚力　再展作为——天津市社会组织助力决战决胜脱贫攻坚倡议书》，天津社会组织公共服务平台，2020年4月30日，http：//mz.tj.gov.cn/ZTZL7295/ZTZL9993/TJSHZZGGFWPT8299/XWZX7600/ZWXW 7258/202008/t20200805_3387048.html。

④ 《脱贫助困，市区两级社会组织持续加力！》，天津社会组织动态（微信公众号），2020年9月26日。

内容涉及扶老助老、助学助教、扶残助残、医疗卫生等领域。[①]用心用情助力西藏脱贫攻坚，开展“天津公益行”西藏扶贫系列活动。2020 年天津市基金会认领了西藏昌都市卡若区、江达县、贡觉县、丁青县、边坝县扶贫需求项目 20 个，涉及 18 家基金会，投入帮扶资金总额达 821.89 万元。[②]扎实推进东西部扶贫协作，引导社会组织力量向困难群众生活需求倾斜。如天津市慈善协会开展的脱贫帮扶项目“关爱儿童之家”，缓解留守儿童的心理焦虑，帮助留守儿童提高学习成绩；天津市妇女儿童发展基金会设立了“单亲困难母亲创业循环金”，帮扶贫困地区单亲困难母亲就业增收；天津市律师协会定期组织律师服务团队到受援地区开展法律援助服务，并通过专项培训、人才交流等方式，在当地建立起一支“留得住”的律师队伍。[③]总的看，天津社会组织助力脱贫攻坚所取得的成绩有目共睹，通过参与脱贫攻坚实践进一步彰显了自身的使命和担当。

（四）行业协会商会与行政机关脱钩改革稳步推进

推进行业协会商会与行政机关脱钩是天津社会组织改革实践领域的一项重要任务，也是进一步规范政社关系的有力举措。2020 年天津行业协会商会与行政机关脱钩工作，在改革创新、稳中求进的指引下，围绕“五分离、五规范”（机构分离，规范综合监管关系；职能分离，规范行政委托和职责分工关系；资产财务分离，规范财产关系；人员管理分离，规范用人关系；党建、外事等事项分离，规范管理关系）分批次、有步骤全面推开。充分认识行业协会商会脱钩工作的重要性和紧迫性，稳步开展去行政化制度建设，确保脱钩工作涉及的党建工作、机构调整、资产管理等各项任务有序开展。2020 年 5 月，对市、区两级行业协会商会脱钩名单进行公示，涉及行业协会商会市

① 《天津社会组织捐赠 1426 万助力甘肃省镇原县脱贫攻坚暨 2020“天津公益行”启动》，天津社会组织公共服务平台，2020 年 9 月 14 日，http://mz.tj.gov.cn/ZTZL7295/ZTZL9993/TJSHZZGGFWPT8299/XWZX7600/ZWXW7258/202009/t20200914_3654871.html。

② 《“天津公益行”走进西藏》，天津社会组织动态（微信公众号），2020 年 9 月 17 日。

③ 《涓滴而成河——天津社会力量助力东西部扶贫协作见闻》，新华网，http://www.xinhuanet.com/2020-08/03/c_1126320198.htm。

级 203 家、区级 284 家。[①]提前谋划，周密部署，对市属直接登记和已脱钩行业协会商会开展收费清查工作，积极开展清理和规范行业协会商会涉企收费行为，从会费管理、经营服务性收费、行政事业性收费、评比达标表彰活动、发展会员行为等方面进一步规范行业协会商会涉企收费。[②]为确保行业协会商会改革转型平稳有序，建立健全了联动服务机制，促进行业协会商会转型发展。总之，随着脱钩改革的深入推进以及相关政策的落地实施，天津行业协会商会活力得以进一步激发，服务功能得以进一步增强。

（五）社会组织党建工作扎实开展

天津高度重视社会组织党建工作，通过建强组织堡垒，切实发挥政治核心作用，引导社会组织听党话、跟党走，不断促进社会组织健康发展。积极开展社会组织党建实践活动，如在社会组织中深入开展党史、新中国史、改革开放史、社会主义发展史学习教育，将学习教育情况纳入 2020 年度社会组织党建工作标准化考评；[③]践行社会主义核心价值观，坚决制止餐饮浪费行为，2020 年 8 月 20 日，中共天津市社会组织委员会向全市社会组织提出“厉行勤俭节约、反对餐饮浪费”的倡议；[④]开展爱国主义教育，2020 年 10 月 15 日，天津市社会组织党委组织社会组织党组织书记、社会组织负责人及新的社会阶层人士来到天津美术馆，参观“国家荣誉——中国女排精神展”，进一步凝心聚力。[⑤]

---

① 《关于对市、区两级行业协会商会脱钩名单的公示》，天津社会组织公共服务平台，2020 年 5 月 27 日，http://mz.tj.gov.cn/ZTZL7295/ZTZL9993/TJSHZZGGFWPT8299/XWZX7600/ZWXW7258/ 202008/t20200805_3387056.html。

② 《天津市民政局关于开展市属直接登记和已脱钩行业协会商会涉企收费清查工作的通知》，天津社会组织公共服务平台，2020 年 6 月 12 日，http://mz.tj.gov.cn/ZTZL7295/ZTZL9993/TJSHZZGGFWPT8299/XW ZX7600/ZWXW7258/202008/t20200805_3387064.html。

③ 《在社会组织中深入开展党史、新中国史、改革开放史、社会主义发展史学习教育的方案》，天津社会组织公共服务平台，2020 年 8 月 12 日，http://mz.tj.gov.cn/ZTZL7295/ZTZL9993/TJSHZZGGFWPT8299/X WZX7600/ZWXW7258/202008/t20200827_3565734.html。

④ 《天津市社会组织“厉行勤俭节约、反对餐饮浪费”倡议书》，天津社会组织公共服务平台，2020 年 8 月 21 日，http://mz.tj.gov.cn/ZTZL7295/ZTZL9993/TJSHZZGGFWPT8299/XWZX7600/ZWXW7258/202008/ t20200827_3565738.html。

⑤ 《天津市社会组织党委组织参观“国家荣誉——中国女排精神展”》，天津社会组织公共服务平台，2020 年 10 月 19 日，http://mz.tj.gov.cn/ZTZL7295/ZTZL9993/TJSHZZGGFWPT8299/DJX X8115/202010/t 20201019_3955090.html。

另外，还围绕疫情防控、脱贫攻坚等适时开展社会组织党建实践。开展“党旗引领献爱心、众志成城抗疫情”特殊党日活动，进一步发挥社会组织党组织战斗堡垒作用和共产党员先锋模范作用，让党员干部在防控疫情斗争第一线经受考验，为打赢疫情防控阻击战提供坚强的政治保证，如天津市快递协会党总支、天津市物业协会秘书处党支部、天津市旅游协会党支部等开展多种形式活动助力疫情防控。[①]天津市社会组织党委制定《关于党建引领所属社会组织向新疆和田地区于田县助力帮扶挂牌督战村脱贫项目的工作方案》，以“党建引领社会组织向新疆和田地区于田县助力帮扶”为主题，号召社会组织参与消费扶贫，引导公益组织建立网络平台，已帮助销售农产品近20万元，另达成20万的销售意向，带动当地千余户困难群众实现增收。[②]整体而言，通过开展主题鲜明、内涵丰富、形式多样的党建实践，使社会组织党建工作能力和水平不断提升，以党建引领社会组织高质量发展的成效日益显著。

二　天津社会组织发展面临的挑战

总体来看，天津社会组织发展势头持续向好，支持引导社会组织发展的环境持续改善。但同时也应看到，与全面深化改革的要求相比，与社会治理体系和治理能力现代化的目标相比，与“五个现代化天津”建设的进程相比，天津社会组织发展还面临着一些挑战，如社会组织发展结构不够合理、自身能力相对不足等问题严重制约着社会组织功能和作用的进一步发挥，社会组织监督管理与培育发展、秩序与活力之间的失衡问题仍难以较好化解，支撑社会组织发展所需的协同性治理条件和社会氛围还没有充分形成，社会组织的成长空间与制度环境亟需进一步优化。

---

① 《天津市社会组织党组织持续开展“党旗引领献爱心、众志成城抗疫情”特殊党日活动》，天津社会组织公共服务平台，2020年4月24日，http://mz.tj.gov.cn/ZTZL7295/ZTZL9993/TJSH ZZGGFWPT8299/XWZX7600/ZWXW7258/202008/t20200805_3387046.html。

② 《天津市社会组织党委率部分社会组织党组织负责人赴疆考察对接消费扶贫工作》，天津社会组织公共服务平台，2020年6月28日，http://mz.tj.gov.cn/ZTZL7295/ZTZL9993/TJSHZZGGFWPT8299/XWZ X7600/Z WXW7258/202008/t20200805_3387067.html。

（一）社会组织管理效能和手段有待提升

随着社会组织发展形势变化以及社会组织在社会建设、社会治理等领域作用的凸显，对社会组织管理提出了一些新课题，也有了更高要求。从深化社会组织改革进程看，天津社会组织管理的工作机制亟待完善，一些社会组织管理的制度安排还存在衔接不顺问题，一些政策落实还不够细致，特别是有的政策指导性、实效性和操作性不强，因而影响了社会组织管理效能的充分发挥。社会组织信息化建设亟待加强，社会组织管理服务中的科技性因素支撑不够，特别是智能化手段缺乏。社会组织统计工作、调查研究等存在薄弱环节。

（二）社会组织扶持培育机制亟待完善

激发社会发展活力，促进社会组织健康发展，对社会组织进行扶持培育、积极引导是十分必要的。从创新发展来看，天津社会组织扶持培育工作亟待加强，尤其是社会组织扶持培育政策的顶层设计相对不足，致使培育政策的可持续性和前瞻性不强。社会组织扶持培育方式较为单一、缺乏创新，给予社会组织发展所必需的人、财、物支撑相对不足，难以形成支持社会组织发展的强大合力。社会组织自身建设亟待加强，部分社会组织缺乏有效的内部治理机制，导致开展活动不规范，主要表现为不按照章程开展活动、不按时年报、不及时公布信息等。社区社会组织培育质量有待加强，引导社区社会组织参与社区治理的方式和手段缺乏创新。

（三）社会组织党建工作仍需加强

相对来说，社会组织党建工作开展的时间不长、经验不多。从全面从严治党向基层延伸来看，社会组织党建工作还需要加大力度，不断探索创新，特别是对社会组织党建工作规律的认识亟待加强。当前，社会组织党建工作面临的突出问题集中表现在社会组织党组织作用发挥不够充分，具体表现主要有：阵地意识不够强，组织生活实效性较为缺乏，社会组织党务工作者数量不足、能力不强等。

三 以制度建设为核心，推动新时代天津社会组织迈向高质量发展

2021年是“十四五”的开局之年，做好新时代天津社会组织工作，要以党的政治建设为统领，深刻把握新阶段新特征，以高质量为指引，以制度建设为核心，进一步优化社会组织发展制度环境，全面深化社会组织改革，推动天津社会组织走可持续健康发展之路。

（一）进一步加强社会组织管理服务

全面开创新时代天津社会组织发展新局面，进一步完善社会组织管理体制，健全社会组织协同治理工作机制，积极推进社会组织领域政务服务规范化、标准化、智能化、便利化建设。深化社会组织登记审批制度改革，积极做好直接登记和双重管理相关工作。加强从事社会组织管理人才队伍建设，既要保证必要的人员匹配，又要提高业务服务能力，特别是要加强理论政策学习和业务培训力度，从实从细掌握社会组织法规政策及业务知识。进一步规范行业协会商会收费行为，健全脱钩后行业协会商会监管制度。进一步提升依法行政能力，加强社会组织分类管理，规范社会组织日常运行和活动开展。加大科技支撑力度，进一步提升社会组织信息化建设水平。加强行业自律，深入开展社会组织诚信建设。完善社会组织年度报告制度，加大社会组织信息公开力度，进一步规范公开内容和程序，建立健全常态抽查机制。进一步丰富监管手段，充分利用信息化监管，注重过程监管，重视社会监督，健全综合监管体系，着力提高监管成效。重视社会组织调查研究，及时了解社会组织发展动态，深刻把握社会组织发展趋势，不断深化对社会组织发展规律的认识。

（二）进一步加大社会组织扶持培育力度

健全向社会组织购买服务相关制度，加大购买服务力度，充分利用税收优惠等政策，让有能力的社会组织有序承接政府转移职能，进一步提高政府购买服务的质量和效率。深入开展“政社互动”实践，搭建对接平台，积极引导、支持社会组织参与公益创投活动，营造社会组织参与社会治理创新的浓厚氛围和有利环境。加强社会组织自身建设，自觉遵守章程，牢记组织使命和初心，强化法治意识，完善社会组织法人治理结构。充分发挥、调动社会组织自主性和积极性，为打造人人有责、人人尽责、人人享有的社会治理共同体贡献智慧和力量。构建多渠道资金支持平台，不断提高财政资金使用效率。进一步完善孵化培育机制，提升社会组织孵化平台的服务能力和水平。针对天津发展实际和需要，进一步加大对志愿服务组织和慈善组织的培育孵化力度。积极推动社会组织发展品牌化，加强枢纽型、支持型社会组织建设，充分发挥其引领、带动作用。加大社会组织人才队伍建设力度，从全市人才整体发展出发，谋划社会组织人才建设，健全社会组织人才培育、使用、评价等政策，进一步促进社会组织从业人员专业化、专职化。加强社会组织从业人员培训指导，尤其要有针对性地对社会组织的运行方式、财税政策等开展学习培训。加强社会组织负责人能力培训，特别是对社会组织的一般特性、内部治理和相关法律政策等进行有针对性和指导性培训，着力提高负责人的专业意识、法治意识。多举措培育发展壮大社区社会组织，积极引导其参与社区治理创新，最大限度地发挥其在基层治理中的协同价值和效应。加快培育发展行业协会商会，发挥行业协会商会在规范市场秩序、反映行业诉求等方面的独特功能和作用。

（三）进一步推动社会组织党建工作上水平

深刻把握党在社会组织中的功能定位，充分发挥党组织战斗堡垒作用和党员先锋模范作用，进一步探索符合社会组织实际的党建工作有效管理方式和方法，推动社会组织党建工作规范化和科学化。以制度化建设为着力点，进一步完善工作机制，打造工作合力，力求工作实效，常态化推动社会组织党建工作。创新工作思路和方式，多渠道、多形式组建党组织，不断扩大党的组织和工作的有效覆盖，着力提升“两个覆盖”质量。坚持党的领导与社会组织依法自治相统一，破解党建和业务工作“两张皮”难题，把党组织活动与社会组织业务活动结合起来，紧紧抓住“发挥党组织政治核心作用”这一主线，把握正确政治方向，恰当掌握好“党组织活动融入社会组织执业过程”的“度”。夯实社会组织党建工作保障，确保组织活动正常开展。强化社会组织党务工作者队伍建设，选优配强党组织书记。加强社会组织党组织场所设施建设，提高场所设施综合使用效能，社会组织党组织阵地要凸显党的标识和形象，进一步探索共建共享活动设施的有效途径。

天津市青年群体发展报告（2021）

魏慧静　天津社会科学院法学研究所助理研究员

刘志松　天津社会科学院法学研究所研究员

摘　要： 本文将根据《天津市中长期青年发展规划（2017—2025 年）》监测指标数据，比较和分析青年人口以及青年群体在婚育、健康、教育、就业与保障、政治社会文化参与，以及青少年权益保护等方面的基本情况；通过天津滨海新区青年发展需求抽样调查数据，对青年群体发展需求和评估进行描述分析，继而对在满足青年发展需求和实际工作中面临的问题进行阐释，进而得出结论：促进青年发展需要多维度评估青年群体发展需求，创新青年需求服务内容和方式，构建青年群体参与实践平台。

关键词： 青年群体　发展需求　评估

依据中共中央、国务院印发的《中长期青年发展规划（2016—2025 年）》及党和国家有关政策法规，结合天津市社会经济总体发展和青年群体发展的目标和要求，天津市制定了《天津市中长期青年发展规划（2017—2025 年）》，高度重视青年发展工作和青年发展需求，为创造青年发展的优良环境积极努力，把培育青年作为党和人民事业发展的重要目标，推动青年发展工作迈上新的台阶。

2020 年 8 月举办《天津市中长期青年发展规划（2017—2025 年）》实施工作联席会联络员会议暨青年发展规划中期推动会，深入学习贯彻习近平总书记关于青年工作的重要思想，认真落实共青团十八届四中全会精神和市委、市政府要求，总结上半年工作，学习全国试点工作经验，部署推动下半年重点任务；会议明确各区要把青少年发展规划纳入区经济社会发展总体规划，引领青年融入改革发展大局。

本文将根据《天津市中长期青年发展规划（2017—2025 年）》监测指标数据，比较和分析青年人口以及青年群体在婚育、健康、教育、就业与保障、政治社会文化参与，以及青少年权益保护等方面的基本情况；通过 2019 年天津滨海新区青年发展需求抽样调查数据（834 份），对青年群体发展需求和评估进行描述分析，继而对在满足青年发展需求和实际工作中面临的问题进行阐释，据此提出对策与建议。

一　天津市青年人口状况

（一）天津市青年人口现状

2019 年天津市 14 ~ 35 周岁常住人口数量为 526.76 万人，较 2018 年 14 ~ 35 周岁常住人口减少 20.47 万人，较 2017 年减少 46.07 万人；青年人口占全市总人口的比重为 33.73%，较 2018 年降低 1.36 个百分点，较 2017 年降低 3.07 个百分点。青年人口性别比为 129.31。2016—2019 年连续四年天津市青年常住人口总量呈现下降的态势（详见表 1）。

表 1　天津市青年人口基本状况

统计指标		2016 年	2017 年	2018 年	2019 年
全市常住人口数量[①]		1562.12 万人	1556.87 万人	1559.60 万人	1561.83 万人
青年常住人口	14～35 周岁常住人口数量[②]	590.08 万人	572.83 万人	547.23 万人	526.76 万人
	青年人口占全市总人口的比重[③]	37.77%	36.79%	35.09%	33.73%
	青年人口性别比[④]	129.15%	127.39%	126.59%	129.31%
青年流动人口	外省来津青年常住人口[⑤]	160.50 万人	137.48 万人	122.58 万人	141.22 万人
	外省来津青年常住人口占青年常住人口的比重[⑥]	27.20%	24.00%	22.40%	26.81%
	占外省来津常住人口的比重[⑦]	50.80%	42.80%	41.60%	46.41%

数据来源：《天津市中长期青年发展规划（2017—2025 年）》监测指标。

就青年人口流动情况，2019 年天津市外省来津青年常住人口为 141.22 万人，较 2018 年外省来津常住青年人口增加 18.64 万人，较 2017 年增加 3.74 万人；2019 年外省来津青年常住人口占青年常住人口的比重为 26.81%，较 2018 年增加 4.41 个百分点，较 2017 年增加 2.81 个百分点；外省来津青年常住人口占外省来津总的常住人口的比重为 46.41%。2016—2018 年天津市青年流动人口比重呈现逐年下降趋势，至 2019 年天津市青年流动人口显著增加。

① 全市常住人口数量（万人）：实际经常居住在本市半年及以上的人口数，通过年度人口变动调查推算。

② 14～35 周岁常住人口数量（万人）：实际经常居住在本市半年及以上的 14～35 周岁的人口数，通过年度人口变动调查推算。

③ 青年人口占全市总人口的比重（%）：14～35 周岁青年常住人口占全市常住人口的比重。

④ 青年人口性别比：每 100 位女性青年人口所对应的男性青年人口数。

⑤ 外省来津青年常住人口（万人）：户口登记地为外省的 14～35 周岁的常住人口数，通过年度人口变动调查分城乡加权数据推算。

⑥ 外省来津青年常住人口占青年常住人口的比重（%）：年度人口变动调查分城乡加权数据中，户口登记地为外省的 14～35 周岁的常住人口占全部 14～35 周岁常住人口的比重。

⑦ 外省来津青年常住人口占外省来津常住人口的比重（%）：户口登记地为外省的 14～35 周岁的常住人口占全部外省来津常住人口的比重。

（二）青年婚育状况

2019 年天津市适龄青年结婚对数为 6.4 万对，青年离婚对数为 2.6 万对，青年离婚结婚比达 40.63%。2018 年天津市登记结婚对数为 97486 对，离婚对数为 64536 对，离婚结婚比为 66.20%。其中，青年登记结婚对数为 68484 对，青年结婚对数占当年所有登记结婚对数的比重为 70.25%；青年离婚对数为 21109 对，占当年所有离婚人数的 32.71%。2019 年青年离婚结婚比为 40.63%，较 2018 年青年离婚结婚比增加 9.80 个百分点，但较 2017 年增加 11.96 个百分点，青年离婚结婚比 2017 年较 2016 年有所降低，但 2017—2019 年青年离婚结婚比显著提升，青年婚姻稳定程度降低，但青年结婚离婚比远低于全市离婚结婚比，全市离婚结婚比 2016—2018 年均超过 60%。2019 年天津市青年初婚平均年龄为 28.60 岁，初婚平均年龄逐年增加，初育平均年龄为 29.40 岁（详见表 2）。

表 2　2016—2019 天津市青年婚育状况

指标		2016 年	2017 年	2018 年	2019 年
全市结婚离婚状况	登记结婚对数（对）	98164	95068	97486	
	离婚对数（对）	65217	60972	64536	
	离婚结婚比（%）	66.44	64.14	66.20	
青年结婚离婚状况	青年结婚对数（对）	74361	69751	68484	6.4 万
	青年结婚对数占所有登记结婚对数的比重（%）	75.75	73.37	70.25	
	青年离婚对数（对）	23787	19993	21109	2.6 万
	青年离婚对数占所有离婚对数的比重（%）	36.47	32.79	32.71	
	青年离婚结婚比（对）	31.99	28.66	30.82	40.63
婚育年龄	初婚平均年龄（岁）	26.70	26.90	27.30	28.60
	初育平均年龄（岁）	27.78	28.49	28.07	29.40

数据来源：《天津市统计年鉴（2019 年）》《天津市中长期青年发展规划（2017—2025 年）》监测指标。2019 年天津市青年结婚离婚数据尚未公布，因此相应比重也无法计算。

（三）青年健康情况

2016—2018年青年在校生体质达标率明显增长，但2019年出现大幅度下降。2019年高校、中学和职业学校学生体质达标率为82.34%，较2018年降低7.26个百分点，较2017年降低5.46个百分点，距离不低于90%的工作目标还有些许差距。

2019年青年体质监测合格率为93%，与2018年青年体质监测合格率持平（93.00%），2016年和2017年青年体质监测合格率分别为90.50%、92.30%，合格率比较高，并呈现逐年缓慢提高的趋势。

青年近视问题一直是健康和教育相关工作的重要监测指标，2019年青年学生（14~18周岁）近视检出率为82.78%，初中生近视检出率2016年、2017年和2018年分别为79.8%、81.2%和79.7%，高中生近视检出率分别为85.5%、88.8%和85.3%，近80%的初中生和超过85%的高中生视力不良，青年近视问题一直比较严重，家庭和学校应重视相关的治疗和预防工作。

青少年心理健康知晓率，高校、中学和职业学校心理健康咨询室覆盖率比例和性健康宣传教育活动覆盖比例2016年至2020年均为100%，关于青年在心理健康、性健康宣传教育活动组织和覆盖工作较充足，但持续监测青年是否接受过专业心理健康知识辅导和培训方面，或监测在咨询室进行心理咨询的实际人数以及占青年比例等具体的数据更有意义。

此外，天津市2019年青年吸烟率为4.40%，较2018年降低17.90个百分点，青年吸烟率显著降低。接受艾滋病抗病毒治疗的青年感染者和病人（15~34周岁）治疗覆盖率为84.02%，2018年为91.18%，2016年和2017年该项指标分别为87.70%、91.30%。

（四）青年教育现状

一是青年受教育权利得到更好保障。从基础性数据来看，2019年高中阶段毛入学率为109.43%，2018年为103.2%，2016年和2017年分别为102.9%、98.3%，保持了较高的增长率。2019年中等职业教育在校学生人数102210人，

2018年为112196人；2019年高等职业教育普通专科学生在校人数为168355人，2018年为155929人，反映了不同青年群体受教育权利都有所保障。

二是基本公共教育服务均等化和教育公平程度提高。相关财政政策，如城乡义务教育学校生均公用经费准定额，均为小学1300元、初中1450元，政策稳定。义务教育阶段在校生中进城务工人员随迁子女在公办学校就读人数，2019年为149723人，较其他年份有所减少，2016—2018年初中分别为29933人、28865人和28982人。享受国家助学政策人数2019年为19.29万人次，2016—2018年分别为9.3万人次、9.28万人次、9.25万人次，政策实施持续性较好。生师比是教育教学质量的重要体现，根据现有国家统计数据，2017年天津市初中和普通高中生师比分别位列全国第四位和第三位。

三是新增劳动力平均受教育年限和高等教育毛入学率均较高。2019年新增劳动力，即16周岁以上初次进入劳动力市场的劳动力人口平均受教育年限为15.31年，2016—2018年分别为15.36年、15.34年、15.35年，暂未达到《规划》目标的15.5年以上。高等教育毛入学率近年来预测结果显示为均大于65%，远高于全国水平（2018年为48.31%），高等教育普及化程度较高。

（五）青年就业与权益保障

2019年天津市高校毕业生一次就业率为90.2%，较其他年份有所降低，2016年、2017年和2018年高校毕业生一次就业率分别为93%、92.56%、93.04%，均超过90%。2019年青年（15～35岁）职业技能获证人数为3.85万人，2018年为12.4万人，明显低于2016年的31.1万人和2017年的41.1万人；在职青年周平均工作时长大于40小时；2019年青年新注册公司数量为5.98万户，2016—2018年每年保持在6万以上的规模，彰显了青年创业活力。

2019年天津市残疾青年接受高等教育人数为0.02万人，2018年为0.06万人；2019年城镇残疾青年就业人数为0.64万人，2018年为0.72万人。残疾人接受高等教育和充分就业是残疾青年生存和发展的根本保障。

（六）青年群体政治社会参与

青年在政治和社会公共事务方面参与不足，各级党代表中青年比重相对较低。2019 年天津市各级党代表、人大代表和政协委员中，青年比例分别为 2.81%、1.57%和 1.57%；2018 年各级党代表中青年比重为 4.74%，2017 年比例为 6.68%，2019 年较 2018 年和 2017 年均有所下降；除了年龄增长（超龄青年党代表退出青年行列）外，各级党代表中青年比重较低。青年更多地为社会事务发声，2019 年各级人大代表、政协委员通过“面对面”活动提出的建议和提案数共计 92 件，2018 年为 62 件，增加 30 件。

青年社会组织进一步扩大，2019 年天津市各类青年社会组织共计 182 家，较 2018 年增加 57 家。青年注册志愿者人数有了较快增长，青年志愿服务水平进一步提升。2016 年天津市青年注册志愿者数量为 21006 人，2017 年为 25902 人，较 2016 年增加 4896 人，增长 23.31%；2018 年青年注册志愿者人数达到 49793 人，较 2017 年增加 23891 人，增长 92.24%；2019 年青年注册志愿者数量达到 96.7 万人，较 2018 年增长 94.20%，青年注册志愿者人数有了较快增长，2020 年注册青年志愿者 99.68 万人，青年志愿服务团队 1508 支。但青年志愿者人均参与志愿服务时长明显减少，2018 年青年志愿者人均参与志愿服务时长为 65 小时，2019 年仅为 1.5 小时。

（七）青年文化发展

一是青年文化参与程度显著提高。2018 年较 2016 年青年文化参与程度年平均增长 32.76%，但 2019 年却显著下降。2016 年天津市青年观看文化演出或展览数量①为 52416 场次；2017 年青年观看 85124 场，较 2016 年增加 32708 场，增长率达 62.40%；2018 年青年观看 92386 场，较 2017 年增加 7262 场，增长 8.53%；2019 年青年观看 77148 场，较 2018 年减少 15238 场，降低 16.49%。

二是需要更多地打造青年文化精品，满足青年文化需求。2019 年向青年

① 数据解释：18～35 岁使用“文惠卡”的会员观看演出场次。

推荐优秀影视、网络 11 小时，动漫文化全年播出 291731 分钟，推荐优秀图书 400 册；2018 年向青年推荐优秀影视、网络、动漫文化作品时长共计 13.33 小时。青年文化建设方面，要积极打造青年文化精品，丰富青年文化作品内容和形式，持续推荐并增加青年优秀作品时长和数量，吸引青年群体参与创作和共享文化精品。2017 年天津市国家级青年文化成果获奖 6 项，2018 年天津市国家级青年文化成果获奖数增至 23 项。

三是文化服务设施更加健全。天津市公共图书馆、文化馆等公共文化机构覆盖率为 100%，2018 年人均藏书量为 1.10 册，2019 年为 1.3 册。同时，随着互联网的发展和阅读习惯的改变，人们对于电子文献数量和质量的需求日益增加，电子文献馆藏量大幅度增长。天津市公共文化设施无线网络覆盖率 2018 年为 60%，2019 年和 2020 年实现 100%覆盖。

（八）青少年权益保护

一是健全青少年权益保护机制。2018 年天津市 12355 青少年服务台接受电话服务 163 次，网络咨询 64 次，跟踪办理个案 174 件；得到法律机构援助的未成年人共计 2018 年为 1346 人，2019 年为 1419 人。

二是依法打击侵害青少年合法权益的行为。2019 年天津市依法审理拐卖、性侵害、遗弃、虐待、家暴等侵害未成年人人身权益的案件数共计 248 件，该类犯罪嫌疑人数为 290 人，未成年被害人数为 366 人；2018 年该类案件共计 280 件，犯罪嫌疑人数为 374 人，未成年被害人数为 254 人。

三是加强对重点青少年群体服务管理和预防犯罪工作。天津市对于重点青少年教育的专门学校有（已建、在建）1 所。2018 年青少年事务社会工作专业人才数量为 170 人，2019 年增加至 4640 人。未成年人违法犯罪案件由专门机构或专人办理率（公安局和检察院）为 100%；2018 年、2019 年高院由专门机构或专人办理率分别为 44%和 45.5%。2018 年青少年登记在册吸毒人数为 10619 人，2019 年为 10807 人。2019 年天津市查处治安违法人员中青少年为 20004 人，较 2018 年增长 74.59%；2019 年天津市抓获刑事案件作案人员中青少年人数为 26808 人，较 2018 年增长 69.21%。无论是查处治安违法人员，还是抓获刑事案件作案人员，18 岁以下的未成年人相对较少，18 ~ 25 岁次之，25 ~ 35 岁青年较多，远高于其他年龄阶段。

根据青少年犯罪人数占同期犯罪人数的比重统计，各年龄阶段中 25 ~ 35 岁青年犯罪比重最大。据 2019 年检察院的统计，同年犯罪人数中，25 ~ 35 岁青年犯罪人数比重达到 39.18%，18 ~ 25 岁青年犯罪人数比重在 10.55%，18 岁以下未成年人也占一定比重（2.88%）。

二　天津市青年发展需求与评估

（一）青年最关注的问题

根据 2019 年青年发展抽样调查数据对青年群体当前最关心的青年发展问题的统计，排在第一位的是身体素质和心理健康方面，选择 630 人次，占所有被访青年比重的 75.4%，排在第二位的是思想道德问题（61.7%），教育问题和就业、创业并列第三位（61.4%）。

对于政治、社会参与（24.9%）和婚恋问题（27.1%）则关注度较低，也有 1.1%的青年选择“其他”，其中关注较多为“置业”或“买房”。

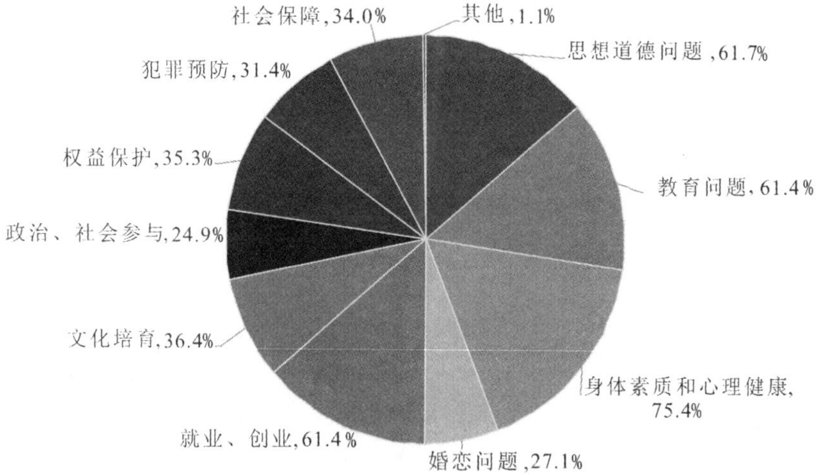

图 1　当前青年群体最关心的发展问题

（二）青年思想道德建设

从“中国特色社会主义道路、理论、制度、文化的青年自信度”等指标抽样调查数据看，青年群体对“四个自信”普遍认识程度较高，对于践行社会主义核心价值观也有较好的表现。根据对“在过去的一年里您参加过思想道德方面的活动”情况的统计，73.1%的被访青年表示参加过，19.7%的被访青年表示很少参加，7.2%的被访者表示没有参加过任何思想道德活动。对于过去一年参加过的思想道德活动，以参加相关知识学习活动样本最大，比重为 61.8%，其次参加主题相关文体活动比重也较大，占 46.8%，参加青年文明建设活动（45.1%）、优秀青年事迹宣传（38.8%）和青年道德培养活动（33.0%）的比重也较大。

对于青年更喜欢参加思想道德相关活动的方式，选择主题纪念活动的比重最大，占 68.7%，其次是爱国主义教育（58.6%），选择加强原著、原文、原理学习（39.1%）和国情市情区情宣传形式（29.7%）的比重也较大，选择较少的是演讲和征文主题相关活动（18.2%）。因此在对青年群体进行思想道德建设和教育时，应主动贴近青年偏好的活动形式，积极开展新颖性和多样化的活动，吸引广大青年群体参与进来。

青年上网率相对较高，利用网络开展思想道德相关活动日益普遍。在问及相关组织和单位在青年网上思想引领方面应该加强发挥哪些作用时，71.8%的青年觉得应该“充分利用新媒体等手段进行思想引领”，58.3%的青年觉得应该“在网络上关注青年的困惑与诉求”，选择在网上疏导青年的情绪和青年网络志愿者培养的也比较多，分别为 54.8%和 40.8%。

（三）青年教育发展需求

对于已经接受或正在接受的教育质量满意度调查，学校教育质量能否满足青年教育需要，50.7%的被访青年认为教育质量“一般，没有完全达到期望”，36.8%的被访者表示教育质量可以满足教育需要，表示“不满足，学校教育质量不够好”的青年比重占 8.9%，也存在 3.6%的被访者表示“不知道或不清楚”。

根据统计，提高青年受教育水平应着重进行的工作中，排在第一位的是提高学校教育质量（66.8%），其次是加大社会实践教育力度（60.9%），过去一年有 22.7%的被访青年表示没有参加过社会实践教育，促进教育公平（58.6%）和保障青年受教育权利（50.0%）也是未来提高青年受教育水平工作的重点，此外，还应健全培训和服务体系（41.2%）和促进终身教育机制建设（33.2%）。

（四）青年就业与权益保障

通过对青年当前就业、创业服务需求的调查，青年群体在开展多元化就业、创业培训和平台服务方面有较大的需求，选择比重达 66.9%；其次是对于财政支持的需求，比重为 58.9%；青年群体对于为科技创业和项目创业等提供服务和政策支持、为新兴产业发展提供服务和政策支持及同企业合作，加强实习基地建设和增强权益保障方面的需求相对也较大，分别为 49.9%、48.3%、40.6%和 32.2%；对于提供快速便捷行政审批服务（23.4%）和完善融资体系（15.4%）的需求相对较小。

在保障青年群体就业权益方面应该更加关注和加强的工作，被访青年认为首先是劳动权益的法律保障，比重为 44.8%，其次是完善失业保险、社会救助与就业的联动机制和规范企业、单位招人用人制度，二者比重分别为 20.6%和 20.0%；此外，14.4%的青年群体认为应该加强人力资源市场监管；可见，青年群体就业法律维权意识增强。

对于青年社会保障体系建设方面，52.8%的被访青年认为当前青年社会保障体系“相对完善”；31.1%的被访者认为“一般”；认为“非常完善”的青年群体占 13.4%，认为“非常不完善”的比重为 2.6%；青年社会保障体系建设有待进一步完善。

对于青年的社会保障应该更加重视哪些方面的工作，比重较大的是开展失学、失业、失管青年就业、就学、就医、生活等方面帮助和加强对于特殊群体（残疾、留守儿童等）的关爱和帮扶等方面的工作，比重分别为 65.1%和 62.2%；加强对于贫困家庭的救助和帮扶（51.9%）和实现基本公共服务均等化（47.4%）的比重也较大，这些方面均是服务于特殊群体和家庭的工作，体现了青年群体对于特殊家庭和特殊群体的关怀。此外应加强青年专业社会工作服务（35.1%）和加大青年工作财政支持力度（19.6%）。

（五）青年群体政治社会参与

在抽样调查中，青年对于政治社会参与的关注度同样也较低，仅为24.9%，当问及“您认为相关部门在促进青年政治生活和社会公共事务参与工作方面是否到位”时，54.3%的青年群体表示相关部门促进工作“一般”；认为工作“很到位”的比重为30.9%；9.6%认为“不是很到位”，也有5.3%的青年表示“不知道或不清楚”。“一般”比重超过被访青年群体的一半以上，说明相关部门在促进青年政治生活和社会公共事务参与工作方面有待加强。

当进一步问及应“如何更好促进青年的政治和社会参与”时；57.1%的青年反映要鼓励青年在经济社会发展中发挥主观能动性，其次是要引领青年积极参与政治生活和社会公共事务（54.5%），再次，发挥共青团的主导作用（50.9%）、促进青年群体的相互交流与融合（47.1%）和畅通青年社会融入的渠道和方式（35.1%）也是增进青年群体政治和社会参与的有效举措。

（六）青年文化发展与需求

根据抽样调查，公共文化服务青年参与度（参加过或体验过）为52.70%，青年对公共文化体育设施的使用率为70.10%，对于参加过或体验过的公共文化服务整体满意度（87.29%）相对较高。对于青年文化发展方面，被访青年群体认为相关工作开展相对不足且排在首位的是面向青年的文化软、硬件服务不够（35.2%），其次是青年文化活动开展不充分（25.0%），认为文化产品不精美、不丰富（21.0%）和青年文化人才队伍建设不充分的比重分别为18.8%。

当进一步访问“青年文化发展工作应该在哪些方面最应做出提升”，选择较多的是举办更多文化活动和帮助提升青年文化素质，比重分别为61.6%和50.1%；此外，应加强文化交流（48.9%），积极推出免费的文艺演出和文化空间开放（43.7%），加强文化中心、图书馆等硬件设施建设（43.6%）和推出更多更好的影视图书作品（42.6%）等可以更好地满足青年群体的文化需求。

（七）青少年权益保护工作评价与需求

根据抽样调查中对于当前青少年权益保护工作成效的评价，52.8%的被访青年认为相关工作成效“一般”；评价为“成效显著”的比重占36.2%；4.6%的被访者对相关工作成效持否定态度，认为“没有成效”；也有6.5%的被访青年表示“不知道或不清楚”。

维护青少年权益的工作重点，57.8%的被访青年倾向于积极推进青少年维权服务；其次是加强对特殊群体的关爱和权益保护，比重为54.8%；再次应积极开展青少年维权法律服务与援助（51.6%）和发挥共青团的引导作用（47.0%）；加强青年群体舆论导向和舆情监测（43.4%）以及建立未成年人暴力预警机制和救助服务机制（40.0%）也是青少年维权工作的重要体现。青少年维权工作既要坚持普惠性，积极满足广大青少年的普遍需求；也要坚持特殊性，关注特殊群体的维权需求。

如何有效预防青少年违法犯罪，被访青年群体选择较多的是遏制校园欺凌、校园暴力等案（事）件发生，比重达71.9%，其次是向青少年进行法治教育，比重占61.1%；净化网络空间（55.1%）和打击违法犯罪活动（46.5%）的比重也较大；可见校园暴力持续被关注，法治宣传教育重在提高青少年法治意识，营造规范、良好的网络环境和打击违法犯罪成为预防青少年犯罪新的重要举措。此外，监督家庭监护和学校教育职责落实情况（38.4%）和组织志愿者队伍（35.2%）等家庭和社会力量，以及未成年人司法保护工作（21.4%）和教育矫治渠道建设（17.5%）等司法措施也是预防青少年犯罪不可或缺的部分。

三　对促进青年发展和满足青年需求的思考

（一）建立青年群体需求跟踪与评估机制

客观来讲青年需求变化快，不同年龄梯层群体的需求差别大，且在婚育、健康、教育、就业、权益保障、政治文化和社会参与等各个，不同性别、年龄阶段、职业性质、教育程度的青年群体需求也呈现显著的差异，应及时准确跟踪青年需求变化。以就业创业问题来讲，当前青年群体的要求更加多元，希望获得更多更具体的就业创业培训，对于科技创业和新兴产业的关注度逐渐提高。这要求青年就业工作现在要注重开发多种多样的培训活动，及时对接新兴科技产业企业的各种信息和创业启动情况。以生育保障为例，只有17.5%的被访者认为“青年孕期、产假、哺乳期的法定权益保护工作”做的比较好。根据2018年“生育意愿与国家计划生育政策”成果发布显示，全国范围内育龄人口生育意愿持续走低，从“90后”人群前后开始快速下降。“90后”青年对生育权益保障要求更高，特别是女性群体，所以未来相关工作一定要细致研究适婚青年对生育保障的具体要求，防止城市老龄化问题的凸显。实现青年工作的进一步优化，应建立对青年需求的长效跟踪机制，聘请专业的调查团队，定期进行青年需求的科学调研，并根据调查结果调整青年工作的计划和内容。

（二）创新青年需求服务内容和方式

第一，青年工作创新以满足青年需求为动力，着力关注薄弱环节。以青年文化工作为例，街镇综合文化服务中心（站）习惯以老年人为主要服务群体，对青年需求关注欠缺。超过35%的被访青年认为“面向青年的文化软、硬件服务不够”，基层文化站应适当思考如何为青年喜爱的文化活动，如电子乐、街舞等，提供技术指导和场地支持。但是通过走访，基层文化工作人员普遍认为青年文化形式多样前卫，文化站缺乏相关经验。应改变思路，文化站可通过借助青年文化志愿者的帮助和文化设施补充，提升对青年群体的服务能力。

第二，可以根据青年需求形成青年工作的创新产品。如被访青年普遍认为应重视新媒体和网络对于思想道德引领的作用和预防犯罪的功能，天津团市委从2016年到2018年对“团属新媒体青少年关注度”进行数据跟踪，关注度已经达到46%以上，2018年青年网络新媒体文化产品创作量达3120项，较 2017 年增长 29.49%。由此，天津在利用新媒体和网络引领方面，还需要形成网络思维下的全面创新，在层出不穷的网络及信息渠道上及时形成网络引领阵地。

（三）构建青年群体参与实践平台

虽然被访青年对“政治、社会参与”关注较低，并不等于参与意愿低。在问及应“如何更好促进青年的政治和社会参与”时，57.1%的被访者认为要“鼓励青年在经济社会发展中发挥主观能动性”。仅就社会公益来说，目前天津市志愿服务网注册 19 至 35 周岁志愿者达 85.62 万人，占比 37.22%，天津青年群体在参与公益和志愿服务活动方面有很高的热忱。应该充分调动青年积极性，广泛开展社会实践活动。天津青年对社会实践教育的需求也较高，但是超过 22%的被访青年表示过去一年未参加过相关活动，说明各单位还应为青年社会参与提供更多的支持和机会，构建和拓宽青年参与社会实践的平台。

（四）重视常见青年热点问题

从调查结果来看，被访青年对于长期存在的热点问题维持较高关注度，说明这些问题仍然是青年工作的重点，应继续加强重视。如在预防青年违法犯罪方面，被访青年普遍认为“遏制校园欺凌、校园暴力”仍然最受关注；在青年就业保障方面，青年最关心的仍然是“劳动权益的法律保障”问题。对于常见的热点难点问题，青年群体的需求满足度要求更高。以热点问题青年心理健康为例，超过 50%的被访青年认为，相关单位对青年心理危机预防作了一定工作，但并不充分。相关单位对于青年心理健康常抓不懈，但是工作还是有必要精益求精。所以怎样满足青年群体对常见问题的工作满意度，仍然是青年发展的重中之重。

（五）重视青年发展工作评估

根据《天津市中长期青年发展规划（2017—2025 年）》各阶段各部门单位的具体工作部署，对《规划》实施情况进行适时评估，包括对已完成部分的目标实现、执行过程、成效、影响进行系统和客观的分析，对于《规划》的长期运行有着重要意义和作用。首先，通过确定预期目标是否达到以及检测工作的成效指标是否实现，以检验《规划》的合理性、有效性和可行性；其次，通过评估工作能够及时有效低得到信息反馈，可以提高《规划》实施中的信息处理水平；再次，通过评估数据可以分析工作成败，针对执行过程中出现的问题提出改进建议，以便于进一步总结经验教训，为后续工作的开展奠定基础。

天津市智能社会发展报告（2021）

王光荣　天津社会科学院社会学研究所研究员

摘　要：　随着人工智能等科学技术的突飞猛进，智能社会的到来已成必然趋势。天津积极推动智能化技术研发，广泛搭建智能化产品应用场景，系统地营造向智能社会跨越的条件。从现状来看，天津的智能技术开发和生产的智能化改造日趋深入，政务服务和城市管理借助智能化提高了能力和效率，公共服务智能化提升了群众生活品质，在智能化进程中，已经显现出巨大利好。经济社会发展需要加快推进智能化，智能社会渐行渐近。未来发展中，不仅要继续推动技术进步和应用，而且要前瞻性地探索智能社会可能出现的新问题和新风险，构建符合智能社会需要的制度规范、文化心理等，确保智能社会行稳致远，让生活更美好。

关键词：　智能社会　人工智能　智慧管理　智慧服务

智能社会的概念使用越来越广，从综合文献中对智能社会一词的使用和解释，可以大致梳理出智能社会的定义。智能社会是高度发达的人工智能技术渗透到人类社会生产生活各领域而形成的新社会形态，核心在于人工智能对人的脑体力劳动的替代。智能社会是智能化技术发达到一定程度的产物，随着利用人工智能、机器学习、深度学习等智能化技术对人类的脑力、体力劳动代替程度的不断提高，人类社会逐步过渡到完全智能社会。

一　智能社会主要特征与发展趋势

人工智能等技术的发展，将智能社会引入发展的视野。发达的人工智能技术及其广泛应用是智能社会的主要特征，许多国家制定战略推进智能技术创新和应用，引领社会向智能社会发展。

（一）智能社会的主要特征

智能社会有两个主要特征：一是高度发达的人工智能技术。人工智能技术的突破性发展，特别是各种机器人的出现，标志着人工智能已经具备承担人类部分脑力劳动的能力。采用人工智能技术的机器，不仅可以代替人类的复杂体力劳动，而且可以代替越来越多的人类脑力劳动，并由此改变生产、就业、消费、服务乃至生活方式、价值观念等，从而深层次和全方位地改变人类文明的形态。二是人工智能技术的广泛应用。人工智能技术在社会各领域的应用是形成智能社会的前提，也是智能社会的基本特征。"一个全面智能化的社会，便是智能社会……从工厂自动化、办公室自动化和家庭自动化转向工厂智能化、办公室智能化和家庭智能化……要实现社会全面智能化，还必须使农业的生产与管理智能化，城乡一体化、智能化。到这时，便创造出一个智能社会。"[①]人工智能技术的应用，将逐渐改变经济社会结构，进而推动人类社会向智能社会前进。

（二）智能社会的发展趋势

发展人工智能的浪潮席卷全球，拥有先进智能技术的国家争先恐后迎接智能社会。日本于 2016 年提出建设超智能社会的计划，通过智能技术重组经济社会管理体系创造出更多的价值，核心做法是在各领域广泛使用智能技术特别是机器人。当前，日本的机器人担任餐厅和商场引导员和服务员、博物

① 童天湘：《智能技术创造未来社会》，《杭州师范学院学报》（社会科学版）2003 年第 6 期。

馆和科技馆的讲解和演示员、家庭保姆已较为多见。美国于 2019 年发布《人工智能战略：2019 年更新版》，从人工智能研究投资、人机协作开发、人工智能伦理法律与社会影响、人工智能系统的安全性、公共数据集、人工智能评估标准、人工智能研发人员需求、公私合作关系八个方面谋划人工智能发展，特别是提出开发能够补充和增强人类能力的人工智能系统，处理人工智能的伦理、法律和社会影响，建立健康的和可信任的人工智能系统，体现出人工智能发展的社会前景的深谋远虑。英国在发展人工智能方面奋勇争先，将自己定位为人工智能领域的全球领导者。从以上三个发达国家可以看出，向智能社会发展是世界潮流，而抢占先机至关重要。

二　天津市持续推进智能社会“基座”建设

天津市抓住科技革命的机遇，部署和推动人工智能领域的重大关键技术研发与应用，为智能社会构筑坚实的自主创新和原始创新基础，同时运用已有智能技术改造生产行业，夯实智能社会的基础。

（一）促进人工智能科技研发

1.支持智能科技研究，打造智能科技研究高地初见成效

首先，天津市通过合作等方式大力支持智能科技发展。由中国工程院和天津市政府合作共建的中国新一代人工智能发展战略研究院落户滨海新区，该院立足新一代人工智能发展方向，对接国家和社会发展的人工智能主题，逐渐形成了涵盖计算机、机器人、大数据、医学、经济、哲学、法律等学科领域的文理学科交叉研究平台，引领人工智能领域高端智库研究的国内前沿，为天津人工智能领域的重大战略部署提供了重要的研究支撑。共建研究院之举使天津紧握人工智能科技未来发展的“主动脉”，迈上智能科技研究的“智慧高地”。其次，利用 2019 年获批建设国家新一代人工智能创新发展试验区契机，着力推进人工智能应用技术发展。一方面，凸显中新天津生态城在人工智能先锋城市建设中的核心示范引领作用，发挥自主算力引擎、智慧港口、

车联网应用三大示范作用，打造一批人工智能新地标，促进人工智能重大应用场景落地；另一方面，实施人工智能赋能制造业转型升级、人工智能产业集群培育、人工智能政策创新突破三大工程，构建有利于人工智能发展的良好生态。再次，推出新一代人工智能科技产业区域竞争力评价指数，推动建立智能科技战略研究规范化的区域标准和基本框架，引领人工智能产业发展。

2.发展壮大智能科技产业，智能科技产业生态体系不断完善

天津市不断加大智能科技产业发展力度，将战略思路转化为切实有效的政策举措，凝聚起智能科技产业发展的巨大推动力。从政策支持来看，天津市区两级先后出台了《关于大力发展智能科技产业推动智能经济发展建设智能社会的实施意见》《天津市加快推进智能科技产业发展总体行动计划》等 170 余项政策文件，加强政策引导和扶持，聚焦智能终端产品、传统产业智能化改造、智能化应用等智能科技重点领域，加大对互联网、云计算、大数据等“软产业”的支持力度，壮大智能科技产业，抢占发展制高点。2020 年 8 月出台《天津市关于进一步支持发展智能制造的政策措施》，在延续相关政策和优化完善原有政策的基础上，在支持企业智能化升级、支持工业互联网发展、加快培育新兴产业、支持发展绿色制造、提升研发创新能力、支持优质企业发展、加快大数据产业发展七个方面加大政策的引导和支持力度，打造支持发展智能制造“升级版”，树立智能制造示范标杆。从产业发展情况来看，智能科技等产业发展三年行动计划扎实推进，360 上市公司、紫光云总部、TCL 北方总部、国美智能等落户，海尔全球首个智能+5G 智慧园区建成投用，人工智能“七链”高新技术企业倍增，一批智慧科技类企业快速成长，高新区网络信息安全产品和服务产业集群入选国家战略性新兴产业集群发展工程。

3.构筑世界交流平台，推动智能科技前沿展示和交流合作

天津市连续四年成功举办世界智能大会，搭建智能科技领域全球高端交流平台，聚集全球智能科技产业发展要素。作为集智能会、展、赛和智能体验“四位一体”的国际化平台，世界智能大会致力于推动世界智能领域的科技交流与合作，培育新兴智能科技产业，目前已经成为智能科技领域最具权

威、最具品质、最具规格的全球盛会。2020 年的第四届世界智能大会上，围绕天津落实智能科技产业“1+10”专项行动，锁定智慧生活、智能制造、科研创新、智慧城市、智能体验、大数据以及智能农业等主题，集中展示了天津智能化解决方案和应用场景，成为推动天津智能社会发展的重要阵地。

（二）推进生产技术智能化升级

天津以深化智能应用为主攻方向，构建开放共享平台，推进人工智能与新一代信息技术研发和产业培育。天津设立了百亿元智能制造专项资金，对制造业进行全要素、全流程、全产业链、全生命周期赋能升级，支持建设高质量、多领域的智能工厂、数字化车间，推动产业转型升级，目前已经形成了以智能网联汽车、智能终端、先进通信、机器人、智能安防、智能制造、智能医疗等九大领域为代表的智能科技应用场景。围绕 CPU、操作系统、数据库、安全软件、整体解决方案等产业链关键环节，天津市进一步大力推动集成电路、云计算、大数据、新一代移动通信网络、物联网、智能终端等核心设备和关键零部件产业链、供应链企业和重点项目加速集聚，积极构建自主可控、安全可靠的信息技术应用创新产业体系，壮大信息技术应用创新产业集群。在原有制造业的基础上进行着智能化升级的同时，也鼓励支持企业自主搭建研发平台，通过支持企业搭建研发平台、推进创新中心建设、加大研发投入等方式，为智能科技产业提供研发创新支撑。

（三）培育人工智能专业人才

智能科技的发展关键在具有创造力和专业技术的人才。人才力量决定着未来发展。天津市着力优化人工智能领域学科专业布局和科技创新体系，支持南开大学、天津大学人工智能学院建设，支持有条件的市属高校建设一批人工智能学院或研究机构，培养高层次人工智能人才。截至目前，已有 4 所高校成立人工智能学院，7 所高校新开设智能科学与技术、智能医学工程、机器人工程、数据科学与大数据技术、智能制造工程 5 个本科专业。积极推进人工智能学科与新工科建设，支持高校瞄准人工智能、大数据等领域与科研院所、企业等开展合作，打造一批跨校合作、校企合作、区域合作的特色学科群。支持高校师生开展人工智能领域创新创业研究和实践，力争在新一代人工智能关键算法、硬件和系统等方面取得新突破，参与新一代人工智能重大科技项目的实施和人工智能国家标准体系建设与国际标准制定。职业院校与百度、京东金融、中汽研数据资源中心、科大讯飞等多家企业共建了人工智能人才协同培养基地或联合实验室，借助产教融合等方式，加快培养人工智能领域急需的产业技术工人。同时，在基础教育阶段开设人工智能相关课程，全面开展对学生的人工智能素养教育。建立面向青少年和社会公众的人工智能科普公共服务平台，持续开展人工智能科普教育。

三　天津市全力搭建智能技术应用社会场景

智能技术在政务服务、城市管理、公共服务等领域的应用不断扩大和加深，形成智慧政务、智慧城市管理、智慧教育、智慧医疗等服务新模式，大大提高了管理和服务的高效化和精细化水平。

（一）推进智慧政务服务和城市管理

1.智慧政务全面推进，服务能力大幅提高

天津加快推进“互联网+政务服务”体系建设，逐步增强行政审批智慧化，提高政务服务能力和效率。不断健全政务数据资源管理体制，打通信息孤岛，破除信息壁垒，推进政务信息资源共享与开发利用。运用大数据、人工智能等新技术，开展经济数据的统计监测和分析，提高了分析的广度和深度，加强了政府决策的综合分析短板，提升政府决策分析的科学水平。人工智能分析技术为实时掌握重点领域、重点行业、重点产业数据资源，开展运行监测、风险预警等提供了信息支持和分析工具。运用大数据加强市场监管，增强服务市场主体和营造良好市场秩序的能力，通过数据推送等方式，实现审管有效联动，促进事中事后监管，加强了市场监管效力。公共安全领域的大数据和智能技术应用，智能化的触角无处不在，消除了人力防控的时间和空间等制约，防控能力大大增强。

2.探索智慧城市管理模式，取得系列创新成果

智慧城市建设方面，中新生态城率先探索实践，汇聚了天津市智慧城市建设的最新成果，为其他区提供可复制推广的经验。作为天津智慧城市建设的引领者，中新生态城的智慧城市大脑、智慧能源、智能医疗、智能家居等23个应用场景获评智慧城市优秀解决方案，形成了全场景智慧城市的示范标杆。中新生态城智慧城市采用了“1+3+N”的架构体系，其中，“1”是智慧城市运营中心，全面汇集、动态监控各类城市信息，集中市政、市容、交通、安全、能源、环境等城市管理职能，利用大数据对城市运行态势进行预测模拟，实现对城市运行的实时感知、智慧分析和应急调度，形成主动式、前瞻式、预防式的管理模式；“3”是设施物联、数据汇聚和用户认证三个平台，承载着智慧城市物、数、人三要素，通过全方位进行城市运行数据收集和图像感知，实时汇集规划建设、城市管理、社会治理、经济产业等方面的数据，将居民与智慧设施智慧系统连接起来，实现“一张网”连通、“一幅图”汇聚、“一个认证”登陆；“N”是各种智慧应用，包括即时路况多渠道信息发布、信号灯自动配时、智慧停车、智慧公交站、智慧图书馆、智慧电梯、智慧环卫、智慧灯杆。

3.构建智慧交通体系，出行更加便利快捷

天津交通智能化飞速发展，以大数据、云计算、互联网、人工智能为基础，逐步建立包括交通监控系统、交通运输管理系统、出行服务系统、车辆控制系统、电子付费系统、安全应急管理系统等的智慧交通系，覆盖港口、公路、城市公共交通、安全生产等多领域，大大提高了交通效率和管理水平。港口方面，完成天津港集团智能调度指挥系统，实现智能化融合，推动“一港多区”管理一体化；公路方面，完善公路路网管理与应急指挥中心建设，建设区级信息多层次管理平台，实现路网协调调度、应急处置业务的协同联动；城市公共交通方面，率先实现市公交集团和滨海新区公交集团两大集团公司公交运营智能化、信息化建设，实现车辆GPS监控及车载视频动态监测，并初步具备应急、智能化调度的功能。以“互联网+”和信息化为支撑，在综

合交通、公交、轨道、高速、道路客运、小客车调控、机动车维修等方面积极推动移动终端应用软件（APP）的开发和应用，连通智能化系统与服务对象。目前，已推出的“天津交通”“掌上公交”“8684 地铁”“天津高速通”“365 汽车票”“津城车大夫”等应用软件（APP）获得市民普遍好评。通过手机小程序可以预知公交车进站时间，不用浪费时间等车。乘坐公交可通过支付宝、微信—腾讯乘车码、云闪付等智能化方式支付，乘坐地铁可通过“天津地铁”（APP）扫码进站，交通系统已经进入无现金支付模式，使用交通工具更加便捷。

（二）促进公共服务和社区治理智能化

1.推进公共服务智能化，增强资源利用效率和服务质量

首先，促进教育智慧化。天津市一直致力于推动互联网技术与教育教学深度融合，构建智慧化教育服务体系，探索基础教育服务供给新方式，建设“智慧课堂”“一师一优课”“一课一名师”的示范课程资源库。各区的探索均取得良好效果。例如南开区构建“云动”课程资源平台和“云动”学习社区，共建共享优质课程资源，创建习惯养成、实践活动、传统文化、核心价值观、心理健康五大主题课程，现开放课程涵盖区域精品课程、中学教师研修课程、中小学特色校本课程、高中选修课程、名师讲堂课程、京津沪教师联盟课程共计 220 节。其次，促进医疗服务智慧化。积极建设区域影像中心（区域 PACs 系统）和医院级的影像系统（医院 PACs），实现区域影像资料共享。在二级以上公立医院智慧服务实现全覆盖的基础上，实施一级医疗机构智慧门诊改造，开展网上预约服务，减少等候时间和医院人流，提升就医环境。利用互联网等技术，发展远程医疗和转诊会诊服务。促进数字健共体建设，提高基层医疗卫生服务体系的整体绩效和服务能力。推进“互联网+医疗”应用基础设施建设和“智慧医院”建设，加强天津市全民健康信息平台和远程医疗信息平台应用。再次，推进养老服务智慧化。出台《天津市智慧健康养老产业发展实施意见（2018—2020 年）》，支持和鼓励养老服务企业开展智能养老服务项目和产品的研发和应用创新，借助移动互联网、物联

网等技术，为老年人提供更多生活帮助、康复护理、精神慰藉等多方面、个性化、便捷化的产品和服务。天津九安医疗电子股份有限公司、天津津旅泊泰投资发展有限公司被授予“智慧健康养老示范企业”称号，河东区东新街道被授予“智慧健康养老示范街道（乡镇）”称号。南开区搭建养老机构监管平台，对养老机构安全实行信息化监管。信息化平台起到了“千里眼”的作用，为养老机构的安全运营提供了有力保障。最后，智慧化服务正在拓展。在民政、志愿服务、文化、旅游、体育等领域，智能技术也发挥着重要作用。例如：河北区社会救助平台通过随时汇总、更新，实行动态管理，增强了救助的精准性和科学性；通过救急难试运行服务平台或移动端，初步实现救助申请的转办、转介及临时救助网上审批；运用手机电子问卷，地毯式开展困难群众排查解困专项工作。开发“河北区婚姻登记纸质档案电子信息化管理系统”，率先在全市实现婚姻登记纸质档案电子化管理，该系统具备信息采集、档案设施分层管理、档案盒管理、档案电子照片管理、高拍仪拍摄、身份证读卡查询等一系列功能，方便婚姻当事人查阅档案。

2.多元探索智慧社区路径，优化社区管理服务功能

智慧社区是智能化技术最贴近居民生活的服务形式，也是提高社区服务质量的需要。天津在智慧社区方面进行了多样化的探索实践，形成了各有特色的智慧社区，这些智慧社区探索成果的交流和融合，促进了智慧社区向更高层级发展。首先，社区服务智能化。天津市启动智慧社区建设五年来，已在和平、河西、武清等区的 30 个大型居住区开展试点。智慧社区包括社区事务一站式受理平台、智慧社区管理平台、公共服务平台和生活服务平台，居民可以在家通过手机和网络连通平台，获得各种生活服务，服务涵盖社会救助、法律援助、党团服务、养老、家政、购物、就业乃至气象灾害预警等方方面面。例如：“智慧河西”（APP）可对社区 24 小时监控、图像视频实时回传、自动记录社工巡检痕迹，居民可通过该应用软件查看社区新闻、就业等信息，获取公共服务事项流程，空巢老人可通过紧急呼叫功能联系社区社工；南开区昔阳里社区利用广电网络和高清交互机顶盒终端为老年人提供网上购物、预约服务、智能语音助手、在线医疗等 28 个功能服务。其次，社区

管理智能化。社区管理和服务方面的信息和资讯发布、民主协商社区事务、会议召集、社区社会组织活动、邻里互助等都可以通过智慧社区平台进行，居民既能实时掌握各种动态，又能不受时间限制地参与，社区居民的参与程度和社区治理能力大大加强。再次，社区安全智能化。河西区天塔街环湖南里是智能社区试点，为了解决日租房管理难题，推出一款日租房管理平台“连心锁”手机应用软件（APP）。房主通过该应用软件发布出租房屋的相关信息。租客经过实名注册后，就可以在手机上实现选房、租房全流程自助操作，通过第三方电子支付平台预付房费后，开锁密码即被发送给租客。日租房采用了新型电子门锁，租客可以通过二维码、身份证、密码等多种方式开启房门。日租房安全预警系统利用用电量异常报警装置，可以在电路故障、电线被烧等情况出现时，第一时间向房主和属地派出所预警，确保迅速处置，及时排除。最后，资源使用智能化。社区智慧停车系统将车辆导引到周边停车区的空闲车位，实现共享泊车，有效解决了社区停车难题。环湖南里小区共有 280 个停车位，其中 40 个车位划为紧邻的肿瘤医院的共享车位。为每个车位加装地磁感应器，实施“惠停车”智能管理。“惠停车”提供地图导航、停车场指示、泊位信息、预约停车、电子缴费等功能，车主通过“惠停车”系统和同款手机应用软件，便捷地找到停车位。智能化停车轻松实现了错位停放和车位资源的最大化利用。居民外出上班腾出的空闲车位对社会开放，有效缓解了医院周边的停车压力。

四　天津市智能社会发展的展望与思考

天津智能化发展的框架已经确立，蕴蓄了智能技术开发和智能制造的巨大潜力，依托丰富的智能产品应用场景，智能技术创新和生产能力将进一步提高，智能技术应用领域将会更加广阔，应用程度将会更加深入，社会的智能化程度随之迈上新台阶。

随着智能技术向社会的深刻渗透，社会将发生深层次的变化，为防止技术统治和异化，积极应对社会变化，理应提上日程。首先，开展面向智能社会的就业治理。智能化进入更多的行业意味着对原有就业的替代，导致一部人失业或转业。因此，必须系统预测和动态跟进智能化对就业产生的影响，通过创新就业形式和岗位，增加就业机会，防止智能化进程中就业调整出现的种种问题。其次，完善技术评估系统。组织技术专家、哲学社会科学专家、公众对智能技术使用进行评估，既要预判技术应用中产生的各种可能的后果，提出应对方案，又要开拓技术更好地服务社会发展的思路，实现技术效益最佳。要重视智能技术的使用方式和后果反馈，坚持技术为人服务的原则，防止技术异化而形成对人的支配和控制。再次，在实践中以问题为导向探索智能社会的规则和秩序。自下而上、从小到大构建智能社会，需要文化、伦理规范、行为方式、心理健康、法律制度等，营造智能社会秩序，让每个人都能适应并享受智能社会的新生活形态。最后，预防智能化的各种风险。要通过技术、法律、制度等手段，提升数据安全和社会安全防护水平，有效保护个人的信息安全。迈向智能社会是技术竞争，也是社会竞争，只有技术与社会耦合，让智能技术更好地服务社会，才能成功构建智能社会。

天津市职业技术教育发展报告（2021）

杨春芳　天津市教育科学研究院副研究员

王　岚　天津市教育科学研究院助理研究员

摘　要： 2020年天津市职业技术教育在规模与质量、示范区“升级版”建设、助推京津冀协同发展和东西部协作、国际化品牌建设、信息化建设等方面取得了重要成果，同时仍在对接服务国家重大战略和区域经济社会发展需求、助推京津冀协同发展和东西部协作的可持续性、提升国际化水平和完善现代职业教育体系等方面面临挑战。2021年，建议加快建设世界一流的现代职业教育体系，深入推进京津冀协同和东西部协作高质量可持续发展，全力推动“鲁班工坊”理论研究与实践发展的双向促进，深入推进“五业联动”产教融合，全面完善多元办学格局，大力提升职业培训社会服务能力。

关键词： 职业技术教育　教育质量　可持续发展

2020年是具有里程碑意义的一年，既是我国全面建成小康社会、实现第一个百年奋斗目标的收官之年，也是国家中长期教育改革和发展规划、“十三五”规划的决胜之年，更是为“十四五”发展高起点开局、实现第二个百年奋斗目标打好基础的关键之年。在此背景下，天津市以习近平新时代中国特色社会主义思想为指导，深入贯彻落实习近平总书记关于教育的重要论述和全国教育大会精神，全面推动落实《国家职业教育改革实施方案》和天津市《关于做大做强做优职业教育的八项举措》，积极推进天津市职业技术教育高质量创新发展，为构建一流现代职业教育体系和天津市率先实现教育现代化做出应有贡献。

一　2020 年天津市职业技术教育发展概况

2020 年，天津市职业技术教育在规模与质量、示范区建设、京津冀协同发展、东西部协作、国际合作、信息化等方面持续加大工作力度，实际成效明显。

（一）教育规模与质量实现双提升

1.天津市职业技术教育规模稳步扩大

近年来，天津市中等职业技术教育和高等职业技术教育人才培养规模平稳发展。其中，从 2015 年到 2019 年，天津市中等职业技术教育毕业生人数从 1.81 万人增长到 3.67 万人；招生数从 2.44 万人增长到 3.21 万人；在校生数从 6.37 万人增加到 9.97 万人（见表 1）。

表 1　天津市中等职业技术教育人才培养规模　　单位：万人

	2015 年	2016 年	2017 年	2018 年	2019 年
毕业生数	1.81	1.86	1.83	3.51	3.67
招生数	2.44	2.54	2.03	3.20	3.21
在校生数	6.37	6.82	6.82	10.75	9.97

资料来源：根据 2016—2019 年《天津教育年鉴》和《2019 年天津市国民经济和社会发展统计公报》整理而得。

从 2015 年到 2018 年，天津市高等职业技术教育毕业生数从 5.65 万人增长到 5.83 万人；招生数略有下降，从 6.12 万人下降到 5.92 万人；在校生数略有下降，从 17.87 万人下降到 16.67 万人（见表 2）。

表 2　天津市高等职业技术教育人才培养规模　　单位：万人

	2015 年	2016 年	2017 年	2018 年
毕业生数	5.65	5.85	6.02	5.83
招生数	6.12	5.92	5.91	5.92
在校生数	17.87	17.66	17.29	16.67

资料来源：根据 2016—2019 年《天津教育年鉴》整理而得。

2020 年 7 月，天津中德应用技术大学首届本科毕业生顺利毕业，这是我国高职院校的首届本科毕业生。2016 年，经教育部批准，天津中德应用技术大学成为国内第一所招收本科专业的高等职业院校。4 年来，学校发挥职业技术教育优势，深化校企合作协同育人，以“重实践、强基础、校企化、国际化、复合型”为本科人才培养原则，探索实施高职起点本科专业人才培养。学校借鉴德国应用技术大学、双元制大学教学模式和理念，以工程实践能力培养为导向，构建了应用型技术技能人才培养的专业标准、课程（实践）体系、课程资源和实践平台，让本科生既具备扎实的理论功底，又熟练掌握专业技能，同时具有国际视野。

天津中德应用技术大学首届本科毕业生共有 599 人，分布在机械电子工程、自动化、飞行器制造工程等 3 个专业。目前毕业生就业率已超过 80%，就业流向与学校办学定位基本吻合。[①]

2.天津市职业技术教育质量不断提升

2020 年，天津市聚焦“双高”建设，推动职业技术教育高质量发展，“双高计划”是指中国特色高水平高职学校和专业建设计划，既是推进中国教育现代化的重要决策，也是职业技术教育质量的重要体现。天津市重点打造 7 所中国特色高水平高职学校和 10 个高水平专业群（见表 3 和表 4）。天津市协调各方力量支持项目建设，对接经济社会发展需求，积极构建以“双高计划”学校为引领，高职学校协调发展的格局。

① 天津市教育委员会：《我国高职首届本科生毕业》，http://jy.tj.gov.cn/JYXW/TJJY/202007/t20200725_3099749.html。

表 3　天津市高水平建设单位

高水平学校建设单位类型	学校名称	专业群名称
A 档	天津市职业大学	眼视光技术
		包装工程技术
B 档	天津医学高等专科学校	护理
		药学
C 档	天津轻工职业技术学院	模具设计与制造
		光伏发电计划与应用

资料来源：根据“中国特色高水平高职学校和专业建设计划建设单位名单”整理而得。

表 4　天津市高水平专业群建设单位

高水平专业群建设单位类型	学校名称	专业群名称
A 档	天津电子信息职业技术学院	软件技术
	天津现代职业技术学院	无人机应用技术
B 档	天津交通职业学院	物流管理
C 档	天津渤海职业技术学院	环境工程技术

资料来源：根据“中国特色高水平高职学校和专业建设计划建设单位名单”整理而得。

（二）示范区“升级版”建设全面完成

天津市强力打造“四区”质量，随着滨海新区国家综合改革创新区、京津冀协同发展一体化核心区、国家职业教育改革创新示范区、全国职业院校技能大赛主赛区的高质量建设与发展，“四区”建设全部进入“升级版”阶段。2020 年，国家现代职业教育改革创新示范区“升级版”建设全面完成。

2016 年，《天津市人民政府关于加快发展现代职业教育的意见》提出，到 2020 年，天津市高水平建设国家现代职业教育改革创新示范区，形成具有天津特点、中国特色、世界水平的现代职业教育体系，为全面建成高质量小康社会提供技术技能积累、人力支撑和智力支持。[①]通过五年时间，天津市全面落实“国家现代职业教育改革创新示范区”建设任务，在深化产教融合、构建现代职教体系、服务国家战略、创新国际合作等方面总结提炼改革模式

① 《天津到 2020 年高水平建设国家现代职业教育示范区》，https://www.sohu.com/a/66885825_124760。

和建设经验。办好天津市职业院校学生技能大赛，完善校级、市级、国家级职业院校技能竞赛体系。大力发展创新创业教育，继续办好“互联网+”大学生创新创业大赛（职教赛道）。[①]2020 年，天津市坚持以用立业，全面完成国家现代职业教育改革创新示范区“升级版”建设。

（三）助推京津冀协同发展和东西部协作成果突出

服务京津冀协同发展和促进东西部深度合作是天津市职业技术教育的重要任务。2020 年，天津市立足可持续发展，一方面，全力助推京津冀协同发展，持续开展雄安新区职业学校的专业骨干教师和管理干部培训，充分发挥天津市第一商业学校雄安协作校区、天津市经济贸易学校雄安协作校区和天津市第一轻工业学校雄安协作校区作用，推进交通职业学院青龙分校、职业大学威县分校建设；另一方面，促进东西部职业技术教育深度合作，持续发挥国家中西部地区职业技术教育师资培训中心优势，深化天津职业大学帮扶新疆和田职业技术学院支援工作等。

2020 年天津市职业技术教育在精准扶贫工作中取得重要成果。一是在国家级农村职业教育和成人教育示范县展示与交流平台运营以来，北辰、武清两区分别被评为第一、第二批“国家级农村职业教育和成人教育示范县”。[②]二是天津城建大学、天津中德应用技术大学、天津市第一商业学校、天津铁道职业技术学院等院校与天津津承维康商贸有限公司签订扶贫合作协议，[③]促进“承德山水”扶贫产品进天津、进校园。三是天津中德应用技术大学驻村帮扶组帮助宁河区廉庄镇种植户开启线上销售模式，为滞销稻谷找到新出路，使该村集体经营性收入较帮扶前增加 26.3 万元；农民年人均可支配收入较帮

① 《市教委印发〈2020 年天津市职业教育工作要点〉》，http：//jy.tj.gov.cn/JYXW/TJJY/202007/t20200710_2790663.html。

② 《我市两区获评国家级农村职成教育示范县优秀分平台》，http：//jy.tj.gov.cn/JYXW/TJJY/202007/t20200710_2790749.html。

③ 《我市教育系统助力脱贫攻坚再添新举措》，http：//jy.tj.gov.cn/JYXW/TJJY/202007/t20200710_2790741.html。

扶前增加 7760 元，接近天津市平均水平。[①]

（四）以“鲁班工坊”为标志的国际化品牌凸显

在职业技术教育国际化方面，天津市将“鲁班工坊”打造成我国最具影响力的职业技术教育国际化发展模式，“鲁班工坊”已经成为响应国家“一带一路”倡议和中国企业“走出去”，进一步探索创建职业技术教育国际合作交流的新窗口。经过 5 年稳步发展，“鲁班工坊”实践渐趋成熟，建设成效明显，已经成为引起全球广泛关注的职业技术教育国际化发展趋势。

2015 年项目启动以来，项目建设取得了丰硕成果，天津市教委带领天津市的普通高校和职业院校已经在泰国、英国、印度等国家建成了 11 个“鲁班工坊”，在建项目 12 个，项目建设覆盖亚洲、欧洲和非洲三大洲。参加建设的中外双方的高职院校、应用本科学校和中职学校，共有 24 所，以及 1 个省级教育局。已经建成的 11 个“鲁班工坊”学历教育规模达到 633 人，面向中资企业、本土企业以及师生的短期培训规模达到 5513 人。2020 年，“鲁班工坊”的建设与发展实现了规模和质量的双提升。

2018 年 9 月 3 日，在中非合作论坛北京峰会开幕式上，习近平同志在主旨讲话中提出“八项行动计划”，要在非洲设立 10 个“鲁班工坊”，向非洲青年提供职业技术培训。2020 年，天津市深化国际合作，实施尼日利亚、马达加斯加、乌干达、加蓬等非洲“鲁班工坊”建设，全面完成 10 个“非洲鲁班”工坊建设任务。

2020 年泰国“鲁班工坊”迎来首届毕业生。泰国“鲁班工坊”是中国在海外设立的首个“鲁班工坊”，按照天津市委、市政府关于场地、设备、培训、标准、教材“五到位”的要求建设完成。目前，泰国“鲁班工坊”铁院中心已经成为服务泰国、辐射东南亚周边国家的高铁类职业技术技能人才培养基地。2020 年泰国“鲁班工坊”铁院中心首批留学生毕业。

---

① 《天津中德应用技术大学发挥专业优势助力脱贫攻坚》，http：//jy.tj.gov.cn/JYXW/TJJY/202007/t20200710_2790714.html。

（五）疫情之下职业技术教育信息化作用充分发挥

2020 年初，一场突如其来的新冠肺炎疫情对人民生活造成了巨大影响，经济、社会、文化等多个领域受到严重冲击。在重大疫情之下，天津市充分发挥职业技术教育信息化优势，为抗击疫情贡献了重要力量。

1.举办专业培训，提高医务工作者技能

2020 年 2 月，天津医学高等专科学校依托基层卫生人才能力提升项目和中国继续医学教育网（NCME）平台，组织天津市基层医疗卫生机构进行疫情防控知识线上培训，助力提升广大基层卫生人员的疫情防控能力水平，培训社区卫生服务中心（站）和乡镇卫生院医生、护士、管理人员以及乡村医生等，共 1590 名。①

2020 年 3 月，为了全面保障疫情防控期间的线上教学，进一步发挥全国高职护理专业教学资源库“能学辅教”功能，助力提升教师线上教学水平，同时天津医学高等专科学校作为资源库主持单位，为全国百余所卫生职业院校的 730 余位教师进行了直播培训，通过微信和 QQ 解答问题上千条。②

2020 年 5 月，天津医学高等专科学校面向血液学检验教学工作的教师、临床一线检验人员举办线上“天津市高技能人才——医学检验技术血液检验技能培训”，扎实推进全面管理、全民健康的各项举措及人才发展计划。共有来自 90 多家单位的 345 名相关工作人员报名参加，其中包括 30 家同类院校教师及 60 余家各级各类临床检验机构从事血液检验的医务工作者，在线收看视频直播 1700 余人次。③

2.扎实开展线上教学，保证“停课不停学”

天津市各职业技术院校依据教育部、市教育两委关于延迟开学期间“停

① 《天津医学高等专科学校开展基层卫生防疫人员线上培训》，http://jy.tj.gov.cn/JYXW/TJJY/202007/t20200710_2790410.html。

② 《天津医学高等专科学校助力全国卫生职校线上教学》，http://jy.tj.gov.cn/JYXW/TJJY/202007/t20200710_2790430.html。

③ 《天津医学高等专科学校举办高技能人才血液检验技能培训》，http://jy.tj.gov.cn/JYXW/TJJY/202007/t20200710_2790742.html。

课不停学、教学不延期”的指示精神，依托自建在线教学平台，辅以多个网络资源平台和即时通信工具，于 2 月底至 3 月初全面开展网络教学。

据不完全统计，天津医学高等专科学校共开设线上课程 179 门，在线授课教师 229 人，组织线上课堂教学 722 门次，日均线上学习学生 8881 人次，学生出勤率近 100%，在职教云课程平台共上传课程资源 10741 条，搭建起教学目标清晰、学习任务明确、重点难点突出、资源内容丰富的线上课程。[①]天津商务职业学院拥有资源库用户数达到 27651 人，课程 26 门，职教云课程 2459 门，素材 12293 个，题库 6097 道。[②]天津渤海职业技术学院线上教学开课 347 门，授课教师 334 人，上线学生 7500 余人，总授课时长达 19200 余学时，在线答疑时长 3500 余学时，学生周均在线学习 4.6 天，平均学习时长约 5 小时；学院在线教学平台课程访问量达 3752737 次，完成任务点 1969852 次，开展讨论 267922 条，批阅作业 186174 份。[③]

天津铁道职业技术学院 16 名泰国留学生未能返校，为了保障“网络课堂”的顺利实施，泰国班的授课教师们通过图文并用、案例分析、视频播放等多种方式，助力泰国学子开展线上学习，探索出“多元结合、教学相长、分类施教的教师导学、学生探究、师生互动、生生参与”的线上教学途径。[④]

3.积极举办“云竞赛”，进行“云指导”

2020 年 3 月，天津交通职业学院物流工程学院通过在线方式组织了首届全国供应链大赛校内赛。比赛历时 4 天，近 22 个小时，共分为 6 场，来自两个年级的 15 支参赛队、60 名选手、10 名指导教师在全国各地通过网络共同参加比赛。比赛全程实时直播，指导教师通过系统数据分析，远程对选手进

① 《天津医学高等专科学校线上教学平稳有序》，http：//jy.tj.gov.cn/JYXW/TJJY/202007/t20200710_2790479.html。

② 《天津商务职业学院发挥资源优势服务线上教学》，http：//jy.tj.gov.cn/JYXW/TJJY/202007/t20200710_2790521.html。

③ 《天津渤海职业技术学院积极开展网络教学》，http：//jy.tj.gov.cn/JYXW/TJJY/202007/t20200710_2790613.html。

④ 《天津铁道职业技术学院助力泰国学子开展线上学习》，http：//jy.tj.gov.cn/JYXW/TJJY/202007/t20200710_2790478.html。

行指导，并有针对性地对每场比赛进行分析和点评。[①]

二　天津市职业技术教育发展面临的重要挑战

天津市职业教育面临既要落实国家和天津职业教育发展的总体要求，又要考虑国家重大战略需求和区域经济社会发展需求，同时还要不断深化15年试验区和示范区建设成果、不断提升国际化水平和完善现代职业教育体系的多重挑战。

（一）对接服务国家重大战略和区域经济社会发展需求的挑战

国家重大战略是我国建成社会主义现代化国家的蓝图性谋划，十九大报告提出了“实施创新驱动战略、乡村振兴战略、区域协调发展战略和军民融合发展战略”。对于职业技术教育来说，国家重大战略的纲领性文件中对人才需求、产业规划和技术创新等方面的内容都是职业技术教育服务的重点内容。[②]因此，新时代国家重大战略在为天津职业技术教育提供重大历史机遇的同时，也提出了新挑战。天津市职业技术教育虽然从政策和实践方面进行了积极探索，但是在对接服务国家重大战略和区域经济社会发展需求的过程中仍存在政策不全面、理念更新不及时、执行不到位等问题。

（二）助推京津冀协同发展和东西部协作的可持续性面临考验

京津冀协同发展对京津冀三地职业技术教育均提出了更高挑战。当前，三地的职业技术教育协同发展还局限于个别主体间合作，以京冀、津冀、京津两两合作居多，三地共同合作较少；三地高职院校间协同合作方式多以建设京津冀职业教育集团、签订合作协议等作为合作平台，但各院校间由于合

① 《天津交通职业学院举办“线上”技能赛》，http://jy.tj.gov.cn/JYXW/TJJY/202007/t20200710_2790509.html。

② 佛朝晖、赵倩倩：《新时代职业教育主动服务国家重大战略的意义、内容与策略》，《职教通讯》2019年第5期。

作范围和内容具有局限性，致使区域的平台建设间偶有重合。[①]因此，如何实现更高层次的统筹发展是天津市助推京津冀协同发展过程中需要关注的问题。此外，天津市在助推东西部协作中发挥了重要作用，也取得了显著成果，但是如何在保持当前重要成果的基础上，进一步发挥天津市的东西部协作与帮扶功能，促进东西部协作的可持续发展，成为当前面临的重要考验。

（三）不断提升国际化水平和完善现代职业教育体系的挑战

当前，天津市“鲁班工坊”成为我国最具影响力的职业技术教育国际化发展模式，形成了较为完备的建设与发展途径。但是天津市“鲁班工坊”研究与推广工作有待加强，亟需对“鲁班工坊”建设与发展过程中的特点、经验、模式等进行总结提升，增强天津市“鲁班工坊”的影响力与吸引力。在此基础上，天津市现代职业教育体系也需要不断完善，朝着层次结构独立完整的学历学位体系、产教融合的跨界体系、职业技术教育与职业培训协调发展体系等目标进一步优化调整。

三　天津市职业技术教育未来发展建议

2021 年是“十四五”规划的开局之年，天津市职业技术教育将以“教育部、天津市人民政府共建新时代现代职业教育综合改革示范区”为核心，持续服务国家重大战略，加快建设世界一流的现代职业教育体系，下大力气进一步做大做强做优职业技术教育。

（一）加快建设世界一流的现代职业教育体系

今后天津市要围绕服务国家重大战略和经济社会主战场，加快建设世界一流的现代职业教育体系。

第一，探索建立现代职业教育层次结构独立完整的学历学位制度。一是

① 周晶晶：《京津冀高职院校服务区域协同发展路径研究——以天津职业大学为例》，《现代商贸工业》2020 年第 12 期。

探索建立由副学士（专科）、专业学士（本科职业技术教育）、专业硕士（硕士研究生职业技术教育）、专业博士（博士研究生职业技术教育）构成的完整的学历学位制度；二是创新与现代职业教育相衔接的技术技能人才协同培养机制，完善内部衔接、外部沟通、纵向贯通、横向交融的独立完整的现代职业教育学历学位体系。

第二，积极推进职业技术教育“学分银行”建设。一是以“学分银行”建设为依托，推进职业能力证书与学历证书认证层次对等、互转互换，实现职业资格证书与学历证书的衔接融通；二是实现人才在职业院校和劳动力市场间的多级分流、多元选择和转换身份，以培养适应终身教育发展和学习型社会的高素质劳动者和技术技能人才；三是打通各种类型教育机构之间、教育机构与非教育机构之间的壁垒实现学历文凭与职业资格证书之间的等值对接。①

（二）深入推进京津冀协同和东西部协作高质量可持续发展

在深入推进京津冀协同发展过程中，一是要严格落实《京津冀教育协同发展行动计划（2018—2020年）》，强化天津市在京津冀协同发展中的重要责任，加强考核监督，促进京津冀协同的可持续发展。二是要探索主动服务京津冀协同发展的体制机制，发起更多京津冀三地共同参与的高质量职业技术教育项目，促进三地职业技术教育实现统筹发展。三是要加强沟通频率、关注交流效果，牵头召开京津冀职业技术院校协同发展论坛，努力实现资源共享和优势互补。

在全面促进东西部协作过程中，一是要提高天津市职业技术教育参与东西部协作的精准度，关注西部产业发展的扶贫项目，既要在天津市职业院校中提升西部学生的入学计划，也要积极与西部职业院校联合培养高素质劳动者和技术技能人才，保障职业院校毕业生实现高质量就业。二是鼓励天津市优质产业及与之关联度较高的职业技术教育资源打包向西部地区进行协同转移，

---

① 薛茂云、赵惠莉：《完善现代职业教育体系 引领高职教育高水平特色化发展》，《职教发展研究》2019年第1期。

既为西部学生提供稳定的就业岗位，也能保证转移产业的高质量可持续发展。

（三）全力推动“鲁班工坊”理论研究与实践发展的双向促进

加强“鲁班工坊”研究与推广中心建设，全力推动“鲁班工坊”理论研究与实践发展的双向促进，重点关注以下三个方面。

第一，构建“鲁班工坊”研究与推广中心“1+3+N”的工作模式，即以天津市教育科学研究院为主体（“1”）组织实施全市的“鲁班工坊”研究与经验推广工作；以天津职业大学、天津渤海职业技术学院和天津铁道职业技术学院（“3”）为分中心，分别按照欧洲、亚洲、非洲三大区域分工负责，并按照领导小组要求承担相关业务工作；广泛联合天津市“鲁班工坊”建设单位、研究机构等多方力量（“N”）共同开展工作。

第二，完善“鲁班工坊”质量与评价体系，构建针对不同国家、不同院校、不同专业的个性化“鲁班工坊”质量评价方案，并充分考虑“鲁班工坊”合作国家的新冠肺炎疫情情况，采取线上与线下相结合、国内和国外相结合、院校与企业相结合、专家和教师相结合、学生与家长相结合的柔性化评估方式，保证鲁班工坊建设质量评估工作多角度进行。

第三，通过国内外权威媒体对“鲁班工坊”项目进行官方报道，辅以公众号、短视频等宣传方式，大范围推广“鲁班工坊”建设和发展成果，有力服务和支撑“鲁班工坊建设联盟”，为国内其他院校参与“鲁班工坊”建设提供标准与示范，提升“鲁班工坊”的影响力和吸引力。

（四）深入推进“五业联动”产教融合

“五业联动”是基于天津市瞄准产业转型升级和人才需求，深化职业技术教育供给侧改革，结合新发展理念而提出的产教融合新思路，具体是指围绕与职业技术教育专业建设确立与专业紧密相关的四方主体，形成产业、行业、企业、职业、专业“五业联动”的产教融合发展途径。今后天津市应该进一步完善“五业联动”运行机制，着力推进产业与职业技术教育全过程、全方位融合。

第一，紧紧围绕天津市优势主导产业、高端制造业、现代服务业和战略性新兴产业的发展需求，通过“五业联动”建立以产业结构调整驱动专业建设的宏观协调机制和动态调整机制。

第二，充分发挥职教集团建设优势，促进“五业联动”产教融合。当前，天津市已建成 4 个区域性职教集团，分别是天津城市职教集团、天津环城职教集团、城郊职业教育集团、天津市滨海职业教育集团，服务区域覆盖市内六区及周边区域。基于此，天津市应该以职教集团为纽带，扩大职教集团的在校生规模，优化职教集团整体专业结构，提升职教集团专业结构与主导产业的对接程度，促进产教深度融合，为天津及区域经济的升级换代和转型发展提供强有力的支撑。

（五）全面完善职业技术教育多元化办学格局

天津市要进一步推动企业深度参与协同育人，扶持鼓励企业和社会力量参与举办各类职业技术教育，健全多元化办学格局。未来总体目标是全面完成职业技术教育由政府举办为主向政府统筹管理、社会多元办学的格局转变，由追求规模扩张向提高质量转变，由参照普通教育办学模式向企业社会参与、专业特色鲜明的类型教育转变。具体而言重点关注以下方面：

第一，深化“放管服”改革，加快推进职能转变，由注重“办”职业技术教育向“管理与服务”过渡，发挥政府规划战略、制定政策、依法依规监管的职责，加强政策引导、指导监督，以社会化、市场化机制引导和推动企业和社会力量举办高质量职业技术教育。

第二，进一步深化办学体制改革和育人机制改革，以促进就业和适应产业发展需求为导向，鼓励和支持社会各界特别是企业积极支持职业技术教育，着力培养高素质劳动者和技术技能人才。充分发挥企业重要办学主体作用，鼓励支持有条件的企业特别是大型企业举办高质量职业技术教育，要在开展国家产教融合建设试点的基础上，建立产教融合型企业认证制度，并对进入目录的产教融合型企业给予“金融+财政+土地+信用”的组合式激励政策，按规定落实相关税收以及试点企业兴办职业技术教育抵免相关教育费附加的政策，厚植企业承担职业技术教育责任的社会环境。支持示范性职业教育集团（联盟）建设带动中小企业参与。[1]

（六）大力提升职业培训的社会服务能力

天津市要不断完善职业技术教育社会培训体系，提升职业培训的社会服务能力。具体包括以下四个方面：

第一，紧密对接天津市产业转型升级需求，开发有效的职业培训项目。深入行业企业进行需求调研，开设职业技能培训、创业培训、职业体验等类目。职业培训项目的范围应该更加广泛，使职业培训项目更符合受训者和行业企业的需求。

第二，职业培训形式应该更加多元化，根据不同人群的个性化需求，制定不同的职业培训方案。尝试运用人工智能、移动互联网、5G、大数据技术等新一代信息技术职业培训，突破培训时间和空间的限制。为培训对象建立电子档案，对其培训经历进行累积式和跟踪式记录，便于为其制定针对性的职业培训方案和轨迹化的职业培训评价。

第三，优化配置职业培训资源。一是优化职业培训课程资源，结合职业培训特点和职业岗位能力标准，建立适合行业、企业需求和培训对象职业需求的课程资源。二是建设政行企校多方参与的师资团队。在师资团队中，由政府人员进行最新的政策指引，行业人员进行技术发展引领，校企人员进行专业技术指导介绍，实现多元互动与合作。

第四，做优职业技术教育培训评价组织，以社会化机制公开招募并择优遴选培训评价组织。要发挥培训评价组织在职业培训中的作用，能够依据国家有关法规和职业标准、教学标准，完成职业技能培训，要更多通过培训评价组织等参与实施。培训评价组织全面应对接职业标准，主动与国际先进标准接轨，按有关规定开发职业技能等级标准，负责实施职业技能考核、评价和证书发放，实现职业技术教育培训的高质量发展。

---

① 王扬南：《新时代新要求、新目标新行动——职业教育改革发展迈入新阶段》，《中国职业技术教育》2019 年第 7 期。

天津生态环境发展研究报告（2021）

牛桂敏　天津社会科学院资源环境与生态研究所研究员
唐丽丽　天津市生态环境科学研究院工程师

摘　要： 2020 年天津市统筹推进疫情防控、经济社会高质量发展和生态环境高水平保护，集中力量打好污染防治攻坚战，解决了一批突出环境问题，生态环境质量稳中向好，生态环境建设成效显现。2021 年面对重重困难和压力，天津更须强化“绿水青山就是金山银山”的理念，继续深化生态文明体制机制改革，打好升级版污染防治攻坚战，构建完善现代环境治理体系，满足人民群众日益增长的优美生态环境需要。

关键词： 生态环境保护　污染防治攻坚战　生态文明建设　环境治理体系

2020 年是全面建成小康社会和“十三五”规划的收官之年，也是实现污染防治攻坚阶段性目标之年。按照习近平总书记关于“生态环境治理犹如逆水行舟，不进则退，决不能有丝毫懈怠”的指示精神，天津市委、市政府带领全市广大干部群众，坚定不移地贯彻落实习近平生态文明思想，笃实践行“绿水青山就是金山银山”理念，不折不扣地贯彻执行党中央、国务院重大决策部署，统筹推进疫情防控、经济社会高质量发展和生态环境高水平保护，砥砺奋进、攻坚克难，切实解决了一批突出的环境问题，污染防治攻坚取得丰硕战果，生态环境质量总体进一步改善。

一 2020 年天津生态环境质量状况分析

2020 年前三季度，天津大气和水环境质量持续改善，土壤和自然生态系统保持稳定，环境风险防范进一步加强，生态环境质量稳中向好。

1.大气环境质量持续向好

2019 年，全市优良天数比率为 60.0%，较 2016 年降低 1.7 个百分点；细颗粒物（$PM_{2.5}$）年均浓度为 51 微克/立方米，连续两年提前达到“十三五”规划目标要求（见图 1）。2020 年 1—9 月，全市优良天数比率为 65.3%，同比提高 8.2 个百分点；细颗粒物（$PM_{2.5}$）浓度为 47 微克/立方米，同比下降 6.0%；可吸入颗粒物（PM_{10}）浓度为 64 微克/立方米，同比下降 14.7%；二氧化硫（SO_2）浓度为 8 微克/立方米，同比下降 27.3%；二氧化氮（NO_2）浓度为 34 微克/立方米，同比下降 10.5%；一氧化碳（CO）浓度为 1.6 毫克/立方米，同比下降 5.9%；臭氧（O_3）浓度为 193 微克/立方米，同比下降 9.8%（见表 1）。

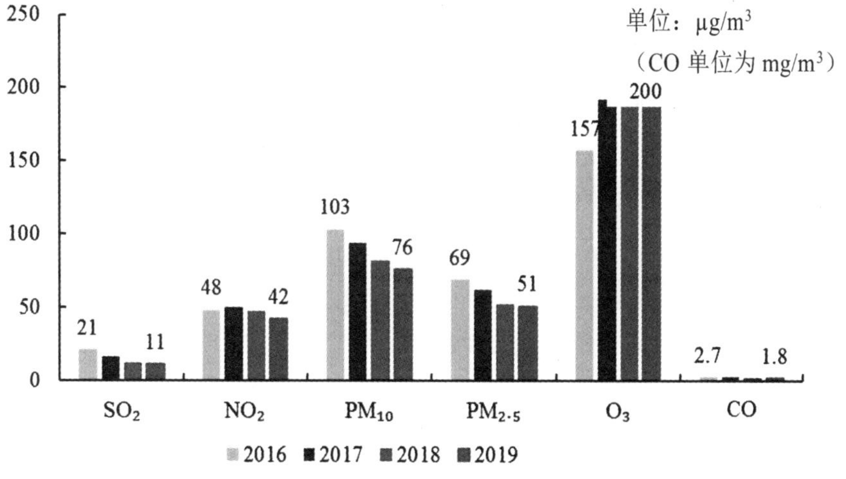

图 1 天津市主要大气污染物浓度 2016—2019 年变化情况

表 1　天津市环境空气质量改善情况

项目	2019 年	2019 年较 2016 年改善情况	2020 年 1—9 月	2020 年 1—9 月同比改善情况
优良天数比率	60.0%	降低 1.7 个百分点	65.3%	提高 8.2 个百分点
$PM_{2.5}$	51	-26.1%	47	-6.0%
PM_{10}	76	-26.2%	64	-14.7%
SO_2	11	-47.6%	8	-27.3%
NO_2	42	-12.5%	34	-10.5%
CO	1.8	-33.3%	1.6	-5.9%
O_3	200	27.4%	193	-9.8%

注：除 CO 单位为 mg/m^3 外，其余污染物单位为 $\mu g/m^3$。

2.地表水、近岸海域环境质量大幅改善

2019 年，全市地表水国控断面优良水质比例为 50%，比 2016 年增加 35 个百分点（见图 2），劣Ⅴ类水质比例为 5%，比 2016 年减少 50 个百分点（见图 3），主要污染物高锰酸盐指数、化学需氧量、氨氮和总磷年均浓度与 2016 年相比，分别下降 24.1%、30.3%、66.7%和 53.6%，12 条入海河流从 2016 年全部为劣到 2019 年基本消劣，近岸海域水质优良比例为 81%，比 2016 年增加 48 个百分点。2020 年 1—9 月，优良水质比例再增加 5 个百分点，劣Ⅴ类水质基本消除，地级及以上集中式饮用水水源地水质全部达到或优于Ⅲ类标准，入海河流消劣成果持续巩固，水环境质量达到近年来最好水平。

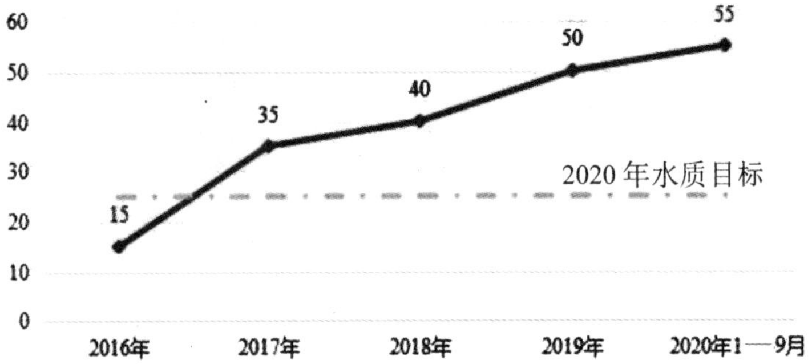

图 2　国控断面优良水质比例（%）

图 3　国控断面劣Ⅴ类水质比例（%）

3.土壤环境质量总体良好

农用地土壤环境状况详查结果表明，优先保护类土地为 635.32 万亩，占比 99.73%，安全利用类土地为 1.72 万亩，占比 0.27%；调查评估建设用地 821 块，不需要修复土地 765 块，占比 93.2%，需要修复土地 56 块，占比 6.8%。

4.自然生态系统稳中向好

林地、草地面积有所增长，湿地保护修复得到加强，全市生态环境状况指数（EI）从 2016 年的 50.66（一般）提高到 2018 年的 70.23（良好）。

二　2020 年天津生态环境保护与建设成效

2020 年，天津深入推进生态环境保护与建设，采取了一系列打基础、利长远，理旧账、补短板的重大工程措施，经济发展与环境保护更加协同发展，人与自然更加和谐。

1.绿色发展底色日渐靓丽

结合天津资源约束紧、产业结构重的实际，聚焦经济发展与资源环境之间的矛盾，以调整“四个结构”为突破口，加快推动生产方式绿色化。一是优化产业结构，破解“园区围城”“钢铁围城”，整合撤销取缔工业园区 199 个，3 家钢铁企业有序退出。二是改善能源结构，完成 120 万户散煤取暖清洁化治理，基本实现城乡居民散煤取暖清零，煤炭消费总量较“十二五”末压减 17%。三是调整交通运输结构，天津港打造绿色港口，建设“公转铁+散改集”双示范港口，停止接受“汽运煤”“国三”及以下柴油货车集疏港，推进靠港船舶岸电使用全覆盖，在全球首次实现 25 台无人驾驶电动集卡成组整船作业，疏港铁矿石铁路运输比例达到 61 %。建成公共充电桩 2 万个，建成区新能源公交车占比达到 79.2%。四是改良农业投入结构，持续开展化肥、农药使用量负增长行动，建立化肥使用量零增长综合示范区 5.6 万亩，推广测土配方施肥 595 万亩。

2.污染治理进展逐步加快

坚持以改善生态环境质量为核心，以解决突出环境问题为重点，保持方向不变、力度不减，坚决打好污染防治攻坚战。一是坚持煤、工业、车、尘、新建项目污染“五控”治气，25 个重点行业全部达到特别排放限值，772 台燃气锅炉完成低氮改造，依托涉挥发性有机物企业“建档立卡”大数据平台，建立 3700 家工业企业动态更新机制。全面实施机动车“国六”排放标准，淘汰黄标车、老旧车 70 余万辆，严密工地扬尘视频监控、秸秆禁烧红外监测，强化“以克论净”考核。二是坚持控源、治污、扩容、严管“四措”治水，完成一批雨污水管网改造工程，消减主城区污水管网空白区 2.88 平方公里，雨污合流片区 12.23 平方公里，建成区全部消除黑臭水体；全市 60 个市级及以上工业园区全部实现污水集中收集处理。三是坚持陆海统筹减污、生态保护修复、风险防范应对“三招”治海，“一河一策”治理入海河流，开展入海排污口“查、测、溯、治、罚”专项行动，清理整治非法和不符合分区管控要求的海水养殖。持续推进海洋生态整治修复工作，建成风险信息库、应急物资库。四是坚持农耕、建设用地风险“两控”治土，完成农用地详查，推进重点行业企业用地调查，建成污染耕地、场地名录库，完成 12 个地块的污染土壤风险管控和治理修复。建设一批垃圾处理设施。

3.生态保护修复成效加速显现

坚持尊重自然、顺应自然、保护自然，划定生态保护红线，加快实施重大生态保护修复工程，着力构筑首都东南部的生态护城河，加速融入京津冀生态环境大格局。一是严守生态保护红线，划定全市生态保护红线，总面积1393.79平方公里，占陆海总面积的9.91%。全市生态保护空间（永久性保护生态区域、生态保护红线、自然保护地和双城绿色生态屏障）总面积较2016年增加 7.8%。二是升级保护四大湿地，实施湿地自然保护区“1+4”规划，升级保护七里海、大黄堡、北大港和团泊湖等875平方公里湿地自然保护区，拆除七里海湿地核心区违规建筑，完成大黄堡翠金湖项目整改拆除任务。三是建设绿色生态屏障，在中心城区和滨海新区之间，规划建设736平方公里的绿色生态屏障。实施造林绿化、水生态环境治理、人居环境整治与乡村振兴等十大重点工程，新造林6.76万亩，建设7200亩高标准示范农田、2万亩优质水稻种植基地和1350亩水稻公园。四是严格管控近海岸线。实施“蓝色海湾”整治修复规划，全面禁止围填海造地，对153公里海岸线分类保护修复。强化人工湿地和生态岸堤建设，完成中新生态城遗鸥公园一期、南港工业区生态湿地公园等生态工程建设，打造公众亲海岸线。

4.生态文明制度体系日益完善

加快推动生态环境治理体系和治理能力现代化，健全完善生态文明建设制度机制，逐步形成源头严防、过程严管、后果严惩的生态文明制度体系，用最严格的制度、最严密的法治保护生态环境。一是健全目标责任体系，严格落实党政同责、一岗双责，强化各级党委、政府主体责任。密集出台责任规定、责任追究实施细则、督察办法，构建现代环境治理体系实施意见，连续两年开展市级督察。二是完善法规制度体系，加快构建立体管控生态环保法治网，编制修订生态环境、海洋环境、湿地等保护条例，大气、水、土壤、机动车污染防治条例，文明行为、清洁生产等促进条例，制定修订火电厂、恶臭、铅蓄电池、城镇农村生活污水处理等多个领域20余项地方标准，实行企业环保“领跑者”制度。三是提升铁腕治污体系，公检司法、生态环境部门联合出台查处办理环境污染刑事案件的意见，实现行政执法与刑事司法无缝衔接；实施生态环境损害赔偿制度改革，启动生态环境损害赔偿案例24个，办结10个，其中1例入选全国十大典型案例。

三　2021 年天津生态环境保护与建设面临的形势分析

尽管“十三五”期间是天津市生态环境改善成效最大的五年，但生态环境质量改善成效还不够稳固，生态环境保护与建设面临的形势依然严峻复杂。

1.结构调整依然任重道远

“四个结构”调整难度大、周期长，很难一步到位，是协调推进经济高质量发展和生态环境高水平保护的难中之难。尤其是当前天津市结构性污染依然严重，以重化工为主的产业结构，以煤为主的能源结构，以公路货运为主的运输结构，尚未根本改变。面对当前经济下行压力大的形势，如果结构调整用力过猛，会进一步增加经济下行压力，加大债务风险。如果用力不足，又不能从根本上解决突出环境问题，改善环境质量，困难、挑战重重。

2.环境质量改善依然任重道远

近年大气、水环境质量虽有明显改善，但细颗粒物（$PM_{2.5}$）年均浓度仍超过国家标准 50%，且时有波动，不确定、不可控因素较大，环境质量在看“人努力不努力”的同时，还要看“天帮忙不帮忙”。大气环境质量与气象条件没有完全脱钩，2020 年 1 月到 2 月中旬，天津市持续受到大范围不利气象条件的影响，连续遭遇区域重污染过程，造成细颗粒物（$PM_{2.5}$）平均浓度同比上升 27%。区域复合型大气污染问题依然严重，入夏后臭氧（O_3）整体大幅上升且传输影响显著，严重影响优良天数比例，臭氧（O_3）污染机理复杂，已成为全国特别是京津冀区域夏秋季优良天数的主要影响因素。同时，水环境改善不稳固，水资源严重匮乏，生态用水紧缺，成为影响水环境、水生态的重要因素。34 条入境河流中，大清河、南运河等水系入境水量几乎为零，造成“南四河”几乎无生态流量，全面清除饮用水源地周边污染问题、全域基本消除黑臭水体，任务艰巨。

3.环境风险防控依然任重道远

习近平总书记提出，要把生态环境风险纳入常态化管理，系统构建全过程、多层级生态环境风险防范体系。近年来，天津市自觉把生态环境保护融入经济社会发展大局中考量，扎实做好生态风险防范，但仍存在一些问题。饮用水安全存在风险，于桥水库作为天津市最大湖泊和引滦入津的中转水库，近年来夏季个别月份水质不稳定。全市饮用水目前主要依靠南水北调工程中线来水，城市供水缺乏多渠道保障。天津石化企业较多，突发环境事故的可能性不容忽视，且其他涉危险废物企业分布广、数量大、种类多、产生量高，日常管理挑战大。

4.环境治理能力建设依然任重道远

城市建成区部分地区仍属雨污合流制，部分雨污分流区还存在雨水、污水排水管网串接混接现象。垃圾处理能力不足，总量上处于紧平衡、缺弹性状态，部分区垃圾填埋场渗滤液仍积存不少。同时，城乡二元分治的问题长期存在，建成的农村污染治理设施没有稳定的运维经费来源和可持续的运维模式，长期面临维护不到位、建而不运、时停时运的问题，很难发挥应有的治理作用。大数据、互联网等现代科技手段应用不够普遍，精准治污能力亟待提升。

四　2021 年天津生态环境保护与建设的总体目标和重点任务

“十四五”时期是“两个一百年”奋斗目标的历史交汇期，也是向实现生态环境根本好转迈进的第一个五年规划期。站在全面建成小康社会的新起点，天津要坚持以习近平生态文明思想为指引，围绕落实党中央、国务院和天津市委、市政府重大决策部署，主动适应高质量发展的大趋势，抓住京津冀协同发展的大战略，全力以赴、攻坚克难，努力开创生态环境保护与建设的新局面，推动生态环境质量持续改善，生态环境治理体系与治理能力现代化水平显著提高。

2021 年是“十四五”规划的开局之年，也是建党 100 周年，生态环境保护与建设要求高、难度大、任务重，需突出重点、补短板、强弱项，重点做好以下工作：

（一）持续推动高质量发展

1.强化源头管控

加快实施生态保护红线、资源利用上线、环境质量底线和环境准入清单，推进落实主体功能区制度。建立规划环评与项目环评、既有项目排放总量与新建项目总量许可、排放强度控制与环境质量改善“三挂钩”机制。

2.深化结构调整

持续推动重点企业实施工艺产品升级改造，深入推进工业园区治理。严格控制煤炭消费总量，禁止新建燃煤工业锅炉，严格控制燃煤供热锅炉，新建用煤项目严格执行煤炭消耗量减量替代，提高外受电能力。优化集疏港柴油货车疏解通道，建成天津港集疏港智慧平台，持续提高全市铁路货运比例。

3.统筹推进疫情防控和经济社会发展，优化生态环境保护

优化环保审批方式，坚持政务服务事项“网上办、不见面”审批，“7×24”预约办理。分类管理项目环评，简化环评报告编制，豁免部分建设项目办理环评和辐射安全许可手续。建立环境执法“正面清单”，继续实施环境保护企业“领跑者”制度，实施差异化监管。

（二）持续深化污染治理

1.深化大气污染防治

以“五控”为抓手，加强细颗粒物（$PM_{2.5}$）和臭氧（O_3）协同控制，提升涉挥发性有机物（VOCs）工业园区产业发展水平，加快推进涉挥发性有机物（VOCs）原辅料替代，深入实施涉挥发性有机物（VOCs）工业企业深度治理工程，大幅度削减挥发性有机物（VOCs）排放总量；开展工业窑炉提标改造；推动“国三”中重型营运柴油货车淘汰，全面实施柴油车“国六”排放标准；提高扬尘精细化管理水平。强化重点领域温室气体排放控制，研究启动二氧化碳排放达峰计划。妥善应对重污染天气。

2.深化水环境污染防治

继续强化工业集聚区污水集中治理，推动雨污管网混接串接点改造，基

本消除雨污混流串流现象。完善农村生活污水处理设施运行维护管理机制，统筹城乡、处理厂和配套管网、污水和污泥，统一规划建设，全面补齐污水处理设施短板。加强大运河等河湖生态保护修复，提升水生态品质。实施水系联通工程，加大生态补水力度。持续开展入海排污口“查、测、溯、治、罚”行动，实施入海排污口分类管控。清理整治非法和不符合分区管控要求的海水养殖，加强船舶和港口污染治理，推进海洋生态整治修复工作。

3.深化土壤污染防治

加强农耕、建设两类用地风险管控，推进重点行业企业用地调查成果应用，以土壤重点监管单位为重点，强化监管，防止新增土壤污染。严格污染源头预防，强化土壤污染管控和修复，开展地下水型饮用水水源保护区规范化建设，推进化学品生产企业等污染源强化防渗，保障土壤地下水环境安全，确保实现安全利用，让老百姓吃得放心、住得安心。

（三）加强生态环境保护与修复

大力实施“871”生态工程：加强875平方公里湿地自然保护区保护，落实退耕还湿、河湖水系连通等重大工程；加快736平方公里双城间绿色生态屏障建设，落实分级管控措施，加大增绿、补水力度，营造天蓝、地绿、水美的生态环境；严格153公里海岸线保护，全面实施“蓝色海洋”规划，开展岸线综合整治。持续开展“绿盾专项行动”。强化生物多样性保护，严控外来物种引入，维护生物安全。持续推进国家生态文明建设示范区、“两山”实践创新基地创建。

（四）积极防范生态环境风险

把风险化解防范作为当务之急，紧盯“一废一库一品”（危险废物、尾矿库、危险化学品）等高风险领域，加大隐患排查，做到底数清、情况清、问题清、责任清、措施清。全面开展区域环境风险评估，以滨海新区现有化工石化集聚区和危化品储运企业为重点，强化突发环境事件应急预案管理，加大应急演练，加强隐患排查，构建完善的环境风险防范、预警、处置体系。

加强应急队伍建设和应急能力提升，确保快速、科学妥善应对突发环境事件。强化生态安全、生物安全、核与辐射安全等重点领域工作，做好涉环保项目“邻避”问题防范与化解，切实维护生态环境安全。

五　2021 年生态环境保护与建设的保障措施和对策建议

2021 年，天津要深入贯彻习近平总书记重要讲话精神，保持方向不变、力度不减的战略定力，变压力为动力，扎实落实生态环境治理各项工作，全面推进现代化宜居天津建设。

1.坚持“两个统筹”，坚定不移推进绿色发展、高质量发展

一是统筹处理好发展和保护的关系，“绿水青山就是金山银山”，经济发展和环境保护是协调统一、相辅相成、相互促进的，应自觉把生态环境保护放在经济社会发展大局中考量，在多重目标中寻求动态平衡，努力打通“绿水青山”与“金山银山”的转化通道，走经济发展和生态环境保护双赢之路。二是统筹处理好近期和长远的关系，坚决摒弃“一刀切”式的环境治理思维，避免为了完成某些整治任务，对不达标企业“一停了之、一关了之”的做法，坚持疏堵结合、综合施策、系统治理，统筹推进各项工作。同时，积极融入京津冀区域生态环境保护与建设大格局，寻求协同解决区域流域环境问题的方略，从根本上减少污染排放。

2.突出“三个治污”，深入打好污染防治攻坚战

“三个治污”，核心在精准，关键在科学，路径在依法。一是擒住关键环节，精准治污。推进卫星遥感、无人机巡查、大数据、“互联网+”等现代化技术应用，加快完善环境监测网络，实现污染源全天候全覆盖监控。健全污染形势分析机制，找准影响大气环境质量改善的关键因素，“一源一策”分类施治。盯住入海河流、入河海排口，倒查溯源，确保治理设施到位，运行监管到位，实现达标排放。二是完善治理政策，科学治污。健全建筑市场信用管理体系，建立市场准入黑名单。完善煤改气、煤改电补贴政策，确保居民商户散煤治理全覆盖，用得起、受到益、见到效；完善农业用水超定额累进

加价、精准补贴政策，推动农业节水减污。三是强化执法检查，依法治污。聚焦重点区域、重点行业、重点企业、重点时段，集中全市执法力量开展强化督查、交叉执法，高压查、高限罚，坚决严惩环境违法行为。建立生态环境监管“正面清单”制度，对纳入“正面清单”的企业实行差异化管控，强化帮扶服务。

3.加强战略引领，系统谋划“十四五”生态环境保护重点工作

深入贯彻落实十九届五中全会精神，准确把握“十四五”时期天津发展新定位，统筹经济社会高质量发展和生态环境高水平保护，全面对接国家和京冀“十四五”生态环境保护规划、全市相关领域“十四五”规划，扎实推进“十四五”生态环境保护规划编制。坚持“一张蓝图绘到底”，围绕“促进经济社会全面绿色转型，建设人与自然和谐共生的现代化”战略方向，通盘考虑今后三个五年的目标任务。坚持标本兼治，谋深“十四五”规划目标、重点工程、重大措施，特别是按照“守住自然生态安全边界”的新要求，全面发挥规划的统领与规约作用，为美丽天津建设提供强有力的支撑，推动生态文明建设实现新进步。

4.深化改革创新，加快推进生态环境治理体系和治理能力现代化

加快建立和完善政府为主导、企业为主体、社会组织和公众共同参与的多元环境治理体系，形成全民共治共享合力。健全生态环境监测评价制度，开展“十四五”地表水断面调整，完善地表水环境监测网络。推动落实生态环境损害赔偿制度，强化磋商诉讼指导、鉴定评估，加强案件筛选排查，及时提起索赔。建立固定污染源管理清单，实现“核发一个行业、清理一个行业”。加强生态环境保护宣传引导，坚持新闻发布会制度，加大污染防治攻坚战宣传力度，强化意识形态工作，有效应对网络舆情风险。

社会建设篇

天津市人才建设与形势分析报告（2021）

杨玉秀　天津社会科学院产业发展研究所副研究员
尹　利　天津社会科学院产业发展研究所助理研究员

摘　要： 2020年天津市在人才建设方面进一步降低了引进门槛，实施引才落户全流程网上办理，推行“云”人才建设，人才引育效率显著提高，引才数量稳步增长。同时，存在着中高端人才吸纳力不足、人才引进目的与实效还有差距、人才吸引力还有待提高等问题，也面临着和其他地区间存在较大的人才竞争压力、京津冀人才整体流出的不利环境以及经济增长缓慢降低了对人才的吸引力等压力和挑战。2021年天津市应继续加快结构调整，以新经济、新动能的发展，增强人才吸引力，加强对京津冀都市圈内人才的吸引，深化与京冀两地的人才合作，提高人才引育的支持力度和服务水平。

关键词： 人才引进　人才培养　人才吸引力　竞争压力

一 2020 年天津市人才建设基本情况

（一）人才引进数量稳步上升，引才速度趋于下降

自 2018 年 5 月天津“海河英才”计划实施以来，引才成效显著。截至 2020 年 9 月，天津累计引进人才 31.9 万人。在 2019 年底引才 24.8 万人的基础上，2020 年人才引进又增长了 7.1 万人，实现了人才引进的稳步增长。在引才总量不断增长之下，引才的速度却呈下降趋势。从年份上来看，2018 年 6 个半月共引进人才 13.3 万人，月均引进人才 2 万人；2019 年全年引进人才 11.5 万人，月均引进人才 0.96 万人，月均引进人数显著低于 2018 年的水平。而到 2020 年，前九个月共引进人才 7.1 万人，月均 0.79 万人，月均引才人数进一步下降。

表 1 2018 年以来天津市“海河英才”计划引进人才情况 单位：万人

时间	累计引才	新增引才	月均引才
2018 年 5 月 16 日—12 月	13.3	13.3	2.0
2019 年全年	24.8	11.5	0.96
2020 年 1—9 月	31.9	7.1	0.79

数据来源：天津市人力资源和社会保障局。

引才速度下降的根本原因在于 2018 年政策实施之初有大量符合条件的人才集中引入，导致当年引才数量很高，而经过 2018、2019 年连续两年的消化之后，前期符合条件而又想来天津发展的人才已经逐步引入，而且在连续两年的引才之后，天津人才的紧缺度降低，人才政策更加规范，减少了无效低效的人才引入。

（二）人才引进向高层次人才、急需人才、战略性新兴产业领域倾斜

2020 年天津市加强了对高层次人才、急需人才以及战略性新兴产业领域

人才的引进。一是支持对各类顶尖、高端、高层次人才的引育。对顶尖人才采取“一人一策”的引进方式，给予最高1000万元科研经费资助和最高200万元奖励资助。对创业领军人才，给予最高1000万元科技成果转化资金补助和最高200万元奖励资助。二是发起“海河英才”服务月活动，面向海内外发布1.8万个高层次和急需紧缺人才引进需求岗位。三是组织企业赴外地“双一流”高校招聘高学历、高层次专业人才。四是聚焦天津市战略性新兴产业对人才的需求，在人工智能、新一代信息技术、生物医药、高端装备制造、新能源新材料、节能环保等领域大力引进、集聚人才。对于紧缺的战略性新兴产业人才，大幅放宽引进条件，给予企业完全的自主权，采取“企业提名单、政府接单办”的灵活自主的引才方式。截至2020年9月，累计认定战略性新兴产业领军企业589家，支持企业自主引进急需人才6000余人。经初步分析，在战略性新兴产业从业的人员在2020年9月底已经达到7.9万人。

（三）人才培育采取新举措，取得新进展

一是推进完善“海河工匠”建设。围绕天津市战略性新兴产业和支柱产业发展需要，启动天津市首届“海河工匠杯”技能大赛；配合“海河工匠”建设，制定了《天津市开展技工院校职业技能等级认定试点工作方案》，并遴选出10家技工院校作为天津市首批试点单位；全力打造“海河工匠”品牌，成立“海河工匠”之家。二是创新“1+N”模式，推进职业技能培训线上线下相融合。依托人社部推荐的职业技能线上监管平台，首批认定30家职业技能线上培训平台，为广大培训机构和学员提供灵活的职业技能培训模式。三是全面开展企业技能人才自主评价。印发了《关于全面开展企业技能人才自主评价工作的通知》，推行企业技能人才自主评价，发挥企业在技能人才评价中的主体作用。四是积极推动自主创新与新动能人才培养培训工作。制定了《2020年度天津市自主创新与新动能人才培养培训工作方案》。共安排公共培训、高端培训、实践培训3个类型14项活动，全年预计培养培训9000余人次，发布网上课程580门，培训新动能人才22万人。五是加强对高技能人才奖励资助力度。对获得“中华技能大奖”“全国技术能手”的个人，对评选的

“海河工匠”“天津市技术能手”和“天津市优秀首席技师”，对获得世界技能大赛奖项的个人和单位，均给予不同等级的资金资助，最高可达50万元。

在各项人才培育政策推动下，2020年天津市人才培育取得新进展。入选百千万人才工程国家级人选8名，入选人社部专家服务基层项目3个，获批国家级高研班3个；培训骨干专业技术人才6000余名；推荐享受政府特贴专家91名；推荐新设立博士后科研工作站15家，22名博士后申报中国博士后国际交流计划引进项目。2020年9月底，全市取得职业资格证书的劳动者达到270.3万人，高级工以上高技能人才79.3万人，取得职业资格证书的技能人才中高技能人才占比达到29.3%。

二　2020年天津市人才建设的特点和亮点

（一）放宽人才落户条件，降低落户门槛

为了吸引更多的人才来津发展，2020年天津市放宽了人才落户条件。3月，天津市人社局公布了《市人社局市公安局市教委关于优化调整技能型人才引进工作的通知》，降低了技能型人才的落户条件。对于大专学历，规定30周岁以下大专学历，有社保，无需技能证就可入户；35周岁以下大专学历，有一年社保即可落户，或者只要有社保并具有高级职业资格即可落户。对于中专学历，放宽了社保年限，调整了年龄门槛，由之前的3年社保调整为1年社保；年龄上由之前的不超过45岁（3年社保），调整为不超过40岁（1年社保）。

在此基础上，2020年6月，天津滨海新区发布了《关于天津市支持重点平台服务京津冀协同发展的政策措施（试行）实施细则》，又对人才政策做了两点重大突破。一是在企业就职满1年及以上的其他全日制本科及以上学历职工，并在津缴纳社会保险的，不受年龄限制，可在滨海新区落户。二是30周岁及以下的中高职毕业职工，可在滨海新区落户，即30周岁及以下中职毕业职工不需社保、不需技能证即可落户。新规实施后，在滨海新区落户更加容易。

（二）实施引才落户全流程网上办理，提高引才实效

天津实施“海河英才”计划的初衷是吸引大量有志于投身天津发展的各类人才，然而在实施过程中，由于政策的完善是一个逐步的过程，其间存在着很多为了天津的高考红利，以引才的形式落户天津，而空挂户口却依旧在外地工作生活的现象。2020 年 6 月 1 日，天津市人社局、教委、公安局、政务服务办发布《关于实施“海河英才”行动计划人才引进落户全流程网上办理工作的通知》，规定自 2020 年 6 月 8 日起“海河英才”行动计划人才引进落户全流程网上办理。一是实行 24 小时全时段线上申报。二是建立人社、教育、公安三部门网上联审机制，规范审核流程，加强过程留痕、环节制约、层级监督。新规的出台一方面大幅优化了落户流程，提高了人才引进落户效率，同时又通过网上联审、系统自动比对等方式，堵住了不合规人员引入漏洞，有效遏制了空挂户口的现象。

（三）大力推行“云”人才建设

应对疫情影响、跟上时代发展，2020 年天津市人才引育的一大亮点就是广泛采用“云”人才建设。在人才招聘、人才政策展示、人才宣讲、人才培训等各个方面，使用云招聘、云展示、云宣讲、云培训、云对接，搭建云平台，运用云技术，开展云活动。如在 “海河英才”计划服务月活动中，充分利用“云、网、线上”等手段，举办百场“海河英才”云聘会，组织开展百场“海河英才”系列公益云讲堂活动，发布网上课程 580 余门，组织网上培训 105 场；启动 “天津市‘海河英才’高层次人才新动能创新项目云超市”，展示了 580 个新动能创新项目；在“互联网+职业技能培训计划”以及其他培训项目上，采取线上线下相融合的培训方式，线上远程直播授课、线下现场听课；利用“云上津洽会”平台，开展云上人才招聘、云上人才政策和成果展示。

（四）健全职称评定制度，提供专属档案服务

为了优化人才发展环境，2020 年天津市开展了更加灵活的职称评价制度。

为了科学评价工程技术人才的能力和水平，出台了《天津工程技术人才职称制度改革意见》，明确了工程技术人才职称制度改革方向。为了优化民营企业人才发展环境，成立全国首家民营企业职称社会化专业化评审机构，并于7月31日开展了首次人工智能专业职称评审会议。

为了给高层次人才提供高质量的服务，2020年天津市在北方人才市场设立企业家和创业人才人事档案专库，为企业家和创业人才提供个性化、高质量的专属人事档案服务。天津市范围内的战略性新兴产业领军企业、“雏鹰”企业、“瞪羚”企业、科技领军企业、科技培育企业、“千企万人”计划和“项目+团队”支持服务企业的主要负责人和创业发起者，均可将人事档案存放到企业家和创业人才人事档案专库，北方人才市场将指派“人事档案服务管家”，提供一对一专属管家式服务。

三　天津市人才建设存在的问题

（一）中高端人才吸纳力不足

近年来天津市致力于经济结构转型升级，大力提升先进制造业和高端服务业在经济中的比重，然而和北京、上海、杭州等城市相比，天津的高端产业所占比重还是不足，领军企业还不够多，这在一定程度上抑制了中高端人才的吸纳能力。根据猎聘发布的《2019天津中高端人才盘点》《上半年中高端人才就业现状大数据》（2019、2020）等报告，2018年1月至2019年3月，天津市全行业人才紧缺指数小于1，低于全国平均水平，显示天津中高端人才市场饱和度较高，紧缺度较低。2020年上半年，在全国城市新增中高端人才需求占比中，天津仅排名第14位，占比1.34%，远低于上海的11.96%、北京的11.37%、杭州的6.03%，而中高端人才供给占比为2.01%，排名第11位。天津中高端人才需求占比小于供给占比。这些都显示天津对人才的吸纳能力不足，需要提升。

（二）人才引进的目的与实效还有差距

自 2018 年实施“海河英才”计划以来，天津引才成效显著，截至 2020 年 9 月底 “海河英才”计划已经累计引进人才超过 30 万，一举扭转了 2017 年天津市常住人口下滑的趋势，实现 2018、2019 年连续两年常住人口正增长。然而，通过对比常住人口和户籍人口，不难发现，二者的增长率有较大差距。2018、2019 年天津常住人口每年只增长了 2.73 万人和 2.23 万人，而户籍人口却分别增长了 31.64 万人和 26.55 万人。户籍人口增长显著高于常住人口增长，说明引进人才中存在一部分只落户天津而身在外地的群体。2020 年 6 月份开始实施人才落户全流程网上办理新政前后，落户人数大幅波动也能证明这个问题。2020 年 1—4 月份，共引进人才 2.1 万人，月均引进 0.73 万人。5 月份是政策窗口期，大量人员赶在新政前集中办理，导致 2020 年 5 月份一个月落户人数竟然高达 3.1 万人。而之后的 6 月到 9 月四个月的时间，落户人才仅有 1.1 万人，月均不到 0.28 万人。通过人才政策空挂户口的现象，背离了天津引才计划的初衷，降低了人才引进的真实效用。

表 2　2017—2019 年天津人口增长情况表

年份	常住人口		户籍人口		海河英才计划引才（万人）
	增长（万人）	增长率	增长（万人）	增长率	
2017 年	-5.25	-0.34%	5.59	0.54%	
2018 年	2.73	0.18%	31.64	3.01%	13.3（2018 年 5 月开始）
2019 年	2.23	0.14%	26.55	2.45%	11.5
2020 年	-	-	-	-	7.1（截至 9 月底）

数据来源：根据《天津市国民经济和社会发展统计公报》（2018—2020）以及人社局数据整理而得。

（三）人才引进与需求不匹配

“海河英才”计划实施以来，引才成效显著，引才数量稳步增长，但是引才结构还不够理想。具体表现为：人才引育的门槛相对较低，人才引育和高质量发展需求还不匹配，高层次人才行业领域分布不均，人才与产业、人才与需求的匹配度还有待提高。一方面，在人才市场上岗位饱和度较高，总体上存在供大于求的状况；另一方面，天津急需的一些高端人才供给不足，企业普遍存在中高端复合型人才匮乏的现象，特别是高端商务、软件、金融等方面人才供给严重不足。人工智能、生物医药、新能源新材料、新一代信息技术、高端装备制造等战略性新兴产业还存在着大量急需紧缺人才引进需求。

（四）人才吸引力还有待提高

近年来天津实施“海河英才”计划，人才政策力度大，吸引了大批人才来天津发展，但是和其他城市尤其是与一线城市相比，人才吸引力还有差距。从常住人口流入来看，2019 年杭州人口净流入最多，常住人口增长了 55.4 万人，深圳、宁波也分别增长了 41.22 万和 40.15 万人，而天津只增长了 2.23 万人。在四大直辖市中，天津的人口增长仅高于北京的–0.6 万人，远低于重庆的 22.53 万人，也低于上海的 4.36 万人。另外，根据恒大研究院和智联招聘共同发布的《中国城市人才吸引力报告：2020》，作为直辖市之一的天津近年来人才吸引力一直在缓慢下降，从 2016 年到 2018 年，天津的人才吸引力指数排名从第 8 名降到第 10 名，再到第 12 名，2019 年有所好转，又回到第 10 名位置。而由 BOSS 直聘研究院推出的《2020 年二季度人才吸引力报告》显示，在 2020 年二季度，天津人才吸引力指数仅为 2.04，在主要城市中排名第 15 位。

四 天津市人才建设面临的压力与挑战

（一）经济增长放缓降低了对人才的吸引力

2017 年以来，在经济结构调整和“挤水分”双重作用下，天津市 GDP 增速开始放缓。经济发展与人才的汇聚具有显著正相关，经济的高速发展必然带来大量的岗位需求和薪资上涨，从而吸引人才从各方汇聚而来。相反，经济发展缓慢、活力下降，将会影响岗位需求的释放，导致劳动力市场的饱和，增加求职难度，从而降低对人才的吸引力。天津是一个传统产业占比较大的城市，目前正处于产业结构的转型升级中，在一定程度上降低了对人才的吸引力。

（二）面临其他地区较大的人才竞争压力

随着经济转型升级对人才需求的快速增长以及人口红利的消失，国内各大城市的“抢人大战”自 2017 年以来越演越烈。2020 年以来，一些城市的“抢人大战”再次升级。如杭州出台政策给予 A 类人才最高 800 万元的购房补贴。连一些对人口流入严格控制、人才门槛很高的特大城市都放宽了人才落户政策，投入“抢人大战”中，如上海。2020 年 9 月，上海发布了《2020 年非上海生源应届普通高校毕业生进沪就业申请本市户籍评分办法》，放宽了应届毕业生落户上海的门槛。其他二三线城市也纷纷出台或者放宽人才引进政策。在人才抢夺大战中，虽然天津的人才政策力度已经很大，但依然面临着巨大的竞争压力。

一是来自北京、上海等一线城市的竞争压力。虽然这些城市的落户门槛较高，但是工资高、机会多，对人才的吸引力很强，尤其是高端人才。作为一线大都市的北京，离天津又如此近，不仅在人才竞争上给天津带来较大的压力，还会对天津本地的人才起到虹吸作用，导致天津人才的外流。

二是来自广州、深圳、杭州等一线、新一线城市的竞争。和北京、上海相对较高的人才门槛相比，这些城市的人才政策不仅相对宽松，甚至力度还很大，更为重要的是，这些城市经济发展强劲、经济实力强大，新兴产业、高技术产业比重大，薪资水平高、发展机会和空间很大，对各类人才的吸引力都非常强。

三是来自西安、重庆、武汉、南京、郑州、长沙等经济发展水平相近城市的竞争压力。在人才争夺中，天津和这些城市各具优势。天津具有教育资源优势和力度较大的人才引进政策，而这些地区的人才政策力度甚至更大，生活成本更低。根据上海易居房地产研究院发布的《2019 年全国 50 城房价收入比报告》，2019 年天津房价收入比为 13.5，而同期郑州的为 12.9、武汉为 11.3、西安为 10.6、重庆为 10.1，长沙仅为 6.4。这些地区较低的生活成本和较优惠的人才政策，必然会和天津的人才引进形成竞争。

（三）京津冀人才整体流出的不利环境

近年来，中国经济发展总体趋势是南方强于北方、东部强于西部，人才流动总趋势也与此相对应。人才向东部和南部集聚，从西部、北部、东北流出。从城市群来看，长三角、珠三角地区人才汇集，持续流入，而京津冀人才流出。据《中国城市人才吸引力报告：2020》，2016 年到 2019 年，长三角地区人才净流入比分别是 4.7%、4.6%、4.6%、5.0%，珠三角地区人才净流入比分别是 1.7%、2.0%、2.2%、2.8%，而京津冀人才净流入占比分别为–0.4%、–1.9%、–2.9%、–4.0%。很显然，近年来长三角地区人才是净流入的，而且净流入占比显著高于其他城市群，说明人才大量向长三角汇聚的趋势。珠三角地区人才净流入比低于长三角地区，但是也处于逐年上升趋势，人才稳步流入。而京津冀几年来一直处于人才净流出的状态，而且流出规模呈现出逐年扩大的趋势。处于北方地区的京津冀城市群人才吸引力的整体下降，人才大量外流，对于天津的人才吸引和人才建设而言，是很不利的。

五　2021 年天津市人才建设对策分析

（一）继续加快结构调整，以新经济、新动能增强人才吸引力

不论是前几年环保新政下产业的强调整，还是今年疫情的影响，传统产业受冲击最大。传统产业在天津所占比重较大，天津经济又正处于结构调整、新旧动能转换时期，导致天津经济近年来发展缓慢。继续深化经济结构调整，积极发展新经济、培育新动能，不仅能促进天津经济的高质量快速发展，还能增强人才吸引力。高新技术产业、战略性新兴产业、高端服务业既是经济高质量发展的基础，也是高端人才的汇集地。北京、上海、深圳、广州、杭

州等城市，在人才吸引力尤其是高端人才吸引力上非常强，一个根本原因就是这些高技术新兴产业占比重较大，中高端人才就业和发展机会较多，人才吸纳力强。因此，天津要继续加大产业结构的调整力度，大力推进高技术新兴产业的发展，以新产业、新动能带动经济发展和人才的汇集。

（二）深化与京冀两地合作，共同吸引和培育人才

京津冀三地因为地缘的关系，在经济、人文、社会等各方面形成广泛而又深入的联系，三地作为一个整体已经在全国形成了一张共同的名片。京津冀城市群人才吸引力的下降、人才的流出，对其中任何一方都是不利的。实施京津冀人才合作，加强京津冀人才整体的吸引力，有利于区域性人才的稳定和流入，也有利于天津人才的引进。实施三地人才合作，一是继续推进《京津冀人才一体化发展规划（2017—2030年）》，围绕三地产业的特点，逐步实现三地人才协同发展、三地人才资源市场统一规范、人才服务高效协作、人才竞争力整体提升。二是促进京津冀人才合作更广泛、更深入的发展。通过共建三地人才招引平台、实施资格互认、政策互通、共同对外宣传，提高京津冀地区的人才吸引力。三是实现京津冀三地校企间合作，共同培养人才。支持三地间的企业和学校尤其是职业类院校间自由开展合作，实现地区间人才共育、资源共享。

（三）提高人才引育的支持力度和服务水平

一是对于天津市战略性新兴产业发展急需人才、紧缺人才、专门人才，可以提高人才支持力度，采取超常规的人才引进策略，在薪资待遇、奖励补贴上提高标准，同时在职业发展、子女教育、医疗、住房出行等方面给予政策保障。二是建设良好的人才发展环境。在创业扶持、成果转化、职称评定、人才流动、档案管理、社会保障等方面实施灵活而又规范的措施，破除人才发展体制机制障碍，不拘一格用人才，千方百计提高人才发展空间。三是进一步做好人才服务工作。要做到生活上贴心、配套上精心、服务上热心，让人才来到天津感觉舒心。四是加强人才政策宣传和宣讲，提高天津人才政策

的知名度。利用各种途径在全国性和国际性的人才交流、人才对接、人才引育活动上，积极展示天津人才政策、人才需求。

（本文部分数据资料由天津市人力资源和社会保障局提供，感谢他们的大力支持！）

天津市慈善事业发展研究报告（2021）

高 原 天津社会科学院社会学研究所副研究员

摘 要： 2020年是全面建成小康社会目标的实现之年，是全面打赢脱贫攻坚战的收官之年。面对复杂多变的国内外形势，天津市慈善事业的法制化、专业化和体系化程度得到进一步加强，总体上保持一种相对平稳的发展态势，公益慈善组织总量增长放缓，基金会发展进入高质量阶段，志愿服务事业发展迈入新时代，市慈善协会引领行业发展，居民公益慈善满意度不断提高。但我们亦须清醒地看到，天津的慈善事业仍存在诸多有待突破的问题，如民办慈善组织力量薄弱，群众社会参与度不足，公益慈善教育发展问题等。为了进一步推进天津慈善事业发展，建议推动慈善组织与基层组织相融合，促进协同发展；推动网信技术与慈善创新相融合，拓展慈善空间；推动监督管理与促进措施相融合，营造善行光荣的浓厚氛围；加强民众公益慈善教育，培育民众的慈善责任感。

关键词： 天津 慈善事业 发展状况

2020年是《中华人民共和国慈善法》实施四周年，虽然面临着诸多挑战，天津市慈善事业的法治化、专业化和行业化程度仍然在进一步加强。面对突如其来的疫情，天津市慈善力量积极响应，迅速投入，全民慈善热情被充分激发，慈善事业的发展相对稳定，社会组织总量持续增长，志愿服务和行业建设等领域取得明显进展。

一　2020 年天津市慈善事业发展状况分析

（一）公益慈善组织总量增长放缓

根据中国社会组织公共服务平台和基金会中心网的统计，截至 2020 年 10 月，我国社会组织总量为 88.3 万个，较 2019 年增长 5.12%，增长率明显下滑；其中，社会团体 31.4 万个，民办非企业单位（社会服务机构）37.8 万个，基金会 6171 个。由于统计口径存在差异，基金会中心网的观测数据显示，截至 2020 年 10 月，我国基金会总数已达到 8029 家，高于民政部的统计数据，较 2019 年增长 11.18%。民政部的统计数据则显示，截至 2020 年 10 月，全国登记认定的慈善组织总数已达到 8845 家，占到全国社会组织总量的 0.99% 以上。天津市经民政部登记认定的慈善组织有 135 家，具有公开募捐资格的慈善组织有 40 家，占全市社会组织总量的 2.09%，其中基金会 101 家，占 74.81%，社会团体 8 个，占 5.93%，社会机构 10 个，占 7.41%，红十字会 16 个，占 11.85%。总体看来，天津市社会组织发展增速低于全国水平，但整体发展趋势平稳。（见图 1、图 2）

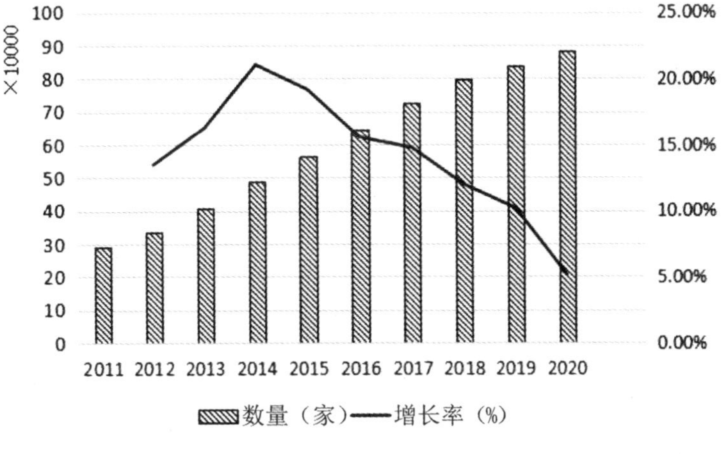

图 1　2011-2020 年全国社会组织发展变化趋势

数据来源：中国社会组织公共服务平台，社会组织数据截至为 2020 年 10 月。

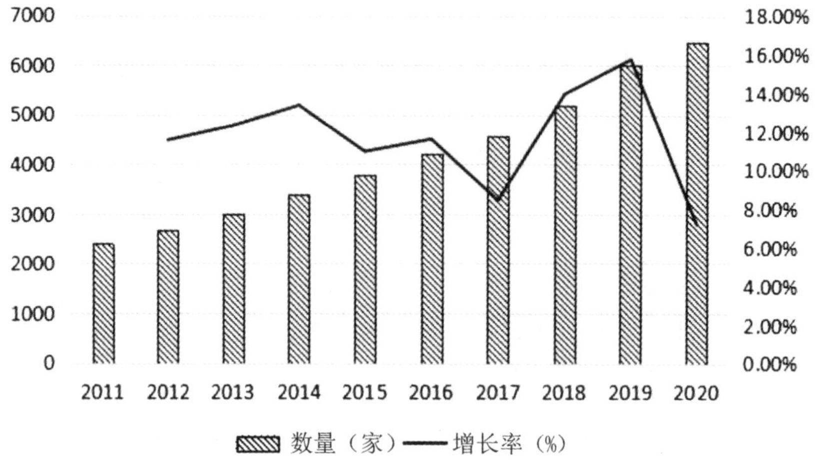

图 2　2011—2020 年天津市社会组织发展变化趋势

数据来源：中国社会组织公共服务平台，社会组织数据截至为 2020 年 10 月。

（二）志愿服务开启新的征程

2019 年，在党和政府的高度重视之下，我国志愿服务事业的发展迈入新时代，开启了新征程。2019 年 1 月 17 日，习近平同志在考察调研天津市和平区新兴街朝阳里社区全国第一个社区志愿服务组织时，称赞志愿者是为社会做出贡献的前行者、引领者，强调志愿者事业要同“两个一百年”奋斗目标、同建设社会主义现代化国家同行。面对 2020 年新型冠状肺炎疫情，分布在社区、学校、医院等各个角落的志愿者，成为疫情防控的重要力量。

截至 2020 年 10 月，在天津志愿服务网中实名注册的志愿者有 247.81 万人、志愿服务团队 14713 支，形成以社区、系统、青年志愿者、红十字和职工志愿者为主的五大类型志愿者团队，其中全市共建立以社区为依托的社区志愿者团队 13262 支，系统团队 673 支，青年志愿者团队 1423 支，红十字团队 31 支，职工志愿者团队 475 支。但是相比全国其他直辖市，天津市的志愿服务在人数、团队数、服务时间数和记录时间数等方面都存在很大的差距。（见表 1）

表 1　2020 年全国及直辖市志愿服务数据统计

	实名志愿者总数	志愿团体总数	志愿项目总数	服务时间总数	记录时间人数
全国	1.84 亿	76.32 万	443.89 万	25.09 亿	4417.21 万
北京	441.68 万	7.78 万	41.89 万	4.8 亿	224.18 万
上海	485.57 万	2.58 万	34.32 万	4.3 亿	322.92 万
重庆	611.44 万	3.86 万	17.25 万	8636.55 万	153.43 万
天津	202.13 万	1309	3039	1384.9 万	7.15 万

资料来源：中国志愿服务网，数据截至 2020 年 10 月。

（三）基金会进入高质量发展阶段

2016 年《中华人共和国慈善法》出台以后，全国基金会数量增速有所放缓，截至 2020 年 10 月，全国已有 8029 家基金会，与 2010 年（2250 家）相比翻了近 3 倍。天津市共有基金会 101 家，基金会项目多集中在教育、扶贫和医疗。（见图 3、图 4）

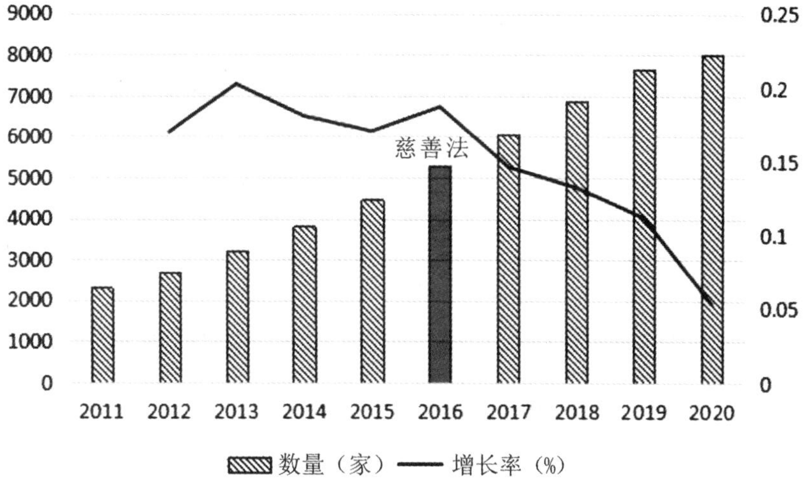

图 3　2011—2020 年全国基金会发展变化趋势

数据来源：基金会中心网，基金会数据截至 2020 年 10 月。

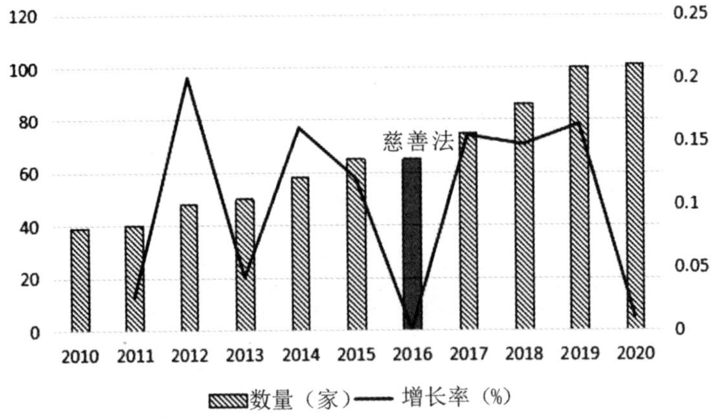

图 4　2011—2020 年天津市基金会发展变化趋势

数据来源：基金会中心网，基金会数据截至 2020 年 10 月。

由基金会中心网开发、清华大学廉政与治理研究中心提供咨询，反映我国基金会透明水平的中基透明指数 FTI2019 显示，天津中基透明指数排名全国第 5 位，比上年提高 7.5%，全国范围内有 23 家基金会连续 8 年中基透明指数满分，其中天津大学北洋教育发展基金会连续 8 年中基透明指数满分，天津南开大学教育基金会连续 5 年中基透明指数满分。（见表 2）

表 2　2019 年中基透明指数排名

排名	注册地	FTI2019	FTI2018	FTI 变化率
1	民政部	77.61	74.69	↑ 3.9%
2	贵州省	53.08	44.56	↑ 19.1%
3	北京市	52.22	56.1	↓ -6.9%
4	四川省	50.47	46.99	↑ 7.4%
5	天津市	49.6	46.14	↑ 7.5%
6	河北省	43.41	45.47	↓ -4.5%
7	湖北省	41.73	41.15	↑ 1.4%
8	湖南省	41.15	38.95	↑ 5.7%
9	上海市	41.11	42.01	↓ -2.1%
10	河南省	40.33	42.8	↓ -5.8%

数据来源：基金会中心网，基金会数据截至 2020 年 9 月 20 日。

从基金会活跃度来看，全国较为活跃的基金会占比 55%，有将近一半的基金会没有官方网站或网站更新频率低，难以获得年度工作报告，筹款及项目活动信息少，项目收入和支持趋近于零。相比之下，京津冀城市群的基金会活跃度全国最高。注册地位于天津市的活跃基金会占比 85%，排名全国第 5 位。（见表 3）

表 3　2019 年全国基金会活跃度排名

排名	注册地	活跃基金会比例	基金会数量
1	民政部	99%	211
2	贵州省	90%	52
3	四川省	88%	162
4	北京市	87%	614
5	天津市	85%	75
6	河北省	73%	109
7	湖南省	72%	273
8	吉林省	71%	104
9	湖北省	70%	149
10	河南省	68%	143

数据来源：基金会中心网，基金会数据截至 2020 年 10 月。

（四）彩票业销量持续下滑

受疫情影响，2020 年彩票业销量下降明显，截至 2020 年 8 月，全国共销售彩票 1948.28 亿元，比上年同期下降 30.3%。“两彩”之中，福利彩票销量降幅大于体育彩票，其中，福利彩票机构销售 879.75 亿元，同比下降 31.0%；体育彩票机构销售 1068.53 亿元，同比下降 29.7%。截至 2020 年 8 月，天津共销售彩票 30.93 亿元，比上年同期下降 29.7%，降幅稍低于全国水平，其中福利彩票机构销售 15.11 亿元，下降 32.3%；体育彩票机构销售 15.82 亿元，下降 26.9%。（见图 5、图 6）。

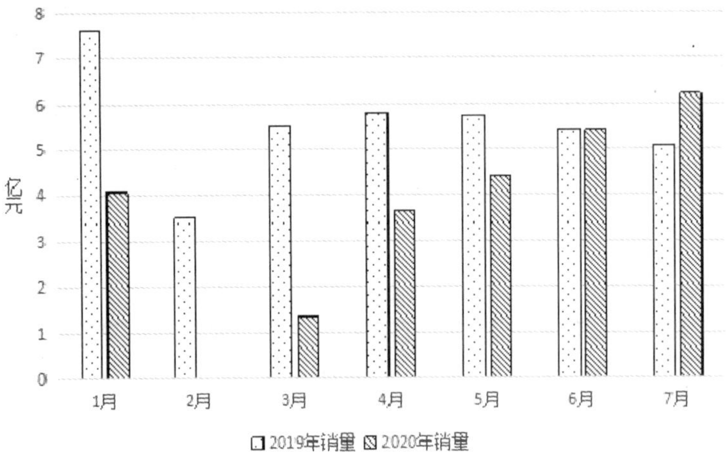

图 5　2020 年 1—7 月天津市彩票销售量与上年同期比较情况

数据来源：财政部网站，彩票数据截至 2020 年 10 月。

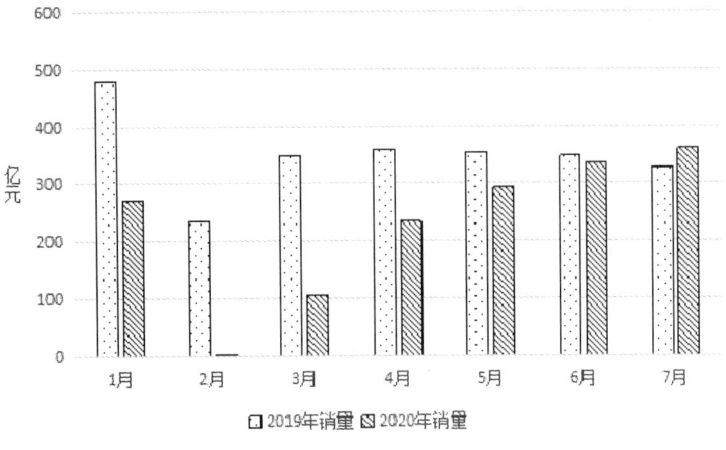

图 6　2020 年 1—7 月全国彩票销售量与上年同期比较情况

数据来源：财政部网站，彩票数据截至 2020 年 10 月。

我国彩票主要分为福利彩票和体育彩票，其中体育彩票销售约占 60%，福利彩票销售约占 40%。2019 年全国范围内体育彩票销售额高于福利彩票，

天津市福利彩票和体育彩票销售额基本持平。（见图 7、8）

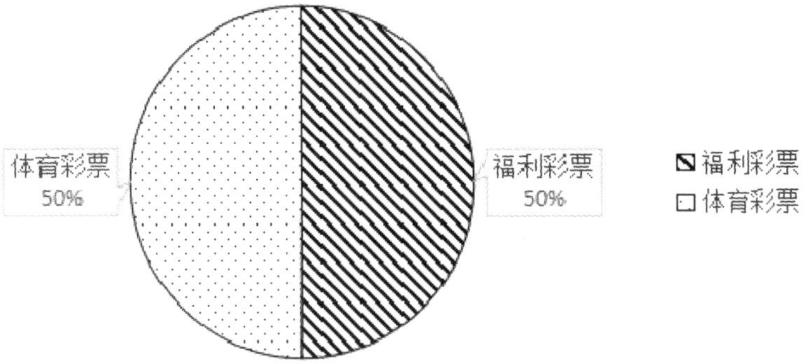

图 7　2019 年天津市彩票销售情况

数据来源：财政部网站，彩票数据截至 2020 年 10 月。

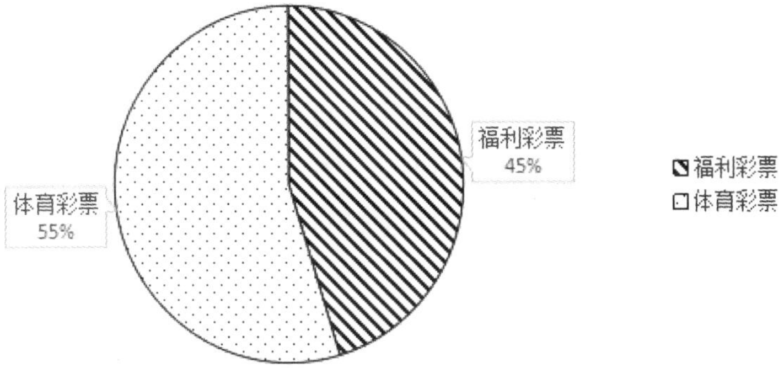

图 8　2019 年全国彩票销售情况

数据来源：财政部网站，彩票数据截至 2020 年 10 月。

（五）居民公益慈善满意度略有提高

调查数据显示，对天津市公益慈善工作正面评价的居民只占 28.65%，比上年调查结果略有增加，有占 61.61%的居民认为天津市慈善工作“一般”，与上年基本持平，还有占 9.74%的居民对我市慈善工作表达了负面评价，比上年下降 3%，这说明天津市的慈善工作发展平稳，群众认可度逐渐加强。（见图 9）

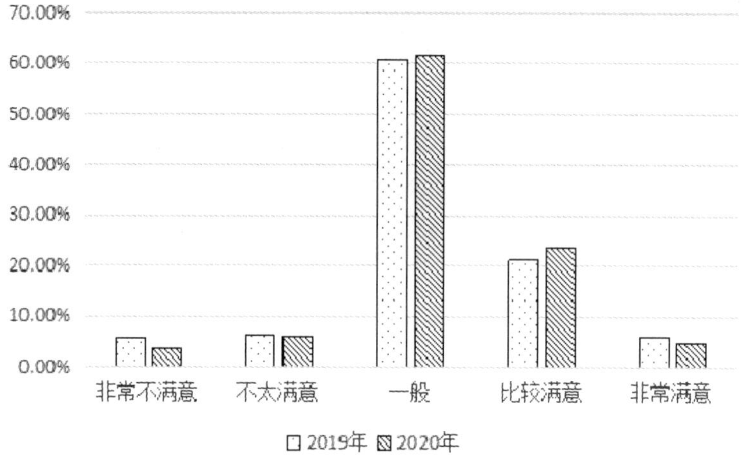

图 9　2019-2020 年天津城市居民慈善满意度情况

数据来源：天津社会科学院，天津市千户居民户卷调查，2020 年 9 月。

在慈善信息可获得性方面，只有通过电视广播方式渠道获得信息的比例较去年下降 5%左右，通过其他几种渠道获得慈善信息的比例较去年都有所上升。数据说明，天津市居民慈善信息的可获得性得到提升，新媒介得到越来越多人的认可。（见图 10）。

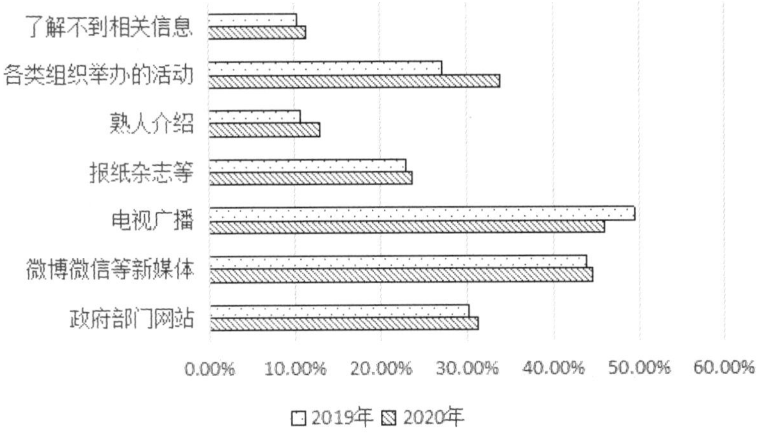

图 10　2019—2020 年天津城市居民慈善公益信息获取渠道情况

数据来源：天津社会科学院，天津市千户居民户卷调查，2020 年 9 月。

二　天津市慈善事业发展形势及面临的挑战

（一）政府慈善亟待转型，形成行业抓手

慈善会系统在全国范围内有 300 多家团体会员，天津市慈善协会成立于 1995 年，是经天津市人民政府批准、天津市民政局登记注册的公募慈善组织，市辖 16 个区级慈善协会，其中 4 家是具有公募资格的慈善组织。这些组织在过去很长一段时间，基本上是作为民政部门的依附，很难发挥独立的作用。自 2016 年以来，各地慈善会系统开启了体制改革，天津市慈善协会已于 2019 年完成换届选举，转向具有社会服务能力的慈善组织。

社会化方向让慈善会开始活跃，2020 年疫情期间，天津市慈善协会响应党中央、国务院及市委、市政府的决策部署，在市民政局的指导下，于 2020 年 1 月 25 日起，发起“抗击疫情　众志成城——战胜新型冠状病毒感染的肺炎疫情公共募捐行动”，共接收捐赠款 3608.56 万元，其中已公布使用 3558.17 万元，捐款使用率 98.6%。另一面是 16 家区级慈善协会中有 12 家没有公募

资质，半数以上的区级慈善协会没有完成换届选举，这就直接导致区级慈善协会募集力量薄弱。本次疫情期间，有些区县的捐款捐物都归集到红十字会，区县慈善协会无法发挥真正的作用。

（二）公益慈善参与度有待提升，助力社会成长

公益慈善事业的发展需要学校、单位、社区、慈善组织等社会各界共同努力。单一力量的单打独斗无法形成社会合力。调查数据显示，天津市参加过公益慈善活动的居民占 52.4%，有将近一半的居民没有参加过任何类型的公益慈善活动，这说明天津市的公益慈善参与度还需进一步加强，群众的公益慈善意识有待唤醒。在参加公益慈善活动的类型方面，参加学校、单位或居住社区组织的公益慈善活动的居民占 48.34%，参加各类慈善机构在公共场所设立的捐赠箱（线下捐款捐物）的居民占 35.13%，参加互联网募捐信息平台（线上捐款捐物）的居民占 28.13%，参加献血和做志愿者的居民比例较低，分别占 14.77%和 26.48%。数据结果说明，市民的公益慈善活动参与性需要有单位、社区、学校有组织的促进，才能进一步提升，进而从有组织的参与到主动参与再到愿意作为带头人号召和组织更多人参与慈善，群众对公益慈善活动参与热情才能不断提升。

慈善公益项目形式内容单一，也是天津市公益慈善参与度较低的原因之一。调查显示，天津市居民通过天津市慈善协会捐款的占 23.89%，通过天津红十字基金会捐款的占 36.53%，通过天津市妇女儿童发展基金会捐款的占 12.95%，通过天津市残疾人福利基金会捐款的占 13.73%，通过天津市老年基金会捐款的占 6.74%，参与公益慈善项目的居民占比较少。公益慈善项目的多样化，能够扩宽民众对公益的认知，能够理解公益对社会成长发展的重要意义。天津市慈善公益活动的开展整体上已经有了提升和创新，系统上也在逐步完善，但仍旧有很大的提升空间。从志愿者层面讲，不少公益项目对志愿者的专业度要求很高，有时候简单粗暴的“行善”会带来更坏的后果，真正的公益需要智慧。特别是类似于特殊儿童相关的公益项目，志愿者可能会存在对帮扶群体认识不足、专业性不足、工作方法不当等问题，需要提前接

受专业指导，这样才能体现出公益慈善项目的真正价值。

（三）公益慈善教育发展动力不足，影响专业人才培养

从我国高校公益慈善研究机构来看，主要集中在北京（21 家）和上海（10 家），天津地区唯一的高校公益慈善研究机构是南开大学公益慈善研究中心；从高校开设公益慈善项目课程来看，全国有 8 家院校开办公益慈善教育项目，而天津市没有一家院校开设公益慈善教育项目。由此看出，整体上我国的公益慈善学历教育都比较落后，相关教育项目数量屈指可数，处于各种教育模式原型塑造阶段，与慈善行业培训的蓬勃发展相比较为薄弱，尤其在师资、课程开发、教材等方面，存在着三种失衡。从面向行业内外的对象看：增量与存量的失衡。目前的公益人才培养项目 80%～90%都是面向业内从业者的，面向行业外在校学生的学历教育和跨界人才培养计划仅 10%～20%。从课程体系看：办学与办班的失衡。目前开设的公益慈善学历课程大多在专业办班的状态，学历衔接不畅，缺乏系统课程体系设计。从教学内容看：理论与实务的失衡。公益慈善学历教育的内容基本上都是实务操作的方法教学。

另外，面向未成年人的公益慈善教育也没有引起足够的重视。公益慈善教育应该形成以学生为中心，以家庭教育为主体，以学校教育为主导，以社区教育为依托，以公益活动为纽带的运行机制。这样从带动孩子到家庭再到社会，建立家—校—社区联动模式，调动孩子的主动性，激励教师开发需要的课件、教材，为社区工作者、家长提供指导手册，由下向上促进公益慈善教育的发展。

三　2021 年天津市慈善事业发展展望

（一）推动慈善组织与基层组织相融合，促进社区基金会建设

2020 年伊始，新冠肺炎疫情让我们重新认识到群众的力量、基层组织的力量，在当前深入推进社会治理体系和社会治理能力现代化的大背景下，加

强制度建设，全面推动建立专注城乡社区治理和服务的社区基金会正逢其时，社区基金会发展前景广阔，大有可为。

社区基金会是伴随改革开放的逐步深入和基金会队伍的持续发展壮大，在社区治理和公益服务实践的不断探索创新中出现的。各地在探索实践中，对社区基金会有着不尽相同的定位和定义，但共同点都是立足社区公益服务，都具有重要的实践意义和积极作用。社区基金会和社区基金的运作模式是通过数量众多的小额资助项目，来动员和激励各种社会组织、社区组织和广大社区居民参与到社区营造中来，以此培育广大社区居民的公益意识、公共精神、社区意识和治理能力。社区基金会不断探索创新的实践也再次证明，社区基金会在城乡社区治理和服务等多方面，发挥着重要的积极作用。随着全国社区基金会数量规模的逐步扩大，社区基金会的发展渐成趋势。

最早在上海、浙江等地区创立的社区基金会，通过搭建社区基金会平台，不仅可以大力发展社区服务类慈善组织，推动慈善组织与基层组织相融合，而且可以鼓励社区居（村）委会、业委会建立互助会，并与慈善组织合作设立互助基金。同时积极引导社会各界依托社区服务中心（站）、现有商业网点等设施，举办慈善超市或者建立爱心驿站、慈善乡村（社区）、慈善学校、慈善广场（公园）等，构建城乡基层慈善综合服务平台。

社区基金会并没有统一的模式，有利的外部条件可以为社区基金会的发展提供助力，包括：大型私人基金会或企业基金会的支持和资助，支持性网络的专业化支持和技术性支持，社区基金会的规范性标准的确立，相关税收政策的支持，但其成功与否关键还是看它能否动员和凝聚社区的力量，解决本社区的问题。

（二）推动网信技术与慈善创新相融合，拓展慈善空间

近 3 年来，我国通过互联网募集的善款年增长率都在 20%以上，2019 年募集金额更是超过 54 亿元，比上年增长了 68%。本次疫情严峻，是名副其实的一场大考。据初步统计，社会各界通过各级慈善组织和红十字会累计捐赠 396.27 亿元，其中，通过互联网募集善款 18.67 亿元，参与人次达到 4954 万。

截至 2020 年 7 月 1 日，天津市慈善协会共接收用于新型冠状病毒肺炎疫情防控捐款 3608.55 万元，其中线下社会捐款合计 3190.27 万元，通过公益宝线上募捐平台“战胜疫情　守望相助”筹款金额合计 418.28 万元，参与人次达到 9342 人。疫情之下，很多人因情绪驱使产生感性公益行为，通过公益平台与“公益慈善数字化”组织能力的催化，转化为理性的思考和持久的习惯。这不仅为互联网公益行业，更为整个国家和社会，沉淀下宝贵的公益财富。

公益组织在互联网等技术的助力下加快了自我进化。区块链技术让每一笔善款变得透明可追溯。疫情期间，不少慈善组织经历了从最初被“网民吐槽”，到后来利用互联网技术和大数据进行精准快速救援，被全球点赞的凤凰涅槃。腾讯、阿里、百度、字节跳动等互联网公司的捐赠都高达数亿元，新浪、京东、美团、滴滴等互联网公司利用自身优势，在保障重点物资供应、维护市场秩序等方面发挥了重要作用。这些都体现着互联网慈善的机敏反应和强大能量，网络应用在疫情期间逆势上扬，表明技术在公益慈善事业上大有可为。

公益慈善的跨界属性和资源整合属性，决定了公益慈善领域的多元融合。加快天津慈善发展，需要借助互联网手段，打造政府、企业、媒体、基金会、行业组织等多方面的资源协同平台。一是推动互联网慈善。稳步推动“互联网+慈善”的模式创新，借助互联网推进“链上公益”“指尖公益”，方便群众开展慈善公益活动。积极推动天津市慈善组织和互联网企业申报建立网络公开募捐平台，鼓励慈善组织在网络募捐平台开设慈善网店，增强网络募捐能力。支持互联网公益慈善基地建设，培育互联网慈善理念，开发网络公益项目和公益产品。二是构建资源协同网络。探索建立慈善信息统计发布制度，健全民政部门与慈善组织、社会服务机构之间的信息沟通共享、信用信息披露机制，实现慈善捐赠数据实时统计、权威发布。推动慈善事业与社保体系相融合，完善慈善救助体制机制，畅通慈善供需对接渠道，整合志愿服务力量，推动慈善活动精准发力，满足公众多样化、多层次慈善服务需求。

（三）推动监督管理与促进措施相融合，营造善行光荣的浓厚氛围

《中华人民共和国慈善法》的出台，标志着慈善法治化进程开启。在新形势下，创新和加强监管应当明确监管的范围、对象，要有所为，有所不为。一是民政部门要加大慈善组织、红十字会的公开募捐、募捐款物使用、信息公开等事项的监督力度。财政、税务部门要依法对慈善组织的财务会计、享受税收优惠和使用公益事业捐赠统一票据等情况进行监督管理。审计部门根据法定要求开展审计监督。政府其他部门和单位各司其职，在职责范围内加强对慈善组织和慈善活动的指导和监督管理。同时，政府指导组织慈善行业制定行业标准、行业公约，加强对慈善组织及其活动的引导与规范，提升行业自律性和公信力。二是推进专业机构监督。有调查显示，当前公益行业第三方评估机构发展数量不足，存量机构的专业性也需进一步提升。如何建立慈善组织和项目评估制度，鼓励和支持第三方机构对慈善组织和项目进行评估，是今后慈善管理工作的方向。应向慈善事业发展比较好的省市学习，鼓励高等院校、科研机构开展慈善政策进步指数、城市慈善指数和慈善事业发展状况的研究和评估工作。在依法监管的同时，我们坚持依法适度，以鼓励先进为导向，营造善行光荣的浓厚氛围。

（四）加强公益慈善宣传教育，培育民众慈善责任感

在构筑大慈善的新时代，培育慈善文化、优化慈善发展的社会氛围已成当务之急。民众慈善责任感不是先天形成的，也不是一蹴而就、一成不变的，民众慈善责任感的提升是一个循序渐进的过程，培育民众慈善责任感是一项系统工程，需要民众、政府、舆论、慈善组织等多方一同努力。一是开创慈善宣传新局面，创新慈善宣传思路和举措，扩宽宣传渠道。通过报纸、微信公众号、朋友圈、官方网站等多种宣传方式，宣传报道典型事迹，最大限度地传递爱心人士、爱心企业的强大正能量。把握宣传重点。着力宣传倡导大慈善理念，与弘扬社会主义核心价值观相结合，深入挖掘、宣传慈善人物典型，讲好慈善故事，推动慈善意识普及和慈善公益理念深入人心。二是加强

主流媒体对公益慈善理念的宣传力度，要以公众喜闻乐见的形式，使其在不知不觉或自觉主动中接受公益慈善理念和文化的洗礼。另外，公益慈善组织也应时刻扩大在社会上的公益慈善宣传，以公益慈善专业角度去引导民众，要将政府、媒体未关注到或忽略的内容及时传递给民众，以提高民众的责任感与使命感。在做好慈善宣传工作的同时，也将做好舆情监测及应对工作，及时回应社会关切和舆论关注，做到快速回应、主动发声、解释疑惑，努力营造良好的社会氛围。

天津市对口帮扶工作研究报告（2021）

张小蕾　天津社会科学院舆情研究所副研究员

摘　要：　天津坚持精准扶贫、精准脱贫的基本方略，高质量推进对口帮扶工作，取得了突出成绩：产业帮扶扎实推进，劳务帮扶成效显著，消费帮扶亮点突出，"全链条"教育帮扶精准滴灌，"组团式"医疗帮扶持续深化，战疫战贫实现双战双赢。但与此同时，天津在对口帮扶工作中仍存在一些亟待解决的问题，如帮扶力度仍需持续加大，帮扶成效有待巩固提升，社会合力仍需激励凝聚，天津优势亟须发挥挖掘。2021年，天津需要激发内生动力，建立巩固脱贫防止返贫长效机制；贯彻五互理念，构建互利共赢的利益联结新机制；接续乡村振兴，建立长短结合标本兼治体制机制；激发畅通内循环，识变求变应变提高抵抗风险能力，努力开创对口帮扶工作新局面。

关键词：　天津　对口帮扶　扶贫

一　工作概况

2020年是脱贫攻坚战的收官之年，天津始终把东西部扶贫协作和对口支援作为一项重要政治任务，坚持以习近平新时代中国特色社会主义思想为指导，深入学习贯彻习近平总书记关于扶贫工作的重要论述，坚持"升级加力、多层全覆盖、有限无限相结合"的工作思路，用心用情助力受援地全面打赢打好脱贫攻坚战。

（一）产业帮扶扎实推进

依托受援地优质资源就地发展产业。制定产业帮扶专项扶持资金管理办法，2019 年安排 4000 万元专项资金用于鼓励引导企业到受援地区投资产业项目。2019 年以来，通过组织“津企陇上行”“民营企业南疆行”“津企承德行”等一系列活动，累计引导 273 家企业赴受援地洽谈考察 1000 余家/次，达成合作意向 300 余项，新增投资额 18.86 亿元，带动近 10 万建档立卡贫困人口增收。2019 年安排产业扶贫资金 12.24 亿元，推广复制“致富蜜”“领头羊”“摇钱树”等特色产业帮扶模式，深入开展精准“绣花式”扶贫，通过共建产业园区、扶贫车间、生态管护等方式，实现与贫困户脱贫有机衔接，受益贫困人口达 41 万人。

推动形成全产业链。推广天津食品集团“五统一”肉羊全产业链帮扶经验，积极构建“龙头企业+乡镇级分场（合作社）+养殖大户+基础农户”“商贸公司+产业+扶贫车间”等产业扶贫协作模式，致力于形成“基地建设、产业培育、产品加工、仓储物流、品牌培育、产品销售”一体化的全产业链。通过强化生产、加工、仓储、销售四轮驱动，推动产业扶贫项目实现规模化发展，让农民干在产业链上、富在产业链上。2019 年安排财政资金同比增长 25.6%，帮扶项目同比增长 28.49%。其中，帮扶甘肃、河北承德资金 16.94 亿元，占天津市 2019 年一般公共收入预算的 0.85%，居东部援助省市首位。

发展订单农业。鼓励本地龙头企业、农产品批发市场、电商企业、大型超市与受援地采取“农户+合作社+企业”模式，在受援地建立生产基地，提高农产品供给的规模化、组织化。加强受援地食用农产品市场销售质量安全监管，从源头管控食用加工农产品质量。

（二）劳务帮扶成效显著

积极搭建劳务服务平台。天津市人力资源和社会保障局设立了市劳务协作服务工作总站，负责就业扶贫基地和扶贫车间的组织协调、指导调度和考核评估等工作，通过发挥扶贫基地桥梁纽带作用，摸清建档立卡贫困人员底数和天津市岗位信息供给清单，更好地搭建供需双方服务平台。截至 2020 年 7 月底，天津市与甘肃、西藏、河北有关县市受援地开展就业扶贫对口服务活动 80 余次，其中招聘会 65 场，提供精准岗位信息 3.6 万个，建立劳务协作服务工作站 18 个、扶贫车间 115 个。

多措并举推动受援地贫困劳动力就业。截至 2020 年 7 月底，全市支持扶贫车间 213 个，实现就近就地就业 12836 人，目标完成率达到 111.6%；全市为劳务协作地区开展技能帮扶培训近 1.7 万人次。天津创新支持政策，鼓励企业、个人和职介组织共同参与就业扶贫工作：支持公共就业服务机构建立扶贫基地和扶贫车间，给予每个基地 10 万元、每个扶贫车间 5 万元的资金奖补；符合条件的贫困劳动力，按照每人 600 元标准给予补助；给予企业岗位补贴和社保补贴。

坚持精准化职教帮扶。做好职业教育帮扶，推动人才智力由“点上带动”向“面上推进”。发挥天津职业教育优势，着力建立脱贫帮扶机制，开展贫困户职业培训，变“输血”为“造血”，提升贫困人口劳务素质和技能，完成初级劳动力由“体力型”向“技能型”就业转变。开展创业致富带头人培训，提升带头人创业致富技能，天津市援建的承德应用技术学院、和田职业技术学院和昌都职业技术学校等职业学校，成为当地职业技术教育的“支柱”。加大职教资金帮扶力度，从 2016 年开始，天津市级财政每年单独列支 2 亿元用于承德职业技术学院建设。

（三）消费帮扶亮点突出

打造消费扶贫市场主体模式。通过对市场主体协作单位进行补贴，有效拓宽产品流通和销售渠道，打造“滞销产品拓销路，畅销产品再增销”的消费扶贫模式。通过“互联网 + ”消费扶贫、“展会 + ”消费扶贫、消费扶贫进校园、滞销产品应急认购途径，把受援地特色产品资源和天津消费市场对接起来，搭建受援地产品天津销售平台，2019 年共实现消费扶贫 15.87 亿元，同比增长 5.8 倍，带动 15.48 万余贫困人口增收。

启动“1+4+N”消费扶贫计划。“1”即搭建一个东西部政企协作的产销一体化精准扶贫平台，大力推介贫困地区的商品、服务与劳务，拓展贫困地区农产品销售网络。“4”即输出特色产品、推广特色品牌、开通特色旅游、建设特色电商。依托西部地区特色资源禀赋，调整优化农业产业结构，提升农产品质量、扩大供给规模，推动贫困地区农产品就地深加工，带动贫困人口增收脱贫。“N”即设立消费扶贫爱心专属渠道，举办扶贫展卖活动，拓展扶贫产品线上线下销售空间。天津在16个区设立了消费扶贫爱心专店，在部分农贸市场、菜市场设立消费扶贫专区专柜，在津甘扶贫协作馆、邮乐网（天津馆）等平台积极销售扶贫产品。

举行消费扶贫“云签约”活动。活动吸引218家企业及社会组织参加，以“屏对屏”方式在线签署协议204个，签约合作及采购金额15.25亿元，助力对口帮扶地区解决农畜牧产品“卖难”和滞销问题，尤其是疫情期间确保消费扶贫“不断线”，有效推动了消费扶贫全面提速。截至2020年7月底，天津通过云上签约、线上销售、智能柜等方式，全面推进消费扶贫工作，已完成消费扶贫12.63亿元，是2019年同期的近19倍，基本完成全年消费扶贫额。

（四）“全链条”教育帮扶精准滴灌

围绕“造血”抓选派。做好基地建设和教师选派工作，面向受援地开设“内高班”“内职班”。在受援地倾力打造名校名师工程，全面推进教师培训基地、教学研究中心和教学理念传播中心建设。2019年精心选派831名教师、中小学校长、职业教育教学管理骨干和600名大学生面向幼儿园、小学、中学、高等职业教育开展“全链条”式支教帮扶。

聚焦短板抓帮扶。开展多频次教育对接帮扶，广泛开展“千校手拉手”活动，2019年组织全市1103所学校与受援地区2003所学校建立结对关系。通过校长互动、教师互派、网络教学同步等方式，实现优势教育资源共享，推进教育帮扶走深走实。

立足精准抓职教。发挥天津职业教育优势，把建校筹划、师资培训、就业指导贯穿职业教育帮扶全过程。2019年共举办各种技能培训班566期，培训2万余人，组织致富带头人培训7032人次，助力3998人实现成功创业，带贫 7 万余人。坚持“精准化”职教帮扶，组织天津市职业学校与甘肃 23 个贫困县建立“3+1”脱贫帮扶机制，积极与用工企业对接，有效提升了贫困学生就业成功率。天津投入 7500 万元，用于承德市学校幼儿园建设、配套基础设施改善等项目，两地 50 所各级各类学校广泛开展交流活动，22 个学校建立了一对一帮扶关系，助推承德教育教学水平不断提高。

（五）“组团式”医疗帮扶持续深化

持续深化“组团式”帮扶天津模式。加大医疗人才支援力度，2019 年共选派半年以上派驻医务人员 472 人次，柔性医务人员 595 人次，中高级职称占比达 90%以上。组织市、区 21 所医院“组团式”帮扶新疆和田、青海黄南州、甘肃甘南州人民医院；组织全市 29 家三级医院对口帮扶甘肃、西藏昌都 17 家贫困县医院，2019 年共诊疗门急诊患者 15 万余人次、住院患者 4 万余人次、开展住院手术 4000 余例，培训医务人员 1.6 万余人次。

深入推进医院结对全覆盖工程。组织全市 116 家医院与受援地区 130 家医院建立结对关系，其中新疆和田、甘肃、河北承德 42 个贫困县至少一家县级医院与天津市三级医院建立结对关系。通过多层面开展结对帮扶活动，2019 年受援医院年门诊量平均增幅 8.17%，年住院量平均增幅 10.4%，年手术量平均增幅 5.5%。

助力提升村级卫生室服务能力。创新启动受援地区健康服务“村村好”工程，开展对甘肃、新疆和田、河北承德 42 个贫困县村级卫生服务能力提升工作。2019 年援建村级卫生室 51 所，开展健康扶贫工作交流 400 余人次，选派 385 名专业骨干赴受援地协助开展乡（镇）、村医疗服务人才培训，培训受援地区基层医务人员 15107 人次，发放培训教材 11000 余册，线上线下培训受援地 9134 个村卫生室的医务人员 2.8 万余人次。

（六）战疫战贫实现双战双赢

在抗击疫情上携手并肩。天津第一时间成立疫情防控领导小组，紧急协调防疫物资、主动参战疫情防控。各区提前拨付资金 3 亿多元，累计为对口地区募集款物 4000 余万元，捐赠各类防护物资 50 多万件，各类消毒药品上百吨，流动诊疗车、负压救护车 10 多辆，有力支持了受援地区的疫情防控工作。

在劳务协作上优先安排。依托“天津就业扶贫网”和劳务协作服务工作站，组织举办 2020 年“春风行动”暨东西部扶贫协作网络招聘活动，多渠道推送岗位供给清单，截至 2020 年 7 月底，组织召开就业扶贫专场招聘活动 83 场，提供 6 万余个岗位，鼓励支持扶贫车间、合作社复工复产，会同受援县联合开发公益岗位，累计投入各类就业补贴超过 1.5 亿元，新增输转贫困劳动力在津就业 2039 人、返岗复工 1392 人；转移到其他地区新增就业 36249 人、返岗复工 21284 人；新增就近就地就业 18536 人；643 个扶贫车间复工复产，复工返岗贫困人口 9591 人。

在消费扶贫上创新模式。通过给予展销展卖、物流运输、电商平台培训补贴等举措，线上线下一体，优先解决对口地区农畜牧产品“卖难”和滞销问题；与中国社会扶贫网深度合作，共同开发天津市消费扶贫馆，受援地区农特产品通过扶贫产品认定后可免费上架，实现天津市民与贫困户点对点采购；启动消费扶贫智能柜进校园活动，先期向近 40 家大中专院校投放 200 台扶贫智能柜。通过云上签约、线上销售、智能柜等方式，全面推进消费扶贫工作，截至 2020 年 7 月底，基本完成全年消费扶贫额。

在支持复工复产上竭尽全力。通过会同对口地区安排生产补贴、发挥产业扶持专项资金撬动效应、提供农业技术支持等举措，截至 2020 年 7 月底累计向首批 11 家落户企业发放产业扶持资金 1300 万元，帮助 10 多家企业纳入国家疫情防控重点保障企业名单，帮助 600 多个扶贫车间和扶贫产业项目复工复产，企业复工复产率达到 100%。

二　存在问题

天津在对口帮扶工作中取得了突出成绩，但也存在一些亟待解决的问题，未来仍需紧盯工作中存在的短板、不足，进一步加大工作力度，高质量推进对口帮扶工作。

（一）帮扶力度仍需持续加大

因新冠肺炎疫情影响，2020年的对口帮扶工作面临前所未有的挑战，计划开展的投资考察、展会交流、文化艺术交流、旅游扶贫等交流交往交融活动启动时间均较晚，且活动规模和效果都受到较大影响。截至2020年7月底，天津对口帮扶地区仍有3个“未摘帽”县和46个贫困发生率超过10%的未脱贫村。如何克服疫情影响，确保“全面建成小康社会，一个民族、一个家庭、一个人都不能少”，是天津对口帮扶工作面临的艰巨任务。目前，天津在某些帮扶领域仍存在单向灌输的问题，帮扶工作的连续性、渐进性、差异化有待进一步提升；对口帮扶财政资金倾斜支持力度仍需持续加大，尤其是财政资金支持的“三保障”与饮水安全、产业、就业等帮扶项目仍需继续推动落实；在教育、医疗、文化服务等方面仍需加大帮扶力度，全力帮助受援地补齐发展短板，解决制约对口帮扶工作推进的突出问题，助力受援地贫困群众早受益、早脱贫、真脱贫。

（二）帮扶成效有待巩固提升

脱贫不是目标，只是迈向幸福生活的新起点。实现脱贫后，如何落实摘帽不摘责任、不摘政策、不摘帮扶、不摘监管要求，如何巩固脱贫成效、防止返贫，保证脱贫效果的可持续性，是未来必须正视和解决好的重要问题。为此，对口帮扶工作重心将从集中攻坚绝对贫困转向日常帮扶相对贫困，对口帮扶工作方式将由集中作战调整为常态推进，对口帮扶政策和工作都需及时进行转型调整。目前，天津对口帮扶工作的成效仍有待巩固提升：在产业帮扶方面，实体企业招商难度较大，帮扶项目落地见效难，新投资企业多为商贸企业，主要通过消费带动贫困人口，带贫效果较差；由于受援地区产品多为农副产品，畜牧业规模较小，产品较为单一，物流成本较高，还没有形成市场化的长效消费帮扶机制；就业信息协同共享程度有限，劳务输转组织化、规模化、精细化程度不高；医疗帮扶存在过于追求高新技术的问题，未能根据受援地实际医疗情况和健康问题，输入适合当地的技术、设备和项目，在一定程度上造成资源闲置和浪费等。

（三）社会合力仍需激励凝聚

做好对口帮扶工作，必须充分发挥政府和社会两方面力量的作用，构建专项扶贫、行业扶贫、社会扶贫互为补充的大扶贫格局。为此，需要健全制度机制，坚持以大统战思维统筹安排大扶贫格局，充分发挥好统一战线在组织、机制、专业等方面的优势，积极引导全市各级党政机关、人民团体、企事业单位、社会组织、各界人士以及社会各方面力量广泛参与对口帮扶工作，高标准、高质量、高效率地完成对口帮扶社会动员任务。目前，天津仍需进一步激励凝聚社会合力积极参与对口帮扶：社会组织联系广泛的优势有待挖掘，公益组织落实帮扶项目力度有限；民营企业家扶贫助困主力军作用有待激励，“万企帮万村”等活动精准性有待提升；宗教界乐善好施、扶危济困的优良传统有待鼓励，组织捐款捐物规模、数额有限；民主党派在教育、医疗等领域的人才资源优势有待进一步凝聚，教育、医疗帮扶需突出问题导向；新社会阶层人士和广大党外知识分子的特殊优势有待挖掘，亟须营造广泛参与对口帮扶的良好社会氛围。

（四）天津优势亟须发挥与挖掘

天津是环渤海地区的经济中心、中国北方最大的港口城市，区位优势突出。天津的产业、科技、市场、人才等优势突出，是国家物流枢纽、全国先进制造研发基地、北方国际航运核心区、金融创新运营示范区。天津拥有优质的港口资源，天津港是世界级人工深水港，背靠雄安新区，辐射东北、华北、西北等地，连接东北亚与中西亚，是京津冀的海上门户，是中蒙俄经济走廊主要节点、21 世纪海上丝绸之路战略支点。作为中国北方最大的沿海开放城市，天津的国际交往活动活跃，国际会展众多。天津还拥有优质的医疗资源和教育资源，是国家现代职业教育改革创新示范区。目前，天津亟须在对口帮扶工作中挖掘和发挥天津优势：天津产业优势与受援地区资源禀赋结合尚不充分，天津的企业资源和企业家资源仍有待继续挖掘；区位港口优势、商贸企业平台优势、商超渠道优势、大型农产品批发优势、展会优势等利用不足，产业市场亟待开拓，产业品牌亟待打造，特色产品潜力亟待挖掘；优质教育、医疗资源辐射有限，职业教育优势有待继续挖掘，帮扶工作的指向性、精准性有待提高，人员交流互访活动仍需继续推动；现代信息技术在帮扶工作中的运用尚不充分，科技、人才优势利用不足等。

三　前景展望

天津在未来的对口帮扶工作中需要加强顶层设计，完善制度体系，探索受援地实现高质量自我发展的动力机制，助力其永久跳出“贫困陷阱”，努力开创对口帮扶工作新局面。

（一）激发内生动力，建立巩固脱贫防止返贫长效机制

建立稳定增收长效机制。健全完善多元增收机制，增强收入稳定性，鼓励因地制宜发展多样化生产模式，避免家庭经济结构单一化。打通资源变资本、资本变财富的渠道，通过激活贫困地区资源，拓宽贫困群众收入来源。引导支持群众致富增收，对强劳力支持发展产业和转移就业，对弱劳力半劳力通过开发公益岗位等为就近就地就业提供帮助。以产业发展为支撑夯实持续稳定增收根基，审慎选择具有致富前景的扶贫产业，引导发展多元产业，优化提升产业结构和竞争力。引导规范龙头企业、合作组织发展，建立分散农户与企业或市场的利益联结机制，提高农民组织化程度，通过新型农业经营主体联贫带贫，确保群众依托产业持续稳定增收。

建立常态长效帮扶机制。继续加大帮扶力度，加强基础设施建设，改善贫困地区生产生活条件，提升承接扶贫项目和资源的能力。强化细化帮扶政策，加强财政、金融、土地等政策支持力度，遵循产业发展规律，壮大扶贫产业，做到致富项目到户，扶持资金到户，扶贫效益到户。健全惠农资金投入体系和风险防范体系，既满足发展的资金需要，又有效防范自然和市场风

险。完善互助资金项目，为群众提供便利的信贷担保服务，满足资金需求。构建“福利依赖”制约机制，根据帮扶对象实际情况构建贫困户分级评价标准，完善扶贫资源分配制度，避免产生“福利依赖”。坚持开发式扶贫方针，加强开发式扶贫同保障性扶贫相衔接，因地制宜发展区域特色产业。

建立防止返贫监测机制。建立动态监测、分级预警机制，将脱贫不稳定户、边缘易致贫户以及因疫情或其他原因收入骤减或支出骤增户全部纳入监测范围，建立台账，定期核查，动态管理，实时预警，及时跟进帮扶，主动有效化解返贫风险。强化贫困边缘人口扶持，对非建档立卡低收入户和非持续稳定脱贫户实施针对性扶持和救助；对没有劳动能力的特殊贫困人口强化社会保障兜底，实现应保尽保；对因病因残因灾等致贫返贫的家庭和个人全面落实保险保障措施；对易地扶贫搬迁群众加强后续帮扶。建立贫困人口健康跟踪机制，完善健康档案，加强疾病预防，定期排查和诊疗地方病，防止因病致贫返贫。建立贫困人口生产生活跟踪机制，及时发现、解决问题，防止返贫。

（二）贯彻“五互”理念，构建互利共赢的利益联结新机制

贯彻落实产业互补、人员互动、技术互学、观念互通、作风互鉴的五互理念，需要探索构建更加稳定的东西部利益联结新机制，努力实现共同发展，共享扶贫成果，共同打造东西部交流协作、携手共赢的发展范例。

加强产业合作，实现产业优势互补。因地制宜、深度挖掘区域资源优势，着力打造区域特色产业。做好产业项目中长期谋划，突出质量和绿色导向，培育特色鲜明、优势集聚、产业融合、带动能力强的扶贫主导产业。大力发展优质、高效、生态产业，推动专业化、规模化、市场化，提高产业竞争力和抵抗风险能力。促进跨区域全产业链发展，延伸产业链条，促进产销联动，推动产品批发市场、产地集配中心、冷链物流等基础设施建设。深化交往交流交融，促进人员互动、技术互学、观念互通、作风互鉴。健全交流机制，加强沟通协作，促进资源互补、优势互通，在相互学习借鉴中实现共同发展。完善人才共建机制，坚持“走出去”与“请进来”相结合，通过人员交流、

互派培训、培养技能，取长补短，共同进步。充分运用信息化手段，加强平台载体建设，公用、共享资源，促进技术交流、成果共享。在尊重差异的基础上促进民族交往交流交融，包容多样性，增强文化认同，筑牢中华民族共同体意识。

（三）接续乡村振兴，建立长短结合标本兼治体制机制

接续乡村振兴，要在建立完善长效机制上下功夫，努力实现乡村振兴与扶贫工作“同频共振”，加快形成二者相互支撑、相互配合、有机衔接的良性互动格局。

做好各项政策衔接、工作衔接。全面梳理总结脱贫攻坚各项政策举措执行效果，推广行之有效的经验做法，促进乡村振兴。研究推动部分临时性、超常规政策举措转化为常态化的制度保障，把好政策、好制度、好办法借鉴过来，推动乡村振兴。做好政策统筹衔接，把过渡期内需要延续的倾斜支持政策明确下来，给贫困地区吃下“定心丸”。做好工作统筹衔接，对攻坚期内实施的易地扶贫搬迁、产业扶贫、劳务扶贫等重点举措，安排好后续工作。做好群体统筹衔接，对边缘户、相对落后的非贫困地区加大帮扶力度。做好规划统筹衔接，把脱贫攻坚规划需要持续推进的任务、工程、项目等纳入乡村振兴规划，继续予以资金支持，使其长久发挥作用。做好工作力量统筹衔接，根据需要调整完善专项扶贫、行业扶贫、社会扶贫“三位一体”的工作格局，充分发挥其在接续乡村振兴战略中的作用。

（四）激发畅通内循环，识变求变应变提高抵抗风险能力

在全面建成小康社会的基础上，乘势而上向第二个百年奋斗目标进军，必须不断增强受援地区自我发展能力，促进畅通内循环，科学识变求变应变，提高抵抗风险能力，才能在危机中育新机，于变局中开新局，最终实现共同富裕。

以科技创新为先导，充分激发带动内循环。引导科技资源要素向贫困地区转移，提高受援地科技发展水平，增强科技支撑和创新驱动经济发展的能

力。支持高等院校、科研院所、龙头企业围绕贫困地区亟须的良种繁育、生物技术、农产品加工、生态农业、智慧农业等技术开展科技攻关。推进科技成果推广转化，坚持人才下沉、科技下乡、服务“三农”，加大科技人才的科技服务和创业带动作用。搭建科技创新平台，支持建设科技园区等科技创新载体。结合受援地人口结构特征，瞄准薄弱领域和环节，提升基础教育、职业教育、高等教育和专业技术培训水平，提高群众科技文化素质和劳动就业技能。

天津市城市文明建设与发展研究报告（2021）

林　竹　天津社会科学院舆情研究所副研究员

摘　要： 2020年是精神文明创建工作的集中检阅年，基于几年来天津市区各级部门的共同努力，天津整体创建工作取得显著成效。陆续出台相关条例政策，为创建工作提供了制度保障，文明行为条例宣传实现全覆盖，全国文明城区和天津市文明城区创建扎实推进，天津全域创建文明城市工作成效显著。面对2020年突发的疫情，天津市在疫情防控中有针对性地开展精神文明教育，弘扬积极向上、健康文明新风，志愿服务助力疫情防控，宣传抗疫先进典型，凝聚起众志成城抗击疫情的强大力量。与先进城市相比，天津各区的市容环境卫生、交通秩序状况、公共设施建设管理、市民文明素质等方面还存在差距，责权明晰、运行高效的管理体制和推进机制还不够健全，需要持续建设与发展。为此要进一步健全创文领导机制，实施城市精细化管理，加快公共基础设施建设，加强市民文明素质培育，完善常态长效管理机制，积极营造浓厚创建氛围。

关键词： 城市文明　全域创建　建设与发展

全域文明城市创建，是推动天津高质量发展的必然选择，也是满足人民日益增长的美好生活需要的有效途径。近年来，在市委、市政府的正确领导和强力推动下，天津各区各部门对创文工作极为重视，全市精神文明建设战线做了大量工作，整体创建工作取得显著成效。深入开展群众性精神文明活动，抓好全域文明城市创建，努力争创全国文明城区，深化拓展新时代文明实践中心试点建设。2020 年是全国文明城市创建工作的集中检阅年，天津市统筹推进疫情防控和文明城区创建工作，在疫情防控中有针对性地开展精神文明教育，弘扬积极向上、健康文明新风，凝聚起众志成城抗击疫情的强大力量。

一　天津市城市文明建设工作进展与成效

（一）全市群众性精神文明创建工作取得积极进展

1.陆续出台相关条例政策，为创建工作提供制度保障

近年来，天津市委、市政府对文明城市创建工作高度重视、持续推进。2017 年和 2018 年相继下发《天津市文明城市创建工作方案》和《天津市全域创建文明城市三年行动计划（2018—2020）》，全面指导推动文明城市创建工作。2019 年和 2020 年，连续将推进全域文明城市创建纳入 20 项民心工程，集中力量重点实施。天津市陆续出台了《天津市志愿服务条例》《天津市促进精神文明建设条例》和《天津市文明行为促进条例》，构成天津“文明三规”，全市精神文明建设进入了法治化推进的新阶段。市文明委下发的《天津市关于集中治理诚信缺失突出问题 提升全社会诚信水平的行动方案》，完善城市社会信用体系建设，提高社会信用水平。系列政策为培育和践行社会主义核心价值观，提升天津市容市貌、市民文明素质、城市文明程度、城市文化品味，塑造城市形象，增强人民群众的获得感、幸福感、安全感提供了制度保障。

2.文明行为条例宣传实现全覆盖，让文明如影随形

《天津市文明行为促进条例》（以下简称《条例》）颁布以来，市文明办不断加大宣传工作力度，做到了多个全覆盖。印制 420 万册《条例》单行本，全市各社区、村居全覆盖；广泛印发、张贴宣传海报，工作、生活场所

全覆盖；印制150万份《条例》宣传页，教育教学场所全覆盖；组织开展学习、宣传、宣讲《条例》主题活动，发放宣传品11400余份。市交通运输委以天津站、天津南站、天津西站以及高速公路收费站为集中宣传点位，发放宣传彩页近2万份，全市各条高速公路电子提示板滚动播放《条例》宣传口号等，形成强大的宣传声势。文联美协、书协名家以书画、漫画等形式广泛宣传，专业律师宣讲犬只伤人、高空抛物、私搭乱建侵占公共场所、毁损共享单车等该承担的法律责任。利用电台、电视台、微信、社区宣传栏等多种方式强化宣传引导，广泛宣传《条例》和倡导文明祭扫。以“天津是我家 建设靠大家”为主题开展了宣传践行《条例》的群众性文艺展演活动，“全国安全交通日”天津现场活动，百日“争做文明好司机”活动，调动了广大市民的自觉性、参与性。各具特色的宣传活动，使文明入心入眼入耳，对提升市民的文明素养起到潜移默化的推动作用。

3.全国文明城区和天津市文明城区创建工作取得突破性进展

2020年是第六届全国文明城区、第二届天津市文明城区评选表彰的收官之年、决战决胜之年，是对2018—2020年度创建轮次的集中检验。近三年来，在市委、市政府的有力支持推动下，市文明办积极协调督导，相关部门大力配合，各区真抓实干，成立了创文指挥部和相应工作组。文明城区创建围绕落实三年行动计划目标要求，突出问题导向、完善落实机制、强化组织领导、激发市民热情，创建保障有力、创建活力彰显、创建氛围浓厚，取得了重要阶段性成效。“创文”“创卫”一起抓，综合提升，效果明显。2020年，天津市继和平区、河西区获得全国文明城区称号外，西青区、北辰区和滨海新区也入选第六届全国文明城市。和平区、河西区、滨海新区、西青区四个区获得国家卫生区称号，其他区也均提出了创建天津市级文明城区和卫生城区的目标任务，全域全面创建文明城市和卫生城市工作已形成声势。

4.全域创建文明城区工作努力推进，取得良好效果

自我市全面开展全域创建文明城市工作以来，各区对文明城区创建工作的重视程度和投入力度越来越大，宣传氛围、环境卫生、公共秩序和城区面貌整体都有提升，市民群众对文明城区创建工作的知晓率、参与率、满意率

逐步增加，市民文明素质和社会文明风尚也有不同程度的提高，全域全面创建文明城市工作不断取得新成效。

2020 年滨海新区提出社会治理“共同缔造”新理念。开展“家园建设共谋划”、老旧小区“绿地认领”“争当文明守门员”“社区楼门亮化”“家园建设共点评”等活动，提高居民创建工作的参与度和满意度。南开区集中力量提升市容环境，完成四化河等 4 条河道和 60 条次支路、50 个社区公园、100 个居民区的绿化提升工程，新建公厕 10 座、提升改造公厕 30 座已全部完工，打造 10 个示范菜市场，致力实现 15 分钟生活圈，让城市变得更精致，让百姓生活更方便。河东区针对“创文”“创卫”中出现的“顽疾”难点，从小事着手，通过在社区设立“三线三牌”，即机动车规范停放线、非机动车集中停放线、垃圾桶设置线和楼门口统一设置出入口宣传牌、禁止共享单车入内警示牌、楼门内文化牌等，为居民行为划出准线，为社区治理立了规矩。开展“助力三创周六志愿服务行”活动、“五随时”治理专项行动。西青区解决了困扰多年的车位问题，交管部门做工作，在可能情况下应划尽划，满足了老百姓停车的基本需求，避免了乱停乱放现象。和平区创新完善志愿服务平台，制定志愿和平 20 条，为居民提供 9 个系列、70 余个种类的服务内容。截至目前，和平区全区注册志愿者 11.45 万人，占全区常住人口 32.6%，志愿服务团队 675 个，志愿服务项目 2553 个。河西区全区近 1.9 万个楼栋楼门清空率达 97%；新建、提升改造母婴室 38 处；高标准打造 30 个文明示范交通路口；全域增设规范机动车错时免费停车位 16000 余个，施划共享单车停车区域 3100 处；做强天塔街“邻居节”、越秀路街“红色氧吧”、友谊路街“1+N 帮 1”等基层群众性文明创建品牌项目；坚持以文化涵育城区文明，全力为民惠民创建。

（二）面对抗疫“大考”，天津交出了文明答卷

1.疫情防控常态状态下，天津的文明创建工作没有放松

面对 2020 年突发的疫情，天津市在疫情防控常态状态下，有针对性地开展了精神文明教育和爱国卫生运动，引导市民群众提高文明素质和卫生健康

理念，进一步凝聚人心、鼓舞士气。在多形式、多角度宣传巩固防疫成果的同时，结合《天津市文明行为促进条例》，弘扬积极向上、健康文明新风，凝聚起众志成城抗击疫情和共同建设健康、宜居、美丽家园的强大合力。西青区大寺镇以“八长”机制助推防疫、“创文”实现双胜双赢，是典型案例。各村居队长作为村居工作第一责任人，在全面落实各项工作，抓实、抓细、抓小上狠下功夫，努力推进“创文”工作。外防输入，内防扩散，严守居民“最近的家门”，为百姓守好第一道防线。疫情期间，各村居联合物业实行园区环境卫生清整，每日多次无死角式消杀，既保证了居民生活环境安全，也助推了“创文”点位环境维护。同时为了舒缓“宅”在家中的居民的情绪，各村居队长还积极组织开展线上文化活动：门道口村的“宅”家阅读，周庄子村的“宅”家厨艺比拼，龙居花园社区的“宅”家手工制作……既丰富了居民的抗疫生活，也实现了疫情期间村居的精神文明创建。

2.倡导健康文明生活习惯，健康文明新风尚初见端倪

疫情的发生、扩散、传播，给一些不良的卫生、生活习惯敲响了警钟。为深化《条例》的贯彻落实，天津市广泛宣传，坚决杜绝食用野生动物的陋习，提倡文明健康、绿色环保的生活方式，树立爱护动物、友善环境、崇尚文明的社会风尚。市文明委在全市开展了禁捕禁食野生动物、卫生健康习惯养成、文明素质提升专项行动，让法规成为捍卫文明的“尚方宝剑”。全市大力开展“文明健康有你有我”公益广告宣传行动，在广大市民朋友中倡导健康生活方式，弘扬文明新风，市文明办制作了一批以绿色环保、健康生活、文明行为、良好心态、环境保洁、弘扬新风 6 个方面内容为主题的公益广告宣传片。通过公益广告宣传号召广大市民朋友从我做起，从身边做起，共同培养健康生活方式。全市广泛开展了“使用公筷公勺，文明健康用餐”倡议活动，“光盘行动”，节俭用餐；公筷公勺，健康用餐；分餐分食，安全用餐；拒绝野味，绿色用餐；遵守公德，文明用餐。健康、文明、科学、卫生的就餐方式正在成为百姓生活新风尚。

3.志愿服务助力疫情防控，志愿服务理念深入人心

疫情期间，截至 2020 年 4 月中旬，全市有 8431 支志愿服务团队的 277689

名志愿者参与到各类志愿服务工作中。党员志愿者、青年志愿者、巾帼志愿者、平安志愿者、劳模志愿者、退役军人志愿者都第一时间加入疫情防控志愿服务中，发挥了积极作用。很多志愿者和志愿服务组织自觉到社区卡口，参与门岗值守、测温消毒、登记排查、入户宣传等，极大地补充了社区一线防控力量。这次疫情防控中，志愿服务涵盖了社区防控、服务一线医护人员及家属、爱心捐赠、代买代购、义务献血、线上义务家教、心理危机干预、涉外防控等多种服务。疫情以来，天津新增注册志愿者 7 万余人，新增注册志愿服务团队 2000 余支。还有很多市民发自内心地想为邻里、为他人、为社区、为社会做一点力所能及的好事。无数的“红马甲”志愿者遍布天津的大街小巷，天津的志愿文化影响日益广泛，奉献、友爱、互助、进步的志愿精神已深入人心。

4.宣传抗疫先进典型，彰显楷模精神力量

抗疫过程中，天津市涌现出许多可歌可泣的先进人物和感人故事，受到了高度赞誉、表彰和宣传。2020 年 10 月 22 日，天津市召开抗击新冠肺炎疫情表彰大会，249 名劳动模范、50 个模范集体和 150 名优秀共产党员、101 个先进基层党组织获得表彰。举办“人民至上——天津市抗击新冠肺炎疫情纪实展”，向观众讲述天津抗疫故事，宣传天津抗疫事迹，弘扬抗疫精神。在“天津好人”推选活动中，加大疫情防控志愿者比例，多人入选。主流媒体以及文明网、文明天津等，广泛宣传天津市志愿者投身疫情防控一线的感人故事。各媒体开设专栏，刊发《并肩战疫 志愿同行》电子简报，推出“战‘疫’星火 点燃你我”——“3·5”学雷锋志愿服务主题故事会。出版《2020 津门战“疫”纪实》《谁是新时代最可爱的人津门战“疫”的平凡英雄》等图书，铭记战“疫”壮举，致敬战“疫”英雄。天津博物馆邀请吴琦、于洪志、陆伟等多位在救治新冠肺炎一线的“战疫英雄”，为市民讲述他们或驰援疫区、或驻守津门的感人至深的救治经历。疫情防控之初，市里还组织了 100 余位天津市道德模范向广大市民发起共同防疫倡议，宣传“人人为我、我为人人”理念，充分发挥道德模范、身边好人的影响力和号召力。彰显榜样力量，激发正能量、弘扬真善美，凝聚起强大精神力量。

（三）新时代文明实践中心建设稳步推进

1.五个全国试点基本建立“区—镇—村”组织体系

建设新时代文明实践中心是以习近平同志为核心的党中央，为进一步加强和改进农村基层宣传思想文化工作和精神文明建设，巩固党的执政基础和群众基础，从战略和全局的高度做出的重大决策部署。我市滨海新区、津南区、北辰区、武清区、宝坻区五个区纳入全国试点，工作方案印发后，各区已基本建立“区级实践中心—镇级实践所—村级实践站”的组织体系，各项工作已经结合实际全面铺开。围绕全面建成高质量小康社会这条主线，深入开展新时代文明实践中心试点建设，天津各个试点单位正在努力完成全国试点任务。

2.聚集各方资源，服务实践中心

2019 年天津市推动新时代文明实践站建立了学习宣传、文化健身、互帮互助、文明风尚等“4+N”支志愿服务队，获得了较高的群众参与度和满意度。2020 年市文明办统筹市文明委各成员单位力量，搭建市级宣讲、教育、文艺、科技、农科、民政、法律、卫生和体育 9 大资源服务中心，打造了天津市新时代文明实践信息服务平台，推动市级志愿服务资源下沉基层。启动仪式上，首次发布市级志愿服务项目“供给菜单”200 余项。市民可通过北方网、天津文明网和津云客户端首页，登录天津市新时代文明实践信息服务平台，了解 9 大资源服务中心提供的志愿服务项目。各新时代文明实践中心、所、站可通过收集群众需求进行“点单”，与志愿服务团队对接，实现市级志愿服务资源与中心、所、站联动贯通，需求供给无缝对接。

3.发挥志愿者主体力量，满足居民服务需求

文明实践中心的主体力量是志愿者，天津作为全国社区志愿服务的发祥地，在这方面有很好的基础，积极探索农村志愿服务的有效路径，在村站组建起便捷高效的志愿服务队伍。2020 年 6 月，全市“文明健康　有你有我”文明实践志愿服务活动在滨海新区中塘镇刘塘庄村启动。市文明办、市国资委党委、市卫生健康委充分发挥资源优势，组织“天津市人民满意的好医生

走基层送健康”志愿服务团队到新时代文明实践站开展疾病防控宣传、健康义诊活动。天津泰达洁净材料有限公司定制“文明健康　有你有我”主题宣传公益口罩，赠送给新时代文明实践站“4+N”志愿服务队及道德模范、身边好人、优秀志愿者等先进典型。天津宝坻区的白鹭湾社区，做为新时代文明实践站之一，改变以往“大水灌溉”的服务模式，采用订单式志愿服务，实现志愿服务“点单—派单—接单—评单”的良性循环，推动新时代文明实践建设走向“精准滴灌、专业服务”。看到实践站派单信息，微信群里的志愿者纷纷“接单”，居民们的需求很快被一一认领。社区实践站向宝坻区新时代文明实践中心“点单”，在暑假前，及时将“春雨公益课堂”引社区，开设了暑期作业辅导、阅读、象棋、京东大鼓等课程，满足了居民需求。

二　工作中存在的主要问题和不足

尽管天津文明城市、卫生城市创建工作成效明显，但与全国文明城市、国家卫生城市的标准相比，与市委、市政府的要求和广大市民群众的期望相比，还存在不少的问题与差距。

（一）城市市容环境整治和协调共管能力需要加强

天津由于全面开展创文工作起步较晚，城市规划和建设历史欠账较多，整体创建基础较为薄弱，在环境卫生整治、交通秩序治理等方面存在明显短板。各区的老旧社区、背街小巷私搭乱盖、乱堆杂物、墙面污秽、路面破损等环境设施问题，沿街沿道商铺外溢占道经营问题，主次干道、交通路口车辆行人不能各行其道，机动车随意停放，占压盲道，公共场所随见杂物、小广告乱贴等现象还不同程度存在，很大程度上影响了城市整体形象。在环境、道路等治理过程中还存在条块分割，一些管理部门职责不清、各行其事现象，统一协调共管能力还需要加强。

（二）城市公共基础设施和文化设施建设仍然不足

完善的公共基础设施是创建全国文明城区的硬性指标，是文明城区的重要基础，也直接关系到广大群众的切身利益。目前天津市各区还不同程度存在老旧社区居住功能不佳、居民楼内缺乏消防设施、背街小巷脏乱差、城区留白不足、建筑立面老化、城市道路破损、停车泊位不足、公共卫生间数量不够、街巷基础设施不完善等问题，图书馆、群艺馆、社区综合文化服务中心、健身休闲广场等文化阵地也亟须提档升级，必须着眼于城市功能提升，推进公共设施建设，加大力度补齐基础设施建设这一短板。

（三）文明行为倡导和市民文明素质培养有待提高

市民群众的积极配合、支持、参与是做好创文工作的基础。目前天津在创文的社会宣传、教育引导方面还存在短板，文明养成仍有差距，整体氛围仍显不足。创文宣传虽然形成一定声势，但依然存在公益广告数量不足、内容单一、分布不均等问题。创建活动形式单一，群众参与还不充分。部分市民公共意识淡漠、遵纪守法观念薄弱，行人、非机动车闯红灯、乱穿马路，机动车不礼让行人、随意停放、占压盲道，还有乱扔垃圾、乱扔烟头、随地吐痰、车窗抛物、污言秽语、乱停乱放、损坏公共设施等不文明现象依然存在，对市民的教育引导亟待加强。

（四）创文常态长效管理机制亟待健全

目前天津各区创文常态长效创建机制建设明显不足。一些部门和单位“一把手”认识不到位，没有真正把创建工作扛在肩上，甚至当成软性任务和额外负担；一些地方、部门和单位存在模糊认识和松懈情绪，等待、观望、敷衍应付；一些地方和单位存在“一阵风”“突击式”倾向，一抓就好，一放就弹，部分基层单位创建工作得过且过，重表面、轻实效，重眼前、轻长远，没有形成扎实有力的长效机制，每逢年度测评之后，反弹现象普遍暴露。这种表面化的创建，是创文工作的大忌，影响了创建大局，群众对此十分反感。

三 促进天津市文明建设发展的对策建议

（一）健全创文组织领导机制，确保责任落实

全国文明城区创建是一项综合性很强的系统工程，工作任务复杂、牵涉面广，创建难度大，必须建立一套统筹协调、权责明晰、运行高效的组织领导机制。要健全完善创文指挥部的工作机制，指挥部要充分发挥牵头抓总作用，担负起统筹规划、指导督促和监督管理责任。建立区、街道、社区、网格四级联创机制，确保创建任务落到实处。要牢固树立“一盘棋”思想，各级各部门要对承担的各项创建任务指标进行细化分解，要各司其职，又要协同合力攻坚，做到不等不靠、积极主动，绝不能推诿扯皮、相互拆台。要健全责任机制，坚持实行“一把手”负责制，坚持属地管理和“谁主管，谁负责”原则，科学划分部门与部门、部门与区域、区域与区域之间的责任，确保责任落实到位。

（二）实施城市精细化管理，解决创建突出难题

市容环境、公共秩序、社区环境是城市面貌和文明程度的最直观体现，与百姓日常生活息息相关，这些恰恰是问题的突出所在。要坚持问题导向，加强城市精细化管理。在市容环境整治方面，充分发挥网格化管理作用，压实街道、社区城市综合管理。严格落实商户和单位的“门前三包”责任制。要把城市清扫保洁、垃圾清运等作业向乡镇和农村延伸，推进城乡环境卫生管理一体化。在交通治理方面，要加大文明交通建设投入，建立路口文明交通宣传电子屏、增加机非分离设施，安装隔离护栏；采取智慧停车方式，解决停车难问题，如在学校、银行、商场等场所设置 5 分钟临时停车位；在小区周边马路上设置潮汐停车位；在有条件的政府机关、企事业单位设置临时停车位；同时，交管等部门要加强交通秩序综合整治，重点治理行人闯红灯、横穿马路、机动车违章行驶、乱停乱放等行为，不断提升城市交通秩序。在

社区环境整治方面，集中治理社区内违法圈占、楼道堆物、绿地垃圾杂草、自行车随意停放等问题，全力解决脏乱差突出问题，不断提升社区环境面貌。

（三）加快城市公共基础设施建设，满足群众需求

创建文明城市的根本目的是坚持利民惠民，为群众办实事办好事，改善市民的居住环境，提高市民的生活质量，让群众对创建工作有更加真切的获得感。要加快公共服务设施建设，加强城市公共交通、无障碍环境建设和智慧城市建设，合理规划完善学校、医院、停车场、社区市场、公共厕所、垃圾污水处理等与居民生活息息相关的配套设施，为市民提供高效、便捷、舒适的服务。重视环保基础设施建设，实现城镇生活污水和垃圾处理设施全面覆盖。要加强社区服务设施建设，完善网格化服务管理，完善社区综合文化服务站、青少年文化活动中心建设，为居民提供零距离、人性化服务。要构建现代公共文化服务体系，大力实施重点文化惠民工程，加大公共文化产品供给力度，推动基本文化服务标准化、均等化。

（四）加强市民素质培育，提升市民文明素质

市民是城市的主体，只有市民文明，才能充分彰显城市文明。要牢牢抓住市民文明素质提升这个根本，推动全国文明城区创建工作。要持续开展社会主义核心价值观宣传教育，弘扬和传承优秀传统文化、优良美德，引导广大市民讲诚信、明礼仪、讲公德、知荣辱、守法纪，提高道德水准。要积极搭建市民乐于参与、便于参与的创建平台，持续开展“道德模范”“身边好人”“践行核心价值观、争做最美天津人”系列活动，组织开展诚信建设、志愿服务、典型引领和文化传承等文明社会风尚行动，持续推进文明交通、文明餐桌、文明旅游系列行动，持续抓好窗口单位、服务行业文明创建活动，推动文明理念深入人心。要健全完善市民文明守则、卫生管理制度，制定公共场所行为规范，开展不文明行为媒体曝光和公众点评活动，运用法治手段和制度力量促进市民文明行为和良好习惯的养成。

（五）营造浓厚创建氛围，调动市民群众参与

创文工作是一项群众性、社会性很强的工作，需要市民群众的积极配合、支持、参与，需要加强宣传引导和氛围营造。要充分发挥机关、学校、企业、社区、团体渠道作用，大力宣传文明城区创建工作。着力抓好天津精神和城市品牌的宣传推介，增强全市人民归属感、自豪感。充分利用报刊、广播、电视、微信、互联网等各类媒体，全方位宣传，营造浓厚的创建氛围，使创建活动全民知晓、全民支持、全民参与。要大力宣传创建文明城市应知应会知识、文明礼仪知识、窗口服务单位行业规范、市民守则和行为规范。注重发挥公益广告“街头正能量”作用，深入做好“图说我们的价值观”等公益宣传。要围绕社会公德、环境卫生、行为规范、交通秩序、文明旅游等主题，组织开展各类宣传教育实践活动，广泛组织机关干部、志愿者队伍上街道、进社区，深入开展创文宣传引导工作，对文明行为进行示范宣传，对不文明行为进行劝导制止，积极营造文明有礼的浓厚社会氛围，不断凝聚市民共识、激发市民创建热情。

（六）建立监督考核机制，实现创建常态长效化

要真正使创文工作常态化、长效化，落实落细，必须建立健全创建监督机制，建立健全第三方测评、人大政协依法监督、媒体舆论监督和群众评议民主监督相结合的综合监督体系，充分发挥各方监督作用，采取明察与暗访、随机抽查与全面检查相结合等方式，确保创建活动取得实效。要健全创建考核机制，强化考核、动态管理。各级党委、政府要持续将创文工作纳入年度目标考核，按照分解下达的任务，定期不定期进行督促检查，坚持标准、严格要求、不讲情面。同时，督查与整改同步，及时发现及时整改，确保创文工作达标达效。

天津市居民文化消费研究报告（2021）

王小波　天津社会科学院社会学研究所副研究员

摘　要：　伴随经济转型与消费升级，以城市文化消费为核心的服务业成为新的支柱产业，文化消费成为推动经济发展的新引擎。2020 年随着天津市人民生活水平提高，文化消费逐渐成为必不可少的刚性需求；文化消费习惯的养成提高了人的生活品质与幸福感受；文化产业继续带动文化消费，新技术、新科技促发文化消费释放潜能，市政府为克服疫情影响，实施多种举措促进文化消费。另一方面，文化消费仍受到居民收入水平、消费结构及闲暇时间的制约；文化产业投入减少、产业政策不到位、文化基础设施开发利用不足等也制约着文化消费的进一步提升。2021 年，为提振我市文化消费，应制定全面促进文化消费战略规划，提高收入、延长假期、为消费者赋能，运用新科技手段、探索新业态、创新文化管理、整合文旅资源，深化文化供给侧改革。

关键词：　文化消费　文化产业　融合发展　新业态

目前，我国经济从高速发展阶段进入稳定增长、高质量发展的阶段，当前经济形势的重大变化是：经济增长从之前主要依靠投资拉动，转变为投资与消费共同拉动；城乡居民消费从主要面向物质产品消费向物质和文化消费并举的结构模式转变。在此背景下，文化消费得到了国家与社会前所未有的关注。[①]以城市文化为核心的服务业成为新支柱产业，文化消费成为推动经济发展的新动能和新引擎。

党的十八大以来，随着我国整体经济实力迅速增强，国际影响力明显扩大，文化产业迎来了加快发展的黄金期。文化产业总量规模稳步增长，据国家统计局统计，2019 年全国规模以上文化及相关产业企业实现营业收入 86624 亿元，按可比口径比上年增长 7.0%，持续保持较快增长。[②]截至 2018 年底，我市文化产业增加值 574 亿元，占全市 GDP 的比重为 4.3%。2020 年上半年，随着疫情防控常态化和企业复产复市的统筹推进，全市文化及相关产业生产加快恢复，文化新业态持续增长，具备互联网特征的文化企业发挥线上业务优势，企业经营表出较强韧性。

一　2020 年天津市居民文化消费现状概述

（一）百姓精神文化需求多样，文化消费渐成“刚需”

随着人民收入水平与生活水平的提高，人们对精神、文化生活的需求也不断加大。由于现代生活节奏快、压力大，人们迫切需要休闲娱乐、文化生活来减轻压力、放松心情、提升士气与信心。文化消费作为一种发展性消费、精神性消费，关系到人的生活品质与幸福感受；培育并养成良好的文化消费习惯，使其成为生活中必不可缺的内容，是个体文明素质及城市文明发展的体现。“文化消费（在居民消费结构中的）占比”成为衡量地区人民生活水平及生活质量的重要指标，也是“全国人民生活小康水平”的基本标准之一（1995

① 2015 年 2 月北京市人民政府出台了第一个省级促进文化消费的文件《北京市人民政府关于促进文化消费的意见》；2016 年 5 月，文化部（现文化和旅游部）和财政部联合发布了《关于开展引导城乡居民扩大文化消费试点工作的通知》；2018 年 9 月《中共中央　国务院关于完善促进消费体制机制　进一步激发居民消费潜力的若干意见》发布，随后国务院办公厅印发了《完善促进消费体制机制实施方案（2018—2020 年）》；2019 年 8 月国务院办公厅再次发布《关于进一步激发文化和旅游消费潜力的意见》。中央连续印发文件，意在加快破解制约居民（文化）消费的体制机制障碍，激发居民（文化）消费潜力。

② 文化和旅游部政府门户网站：《中华人民共和国文化和旅游部 2019 年文化和旅游发展统计公报》，2020 年 6 月 22 日。

年时设定为 11%）。无论从经济发展的角度，还是从社会发展的角度，文化消费都已成为重中之重。

近年来天津经济快速发展，促使城乡居民的收入呈逐年增长的态势，2013年我市人均 GDP 达 6400 美元，越过了消费结构转换的节点。城乡居民的消费结构从物质消费为主向物质和文化消费并举转变，城乡文化市场日益活跃，各区县举办各类丰富的文化活动，推动居民文化消费水平不断提高。2020 年9 月天津市民文化消费调查①结果显示，天津人日常主要文化休闲活动包括：刷手机、看微信朋友圈（占被调查者的 54.09%，排在第一位），看电视（53.83%），和朋友聊天（41.3%），逛街、逛市场（33.9%），健身锻炼（31.5%），以及听广播、看书读报、烹饪美食、种植花草、看电影等。具体内容见图 1。

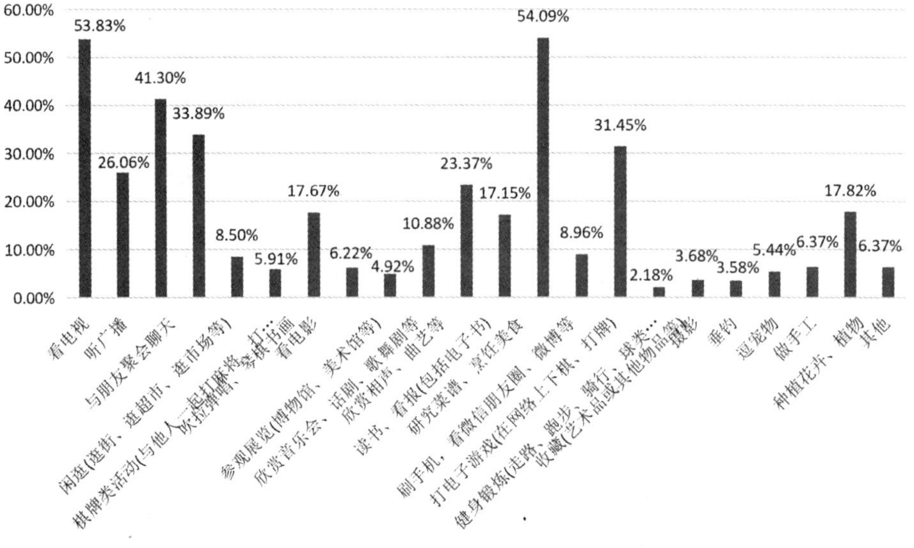

图 1　被调查者在调查前一周主要进行的文化休闲活动及比例

① 该调查来自天津社会科学院“天津市千户居民户卷调查网”，有 1930 名天津市民参与了此次调查，被调查者涵盖了天津市 16 个辖区，其中男性占比 39.64%，女性占比 60.36%。平均年龄为 46.9 岁。参与调查者学历水平如下：小学及以下占比 2.18%，初中占比 17.41%，高中/中专占比 24.82%，大专占比 21.09%，大学本科占比 28.34%，研究生占比 6.17%。在天津居住了 20 年以上的占 86.37%。月收入水平：3000 元以下占比 29.53%，3001～5000 元占比 36.58%，5001～10000 元占比 28.76%，10000～20000 占比元 3.73%，20000 元以上占比 1.4%。

文化消费作为一种发展性消费、精神性消费，是在满足基本物质消费需求后的更高层次消费。随着天津市民收入水平与生活水平的不断提高，通过消费来进行文化娱乐享受已逐渐成为一种生活方式，文化消费逐渐成为一种必要性消费，在个人及家庭消费中所占比重不断上升。本次调查显示，天津市家庭文化消费占比[①]平均为 29%，个人文化消费占比[②]平均为 37.4%。具体比例见表 1。

表 1　天津市民家庭文化消费占比与个人文化消费占比

	家庭文化消费占比		个人文化消费占比	
	人数	有效百分比（%）	人数	有效百分比（%）
0	163	10.2	227	16.3
10%以下	272	17.1	173	12.5
10%～20%	378	23.7	253	18.2
20%～30%	246	15.5	165	11.9
30%～40%	229	14.4	213	15.3
40%～50%	142	8.9	192	13.8
50%～60%	53	3.3	50	3.6
60%～70%	58	3.6	56	4.0
70%以上	51	3.2	60	4.3
回答此题人数	1592	100	1389	100
未回答人数	338		541	
被调查者人数	1930		1930	

（二）居民收入、教育、职业不同，文化消费偏好有差异

文化消费具有多层次、多样性的特点，受个人偏好影响十分明显。由于经济社会条件、教育程度、职业的差异，文化消费也呈现出较大差异。我们根据文化消费内容，将其划分为以下五个类型：（1）学习型文化消费，主要包括看书、看报、参观展览、学习新知识新技能等；（2）消遣娱乐型文化消

① 进行调查前一个月（8 月 1 号—31 号）被调查者全家在文化消费方面的支出（包括外出旅游、休闲游玩、外出聚会就餐、学习培训等 ）除以被调查者家庭上月总消费额。

② 进行调查前一个月（8 月 1 号—31 号）被调查者个人在文化消费方面的支出（包括外出旅游、休闲游玩、外出聚会就餐、学习培训等 ）除以被调查者个人上月总消费额。

费，如看电影、看电视、逛街等；（3）审美享受型文化消费，如旅游、欣赏音乐会、插花茶道、美容、垂钓等；（4）人际交往型文化消费，如聚会、聊天等；（5）投资型文化消费，如收藏等。通过调查发现，总体而言，我市居民以娱乐消遣型文化消费为主，其次是学习型以及人际交往型文化消费，享受型消费比例也相当高，投资型文化消费人数比例最低（具体比例见图 2）。对数据进一步分析发现，不同收入、不同教育背景及不同职业对人们文化消费类型的选择有明显影响。

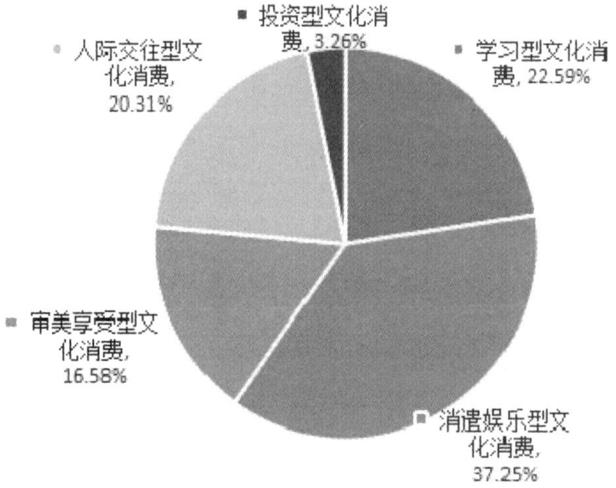

图 2　文化消费类型比例

1.高收入群体偏重审美享受，低收入群体倾向于人际交往

低收入群体人际交往文化消费显著高于均值；中低收入和中高收入群体娱乐消遣型文化消费显著高于均值水平；中等收入群体比其他群体更倾向学习型文化消费；高收入群体审美享受型文化消费比例高于其他群体（具体数据见表 2）。人际交往、聚会聊天惠而不费，因而成为低收入群体主要的休闲内容；中低收入和中高收入人群都喜欢娱乐消遣，因受制于收入与消费水平影响，其娱乐项目会有不同；中等收入者在闲暇时间内学习的人更多，因其希望通过提高素质来获取更高的人力资本；高收入群体有能力外出旅游、听音乐会或者去美容院进行文化消费，享受高雅生活。

表 2　收入与文化消费活动类型　　单位：%

	学习型文化消费	消遣娱乐型文化消费	审美享受型文化消费	人际交往型文化消费	投资型文化消费
低收入群体	21.9	36.1	14.9	22.6**	4.4**
中低收入群体	18.4	40.9*	16.9	21.2*	2.5
中等收入群体	28.6**	33.2	17.3	17.8	3.1
中高收入群体	22.2	43.1**	18.1*	13.9	2.8
高收入群体	22.2	33.3	25.9**	14.8	3.7*
均值	22.6	37.3	16.6	20.3	3.3

说明：**和*代表该群体比例明显高出整体平均值；

相关性检验：显著度为 0.001。

2.学历高者爱学习，学历低者好交往

学历越高的人越喜欢学习及消遣娱乐，学历较低人群喜欢人际交往。这是因为高学历者的职业需要更多知识更新，同时因工作压力更大，需要更多放松；学历较低者喜欢与人交往，通过与人聊天聚会获得归属感。

表 3　学历与文化消费活动类型　　单位：%

	学习型文化消费	消遣娱乐型文化消费	审美享受型文化消费	人际交往型文化消费	投资型文化消费
小学及以下	21.4	33.3	9.5	33.3**	2.4
初中	21.4	34.8	12.2	28.3**	3.3
高中	19.6	33.0	19.4*	23.8*	4.2**
大专	22.6	39.1*	15.2	19.2	3.9*
大本	24.1*	41.0**	17.4*	15.0	2.6
研究生	31.1**	39.5*	21.0**	7.6	0.8
均值	22.6	37.3	16.6	20.3	3.3

说明：**和*代表该群体比例明显高出整体平均值；

相关性检验：显著度为 0.001。

3.年轻学生最爱玩，国企事业单位员工爱学习

学生群体消遣娱乐的比例最高，他们最年轻，也是电影的最大消费者。行政机关、事业单位及国有企业员工喜欢进行学习型、消遣娱乐及审美享受

型文化消费。这一群体的工资水平较高，职业晋升压力较大，其消费能力及消费意愿都很强烈。在民营单位或外企工作的员工，娱乐消遣是最主要的文化消费类型，多为排解压力。自由职业者的消费类型没有特别偏向，符合总体均值。退休人员最乐于人际交往，这与他们退休后离开单位，需要寻找新的群体归属有关，同时他们有大量闲暇时间及较好的体力，可以进行享受型文化消费。失业群体的学习和社交比例高于均值，说明其一方面通过学习提高自身竞争力，另一方面积极寻找人脉，以期获得再次就业的机会。

表 4 职业与文化消费活动类型

单位：%

	人数	学习型文化消费	消遣娱乐型文化消费	审美享受型文化消费	人际交往型文化消费	投资型文化消费
学生	36	16.7	47.2**	16.7	19.4	
行政机关/事业单位/国企	474	25.9**	39.2*	17.9*	14.1	2.7
民营企业/外资企业	348	21.8	42.8*	14.7	17.2	3.4
自由职业	189	21.7	37.6	16.9	19.0	4.8*
退休	551	20.5	30.3	19.1**	28.5**	1.6
失业	98	23.5*	35.7	12.2	22.4*	6.1*
其他	234	23.1	40.2*	12.4	18.4	6.0
均值	1930	22.6	37.3	16.6	20.3	3.3

说明：**和*代表该群体比例明显高出整体平均值；

相关性检验：显著度为 0.001。

（三）文化产业带动文化消费，促进城市转型与经济增长

受总体经济环境与疫情影响，我市经济发展指标有所下降，但教育与文化产业投资仍呈现增长趋势。据天津 2020 年上半年公布的经济数据，根据地区生产总值统一核算结果，2020 年上半年，天津市地区生产总值为 6309.28 亿元，同比下降 3.9%，降幅比一季度收窄 5.6 个百分点。上半年，全市居民人均可支配收入 22067 元，位居全国前列。全市教育投资增长 5.4%，文化、体

育和娱乐业投资增长 2.5 倍。[①]文化产业成为推动天津产业转型和国民经济升级换代的重要动力。

目前我市文化产业基本形成“一轴、四带、十八区”的空间布局，建成了中心城区都市文化产业带、滨海战略性新兴文化产业带、区县特色文化产业带、北部山区休闲旅游文化产业带等。建成棉三创意街区、C92 文化创意产业园、意库创意产业园等；全市 16 个区级融媒体中心全部挂牌成立，并建成 100 个融媒体工作室；20 个旅游咨询中心得到提升完善，A 级景区标准化信息化水平显著提升，在“中国文旅品牌影响力大会”上，天津被评为文旅融合创新发展典范。

在全国范围内，目前我市文化产业发展位于中前列。根据中央财经大学文化经济研究院发布的中国文化产业高质量发展指数（2019），北京、广东、浙江、上海、江苏排名前五位，天津位于第九位。[②]另据华顿经济研究院编制的“2020 年中国百强城市排行榜”（经济指标由 GDP、居民储蓄和财政收入组成，软经济指标由环境、科教、文化、卫生组成），天津位于第 11 位，在北京、上海、广州、深圳、杭州、苏州、武汉、南京、重庆、成都之后。

（四）新技术促发文化消费释放潜能，推动文化消费跨界融合

伴随互联网、大数据、人工智能等高科技的迅猛发展，一系列无接触服务，如“云旅游”“云展览”“云音乐”等众多新消费场景带动了文化消费转型升级。根据中国互联网络信息中心（CNNIC）发布的第 46 次《中国互联网络发展状况统计报告》，截至 2020 年 6 月，我国网民规模已经达到 9.40 亿，互联网普及率为 67.0%。在线教育用户 3.81 亿，占网民整体的 40.5%；在线医疗用户 2.76 亿，占网民整体的 29.4%；远程办公用户 1.99 亿，占网民整体的 21.2%；网络支付用户规模达 8.05 亿，占网民整体的 85.7%；网络购物用

① 澎湃新闻：https：//www.sohu.com/a/408889029_260616? _f=index_pagerecom_13（2020 年 7 月 21 日）。
② 新华网：http：//www.xinhuanet.com/culture/2020-06/08/c_1126087492.htm（2020 年 6 月 8 日）。

户规模达 7.49 亿，占网民整体的 79.7%；。[①]传统的文化活动，如读书、观影、旅游等被转移至线上；同时，网络直播又使一些文化消费活动向线下转移，催生了一批网红打卡地与网红城市，天津的五大道、天津之眼、滨海新区文化中心等多处成为了网红打卡地，吸引了众多旅游者，带动提升了城市消费。

调查显示，天津市民中有 80%的人使用网络休闲的时间超过 1 小时，19%的人每天超过 4 个小时。有超过四分之一的人知道“云博物馆”和“云旅游”，一些人体验过“云博物馆”和“云旅游”。

（五）克服疫情影响，市政府多种举措促进文化消费

疫情对各城市文化消费形成了巨大冲击，并可能在今后很长一段时间内继续造成影响，对那些高度依赖人群集聚消费的文化旅游、电影、演艺、节庆会展等行业造成的影响更加巨大。为了应对疫情影响，天津市政府出台了相关应急政策，制定实施“惠企 21 条”“中小微企业和个体工商户 27 条”“促投资扩消费稳运行 20 条”等一系列政策，努力稳住经济，确保民生。

为了促进文化消费，市商务局、市文旅局、市体育局共同组织开展“2020 天津夜生活节”，联动全市各大商圈、夜间经济街区、商场、文化场所、旅游景区、体育健身场馆等举办了多场活动，营造夜间消费场景，提升城市活力。中国银联、滴滴出行、美团点评、口碑等平台发布一系列夜间消费专属优惠券，提升“食、游、购、娱、体、展、演”等在内的全域夜间消费市场活力，全面点亮“夜津城”。[②]

二　制约我市文化消费提升的主要因素

虽然我市文化消费有了很大发展，但是仍然存在着消费总量偏小、消费水平偏低，消费层次、结构不合理等问题。2019 年我市城镇居民人均文化消

① 中国产业发展研究网：第 46 次《中国互联网络发展状况统计报告》，http：//www.chinaidr.com/tradenews/2020-10/151706.html。

② 刘颖：《津城老街区“变身”新夜市》，《今晚报》（手机版）2020 年 7 月 18 日。

费（包括文化、教育、娱乐支出）4062 元，占人均消费总支出的 11.7%。依据国际经验，当人均收入达到 3000 ~ 5000 美元，文化消费应占个人消费的 20%以上，说明我市城乡居民文化消费需求仍有很大上升空间。

（一）从需求方——消费者的角度

1.收入水平与消费结构制约市民文化消费

文化消费直接受到收入及消费水平的影响。与其他省市相比，天津人的收入水平仍然较低，相应地，人均消费数额也较低，这是限制文化消费的主要因素。从表 5 可以看到，天津居民人均消费支出仅为上海的 72%，北京的 75%。天津人的文化娱乐支出占比虽然从比例上看位于四大直辖市的第二位，仅次于上海，但是从绝对值看，位于四个直辖市的第三位，比上海低 31%，比北京低 14.3%，差距还是比较大的。

表 5　2019 年直辖市城镇居民人均文教娱乐支出占比情况　　单位：元/%

指标	天津	北京	上海	重庆
城镇居民人均消费支出	34811 元	46358 元	48272 元	25785 元
教育、文化和娱乐支出	4062 元	4738 元	5966 元	2894 元
教育、文化和娱乐支出占比	11.7%	10.2%	12.4%	11.2%

资料来源：天津市统计局。

除了受到收入及消费水平的影响，文化消费还受到消费结构的限制。消费结构是指不同种类消费在总支出中所占的比例，居民消费主要由食品、衣着、居住、交通通信、文教娱乐、医疗保健、生活用品等构成。文化消费作为一种精神性消费，随着收入的增加，在消费结构中的占比日益提升，但会受到食品、居住、交通、医疗等刚性消费的挤压。

2.居民文化消费观念限制

天津市民对待文化消费的态度十分矛盾。调查中，一方面有接近一半的人表示“愿意增加文化消费支出”，有三分之二的人认为“把金钱和时间花在文化消费中是值得的”；但是另一方面，文化消费的实际发生额却不高。有

165 个被调查者家庭的月文化消费为 0 元，有 235 个被调查者个人一个月内没有任何文化消费支出。三分之一的家庭月文化消费支出 500 元以内，三分之一的人月文化消费为 200 元以内。由于收入水平以及消费观念的限制，人们觉得只有把钱存起来才更保险。根据中国人民银行天津分行发布的统计数据显示：2020 年上半年，天津市金融机构本外币各项存款比年初增加 2406.81 亿元，其中，居民存款增加 1412.54 亿元，截至 6 月底，天津市金融机构本外币各项存款余额 34195.59 亿元，同比增长 6.57%。“没有钱”或者“有钱舍不得花”仍是制约人们文化消费的主要因素之一。

3.闲暇时间对文化消费具有约束作用

闲暇时间是决定文化消费的另一必要条件。一天 24 小时除去吃饭、睡觉及工作之外，剩余的可由个人自由支配的时间即为闲暇时间。闲暇时间与工作时间呈反比关系，缩短工作时间，延长假期是提高文化消费的必要条件。本次调查显示，有 4.3%的被调查者表示每天基本没有休闲时间，一多半的人每天闲暇时间在 1 个小时以内，有四分之一的人每天闲暇时间为 1 ~ 2 个小时，每天有 2 小时以上闲暇时间的人占 17%（具体数据如图 3）。有 46.7% 的人表示“没时间”是限制自己休闲生活的主要原因。

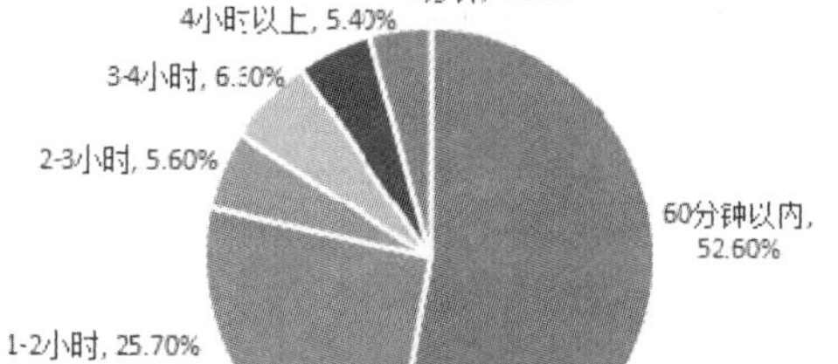

图 3　居民每天休闲时间分布图

（二）从供给方——文化产业的角度

1.受整体经济形势影响，我市文化产业投入仍显不足

自 2017 年始，我市经济发展增速出现大幅回落，GDP 增速为 3.6%，与

2016 年相比下降 5.6 个百分点，受整体形势影响，我市文化产业增加值出现负增长。通过增加值的主要构成因素——利润进行分析（增加值主要由利润、税金、薪酬和折旧四项构成），2017 年我市规模以上文化企业利润总额为 150.5 亿元，同比减少 96.1 亿元，降幅为 39%，主要是文化制造业、文化服务业下降严重。其中，文化制造业利润总额为 29.2 亿元，同比减少 67.4 亿元，降幅为 69%；文化服务业利润总额为 115.5 亿元，同比减少 31.4 亿元，降幅为 21%。

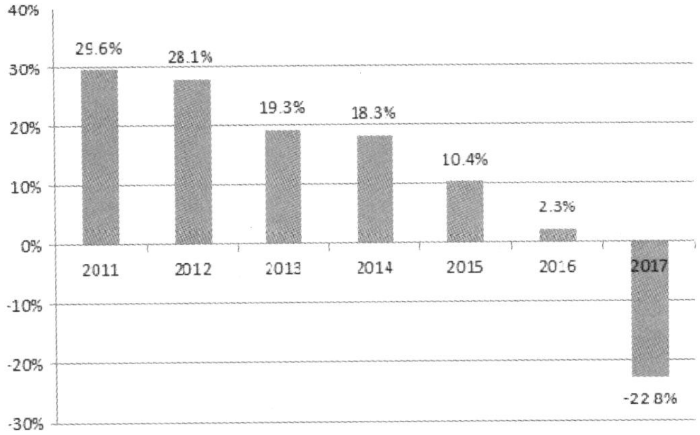

图 4　2011—2017 年全市文化产业增加值增速

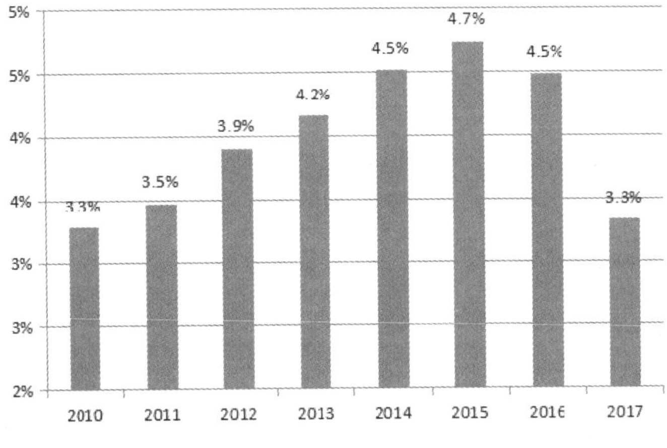

图 5　2010—2017 年全市文化产业增加值占 GDP 比重

虽然 2018 年之后我市文化产业有所发展，但是和其他省市相比，天津的差距仍然较大。目前，全国很多一线城市利用文化产业服务经济增长已经成为城市发展的主要动力，如北京第三产业的国民生产总值占比已经超过 80%，其中文化产业占全市经济的比重超过三成。①全国文化产业增加值过千亿元的省（区、市）已有 13 个，其中，广东、江苏、浙江、山东等省超过 3000 亿元；文化产业增加值占 GDP 的比重超过 5%的省市有 4 个，分别是北京（9.64%）、上海（6.79%）、浙江（6.19%）和广东（5.37%）。②截至 2018 年底，我市文化产业增加值 574 亿元，占全市 GDP 的比重为 4.3%。

另外，2013—2018 年，中央和有条件的地方设立了文化产业发展专项资金，累计金额超过 600 亿元。2019 年，中央财政安排文化产业发展专项资金 275 亿元，支持项目超过 4000 个。天津市 2014—2017 年每年投入文化产业资金 1 亿元，由于近年来我市财政吃紧，文化产业资金及其他支持资金逐年压缩，文化企业能够争取到的资金支持越来越有限，限制了文化产业的持续发展。

2.文化产业发展亟须政策创新及跨部门融合合作

文化产业政策是通过方向引导、资金支持与经济扶持，引导产业结构调整，激发创新活力，产出高质量文化产品。目前我市文化产业结构还不合理，产业链条不够完善、文化产品质量有待提高。传统文化产业所占比重较大，科技含量高、创新能力强的新文化产业有待增强。许多重要历史文化资源未能得到充分的开发利用，整合效应不明显。部分文化产业项目重复建设，研发活力不足。文化事业单位开发、经营、服务动力不足，文艺院团及文化场馆参与开发文创产品的积极性较低，分配机制有待调整。这些都亟须文化产业政策的调整与创新。另外，文化产业发展不仅是某一个部门的工作，需要多部门联合行动、相互合作，推动文化产业向前发展。

3.我市公共文化设施建设良好，但尚未有效促进文化消费

从国内外许多城市的发展经验来看，很多城市将建设剧院、体育场馆等

① 陆筱璐：《促进城市文化消费持续增长》，《开放导报》2017 年第 6 期。

② 文化与旅游部部长雒树刚向全国人大常委会报告：《国务院关于文化产业发展工作情况的报告》，https：//www.sohu.com/a/323410976_120054912，2019 年 6 月 27 日。

作为振兴文化消费的主要手段，但是如果缺乏良好运营，文化设施建设并不能达到增加文化消费的目的。尤其是公共文化设施的管理及分配机制不完善，会制约文化事业单位改革，无法调动文化工作者的积极性。我市目前面临相似问题，虽然投资兴建了很多文化场馆和基础设施，但是由于缺乏社会力量的参与，后期运营投入不足，在活动组织、技术创新、媒介宣传等方面都存在困难，博物馆、图书馆、美术馆、文化中心等公共文化设施利用率不高。因为缺少对公共文化事业投入及公共文化资源使用的绩效评价，导致重复性建设和资源浪费。文化产业从业者无法利用现有城市文化设施开展文化创意活动，市民也无法利用公共文化资源享受高品质与多样性的文化服务，提高文化消费。

三　提振我市文化消费的对策建议

（一）加强顶层设计，制定促进全面文化消费发展的战略性规划

文化在“五位一体”战略中是最大的引擎之一，是推动我市经济发展转型升级的重要力量。要实现文化服务产业为新支柱、新引擎的目标，就要加强顶层设计力度，目前天津在促进文化消费方面，大多参照国家相关部委出台的各种规定、办法，缺乏天津市总体规划方案，而北京市早在 2015 年 2 月就出台了第一个省级促进文化消费的专门性文件，上海也先后出台了“文创 50 条”“旅游 30 条”和“上海文化”品牌建设三年行动计划等。天津应尽快对全市及各区县文化和旅游发展进行整体规划布局，建设“文化天津”城市品牌，加大天津历史文化名城宣传，提高天津文化旅游知名度，增强城市文化自信心与归属感，为城市经济社会发展提供有力保障。

（二）为消费者赋能——增加收入、培养习惯、延长假期

1.提升经济活力，增加居民收入

经济发展需要文化消费引擎的启动，同时也是消费行为的基石。人流、

物流、资金流，流动本身就产生效益，天津的早市、夜市经济和地摊经济不仅可以促进文化消费，也提升了经济活跃度。要在环境美化与活跃市场之间找到平衡点，在规范经营的同时充分考虑百姓消费习惯，尽量避免或减轻对经济活力的打击。

2.把握文化消费心理，调整消费结构

“90 后”“00 后”等新生代及拥有充裕闲暇的老年群体，都是文化消费的主力军，他们的消费心理与消费特质、消费习惯各有不同：年轻人注重体验性、炫耀性（网红地打卡）、科技性，喜欢新奇刺激，追求参与的成就感，老年人更需要便捷性与舒适度。要针对不同群体特征，提供相应文化产品，提高文化消费热度。同时，也要不断提高民生保障水平，减轻个人与家庭养老、医疗等消费负担，改善家庭消费结构，从而提升家庭文化消费水平。

3.探索推行“周末小长假”，增加休闲时间

从全球范围来看，经济越发达的国家，公民休假时间相对比较长。随着我国经济增长，休假延长已是大势所趋。自 2015 年起，国内一些省份开始探索延长周末休假制度。至今，河北、江西、重庆、福建、浙江、广东、江苏等已成为全国试点省份，尝试一周休息 2.5 天。天津也应尽快出台政策，加入延长周末假期的行列，同时注意结合行业、单位特点，视具体情况采取轮休、倒休等，安排错峰休假和弹性作息。

（三）深化供给侧改革——运用新科技、探索新业态、提升新管理、整合新资源

1.探索文化消费新业态和新模式

以科技创新推动文化产品与服务的转型升级。积极发展电子竞技、数字动漫、网络视听、乡村民宿等，打造融观光、体验、社交、消费等于一体的“网红”项目。尽早出台网络直销经营的许可政策，鼓励网络直播等新业态企业发展；创新建成文化数字化服务平台，汇集全市“食、住、行、游、购、娱”等各类文化旅游和社会市场资源，通过 5G、VR、AR 等技术展示各区的景点、酒店、美食、精品线路、特产、交通等，推行“大数据+智能化+互

联网”公共服务模式，为市民游客提供一站式、便捷化优质服务。

2.运用新技术，创新文化管理模式

过去我们管理文化生产的方式是通过投入大量文化专项资金，对项目和企业进行资金补贴和扶持，之后对资金使用进行监管，但无法做到对所补贴项目的经济效益与成果进行追踪和监管，无法衡量投入带动文化消费的效果；现在，政府管理要基于互联网、大数据等新科技进行改革再造，将原先行政命令式的管理方式，通过互联网等信息渠道，利用文化消费平台来管理，提升公共投入的效益，通过消费侧市场机制作用——居民“用脚投票”来提升有效供给，即通过市场机制重新选择文化供给，从而拉动社会消费，提升投入产出比，促进财政资金在市场和政府之间的有效流动，将文化事业与文化产业对接起来，提升文化消费与经济活力。

3.整合文旅资源，打造津城文化消费新高地

（1）加快整合文旅资源，将天津传统特色小吃、曲艺声欣赏、“非遗”文创产品（如杨柳青年画、泥人张等）、海河沿途风光游览等资源进行开发整合，形成精品路线，吸引外域游客；（2）拓展文化艺术与消费空间，在咖啡馆、电影院、商业综合体等文化消费场所，以文化艺术为内核，组织各种展览、表演、游艺，打造融合电影、曲艺、旅游、互动休闲等为一体的文旅项目；（3）对历史文化资源进行深度开发，建设大运河国家文化公园（天津段）、设立天津“历史文化名城日”、对具有条件的景区和街区申报创建国家 5A 景区，启动历史文化景观世界遗产申报工作，进一步增强我市近代历史文化在全国的影响力；（4）提供具有“黏性”的高品质文旅产品，文化消费具有不同于物质需求的“黏性”特点，文化需求一旦产生，就会形成持续效应。通过提供高质量、有内涵、不断创新、能够激发情感体验的文娱产品，使消费者流连忘返、愿意反复多次体验消费。

参考文献：

[1] 李惠芬：《文化消费的困惑："国际经验"与实践的背离》，《南京社会科学》2019年第8期。

[2] 王志标、杨盼盼：《文化消费的结构与影响因素分析——基于郑汴两地的调查数据》，《消费经济》2018年第8期。

[3] 王林生：《互联网文化消费的模式创新及发展趋势》，《深圳大学学报》（人文社会科学版）2018年第6期。

[4] 徐望：《我国文化消费环境与前景探析》，《江苏商论》2018年第9期。

社会治理篇

天津市社会治安状况分析与预测（2021）

王　焱　天津社会科学院法学研究所副研究员

摘　要： 2020年上半年天津市社会治安总体状况良好，刑事案件总量大幅下降，社会治安案件也出现了大幅减少。传统街头犯罪大幅减少，电信诈骗、涉众型经济犯罪等新型犯罪有较快增长，破案率有所上升。从全国社会治安的大趋势来看，后疫情时期天津市犯罪总量将有所反弹。经济复苏、社会矛盾、互联网应用、刑事政策等因素将是对社会治安影响较大的因素。2021年天津市的社会治安还将延续2019年的趋势，保持对违法犯罪的严打高压态势，全力推进“无黑”城市创建，完善社会治安防控体系，加快推进市域社会治理创新，加强社会治安形势研究是下一步的对策建议。

关键词： 社会治安　后疫情时期　犯罪趋势　分析预测

2020年作为“十三五”的收官之年，具有特殊意义。天津市社会治安状况在过去的五年中有了长足的发展，也反映了天津经济社会发展的特点。现对 2020 年及过去五年天津市社会治安状况做总结分析，并对 2021 年天津市社会治安发展走势进行预测。因统计周期原因，这里只采用了 2020 年上半年的社会治安数据。

一 2020 年上半年天津市社会治安状况

2020 年上半年由于疫情防控而加大了社会控制力度，天津市社会治安总体状况良好，刑事案件总量大幅下降，社会治安案件也出现了大幅减少。

（一）刑事案件总体数量下降

2020 年上半年天津市的刑事警情和刑事案件总量下降，“侵财”案件发案大幅下降，命案发案大幅下降。2020 年上半年，全市共接报刑事警情 30582 起，同比下降 29.9%；刑事立案 25821 件，同比下降 28.3%，侦破年内案件 5692 起，同比下降 26.7%，破案率 22%，同比上升 0.5 个百分点。

八类案件同比明显下降。八类案件立案 529 起，同比下降 41.5%；命案立案 35 起，同比下降 32.7%，破获 35 起，破案率 100%，同比持平。

“侵财”“两抢”案件均大幅下降。2020 年上半年，侵财案件立案 20253 起，同比下降 30.2%。诈骗案件立案 13265 起，同比上升 8.9%，在诈骗案件中，电信诈骗立案 9445 起，同比上升 9.2%。

经济犯罪、毒品犯罪案件均大幅下降。2020 年上半年，经济犯罪案件立案 1426 起（涉案总价值 165.2 亿元），同比下降 23.3%。

网络新型违法犯罪案件同比略有上升。2020 年上半年，全市共破获利用信息网络实施敲诈勒索、套路贷、黄赌毒案件 61 起，挽回经济损失 2.19 亿元。

（二）治安警情和社会治安案件大幅下降

2020 年上半年，全市各级公安机关共接报行政（治安）警情 68696 起，同比下降 29.1%，其中，黄赌毒警情 2362 起，同比下降 29.6%。

2020 年上半年，全市各级法院共受理一审刑事案件 5144 件，同比下降 24.01%。

交通事故和死亡人数双下降。2020年上半年，全市共受理适用一般程序处理的道路交通事故2586起，同比下降25%，事故共造成359人死亡，同比下降5.5%，2384人受伤，同比下降27.6%，直接财产损失1750.77万元，同比下降16.7%。其中，交通死亡事故348起，同比下降1.4%，事故共造成359人死亡，同比下降5.5%，139人受伤，同比下降4.1%。

二　2020年天津市社会治安领域的专项行动

在疫情防控期间，天津市普遍加强了社会控制，在全面复产复工以后，有关部门又采取了一些专项行动，在一些重点领域、问题突出领域强化犯罪治理和社会治安防控，取得了良好的效果。

（一）开展网络违法犯罪专项治理

2020年以来，按照公安部统一部署，公安机关开展“净网2020”专项行动，严厉打击各类网络违法犯罪。在专项治理中，始终对侵犯公民个人信息、黑客攻击破坏、电信网络诈骗等网络违法犯罪保持高压严打态势，坚决摧毁网络黑灰产业链，破获了一批网络违法犯罪案件，打掉了一批网上违法犯罪团伙。全市公安机关共侦破各类涉网违法犯罪案件6833起，依法行政处罚互联网服务单位727家。

公安机关坚持打击与治理相结合，专项行动与基础工作相结合，遵循“系统治理、依法治理、综合治理、源头治理”的工作思路，按照“打源头、摧平台、断链条、净生态”的总目标，持续加大网上巡查，强化执法检查，共清理网络赌博、网络色情、制贩假证等网上违法有害信息6167条，下架违法违规应用程序 635个，依法行政处罚互联网服务单位727家。[①]

宁河分局侦破一起破坏计算机信息系统案，抓获嫌疑人19名，冻结非法所得1200余万元；蓟州分局侦破一起帮助信息网络犯罪活动案，查封涉案高

① https：//www.sohu.com/a/419286827_100000078.

档住宅 10 套、豪华汽车 4 部，冻结涉案资金 130 余万，扣押手机、电脑等电子设备 50 余台，抓获嫌疑人 30 余名；红桥分局侦破一起公安部督办侵犯公民个人信息案，抓获嫌疑人 3 名。

（二）深入治理食药环领域违法犯罪

按照公安部统一部署，天津公安机关自 2020 年 5 月以来持续深入推动“昆仑 2020”专项行动，采取有力举措对食药环领域突出违法犯罪进行深入治理。共侦破食药环领域案件 171 起，抓获违法嫌疑人 227 名，打掉团伙 42 个，铲除窝点 56 个，涉案金额累计 8000 余万元，有力维护了天津食药环领域安全。公安机关紧盯食药环领域违法犯罪形势变化，结合疫情防控常态化工作，不断加大打击力度，连续破获制假售假案件 74 起，抓获嫌疑人 100 名，为助力企业复工复产顺利开展提供了有力保障。

5 月 19 日，北辰分局将嫌疑人李某抓获并依法刑事拘留。经查，李某私自伪造产品质量合格证、产品检验报告书，非法销售假冒品牌电缆，涉案金额 330 余万元。5 月 24 日，西青分局根据群众举报，一举将邢某等 2 名嫌疑人抓获，当场查获一批假冒知名品牌洋酒、红酒及白酒。经查，2 名嫌疑人非法销售大量假冒品牌洋酒、红酒及白酒，涉案金额 100 余万元。

专项行动期间，公安机关会同行政主管部门排查涉污单位、农贸市场、花鸟鱼虫市场、宠物商店等重点场所 7813 处（次），破获破坏生态环境和野生动物资源违法犯罪案件 97 起，抓获违法犯罪嫌疑人 127 名。通过打击整治，进一步筑牢了天津市生态环境和野生动物资源安全屏障。①

全市公安机关出台战区推动、调度会议、案件督办、行刑衔接、办案指导等 8 项重点推动机制，组织属地公安机关结合本地实际，进一步细化完善行动方案，做到因地制宜、对症下药，确保专项行动全面排查到位、打击整治到位、规范执法到位、建设强基到位。

---

① http：//daan.cpd.com.cn/n157188/202007/t20200727_923029.html.

（三）打防电信网络诈骗犯罪

按照市委、市政府和公安部的部署，从 2020 年 4 月 13 日起，天津市公安机关在全市范围组织开展了以打防电信网络诈骗犯罪为主要内容的“雷霆四号”专项行动。相继破获电信网络诈骗案件 440 起，同比提升 61.76%；抓获违法犯罪嫌疑人 559 名，同比提升 169.08%，全力守护老百姓“钱袋子”安全。同时，以最快速度精准铲除诈骗窝点，重点打击架设 GOIP 窝点犯罪行为。共铲除 GOIP 窝点 7 个、缴获作案设备 16 台。“北辰区‘4・1’冒充公检法专案”“南开区‘4・14’冒充公检法系列诈骗案”“滨海新区‘11・27’杀猪盘系列诈骗案”等一系列重特大电信网络诈骗案相继成功告破。

公安机关重点围绕网络交友诱导赌博投资类、冒充公检法类、网络贷款类、网络刷单类等 4 种电信网络诈骗犯罪，制定《案件侦办指引》，组织属地分局及时开展上述 4 类犯罪治理。为防止涉诈重点人员再次出境作案，全市各级公安机关开展集中行动，对涉及电信网络诈骗违法犯罪的人员开展“拉网式”“地毯式”排查。市反诈中心通过“三方通话”、警银、警通协作机制以及技术预警系统研判警示，及时会同属地分局开展工作，做到秒级反应、分钟止付，同步做好疑似被骗群众劝阻，“4 月 7 日刘某某被冒充公检法诈骗、涉案 300 余万元”“5 月 20 日尹某某被网络引诱投资诈骗、涉案 35 万余元”等案件相继成功挽损。

天津市反诈中心在“雷霆四号”专项行动开展以来，共止付冻结银行账号 6367 个、止付冻结银行账号总余额 1.35 亿元，封停电话号码 647 个，封停微信账号 1024 个，封停 QQ 号码 1249 个、网址链接 6730 个，劝阻疑似受骗群众 12.05 万人次，预估为群众避免经济损失 22.85 亿元。

公安机关坚持打防结合，加大电信网络诈骗犯罪防范工作力度。持续推进天津公安机关打防电信网络新型违法犯罪一体化平台建设，大力加强技术防控水平。面向全市发布了《天津市公安局关于打击防范电信网络诈骗犯罪的通告》，重点围绕曝光典型案例和传授防范知识，利用“声屏报网”开展全方位、立体化、多维度防范宣传，相继刊发相关报道 1500 余篇。通过“平安天津”新媒体矩阵和抖音、快手等平台，深入剖析冒充公检法等 9 类电信网络诈骗案件手段，介绍揭示骗术伎俩。协调市通管局和三大电信运营商，不间断向全体市民反复发送防骗提示短信 3 亿人次，提升了社会各界防范意识，会同多部门开展联合宣传教育 22 次，通过真实案例剖析和揭秘犯罪手段，提升防范工作水平。[①]

三　新冠肺炎疫情期间的社会治安状况特点

2020 年上半年，天津的社会治安状况呈现出与全国社会治安状况相一致的特点。受新冠肺炎疫情影响，人们纷纷减少经济活动、社会交往，使犯罪产生的社会基础发生很大变化，因此 2020 年上半年也成为近十年来社会治安状况非常有特点的一个时间段。与 2019 年相比，由于 2020 年第一季度处于严密防控期，犯罪出现大幅下降，从 2020 年第二季度开始，随着国内疫情逐步好转和复工复产的快速扩展，犯罪数量有所增加。

（一）整体犯罪呈下降态势

根据最高人民检察院统计，2020 年新冠肺炎疫情防控期间，犯罪大幅减少。全国检察机关批捕、起诉相关犯罪人数与 2019 年同期相比分别下降 41.8% 和 25.7%。犯罪数量下降的原因主要是疫情防控状态下，全国各地生产生活活动处于休眠期，社会交往急剧减少，同时社会控制严密，犯罪人因防疫不实施或没有机会实施犯罪行为。[②]

这种状况充分反映出犯罪产生的特点，它是在人们的社会交往过程中产生的，是一种特定的社会关系。人们的社会交往越多、社会关系越复杂，犯罪产生的条件也越充分。疫情防控期间，面对面的社会交往明显减少，但网络交往大量增加，就造成了传统犯罪类型大幅下降、与网络相关的犯罪

---

① https：//www.sohu.com/a/402736877_120207161

② 靳高风、郭一霖、李昂霖：《疫情防控背景下中国犯罪形势变化与趋势——2019—2020 年中国犯罪形势分析与预测》，《中国人民公安大学学报》（社会科学版）2020 年第 3 期。

明显增加的状况。这在全国是一个普遍现象，天津的犯罪发生也呈现这一特点。

（二）电信网络诈骗犯罪增多

疫情防控期间，诈骗犯罪在涉疫情犯罪中占比例最大。2020 年 1 月至 4 月中旬，全国检察机关分别批准逮捕、提起公诉诈骗罪 1729 件 1834 人、946 件 993 人，分别占涉疫情犯罪人数的 50%、40%以上；利用电信网络实施诈骗犯罪数量比 2019 年同期上升 41.6%；电信网络诈骗占全部电信网络犯罪案件的 60.7%，同比增加 3.8%。一部分传统类型的犯罪在此期间由线下转到线上，将互联网作为犯罪工具的犯罪类型将继续增加。

（三）犯罪数量逐步回归

随着全国生产生活回归正常状态，犯罪数量也随之上升。2020 年 4 月，全国检察机关受理审查批准逮捕案件 26810 件 38670 人，环比上升约 108% 和 130%。其中，抢劫案件 613 件 951 人，环比上升约 106%和 137%；盗窃案件 5574 件 6786 人，环比上升约 143%和 158%。[①]

天津在防控疫情方面并没有太大放松，社会控制力度没有明显减弱，传统犯罪反弹并不显著。从社会整体来看，受社区监控防控严密、大数据智能治理、社会成员结构变化、各类犯罪成本较高等因素影响，抢劫、盗窃等街面接触性犯罪也会相应减少。常发性犯罪 “抬头之势”仍然可控。经济社会秩序逐步恢复到正常状态，犯罪现象也会逐步回归到 2020 年以前的态势。

四 “十三五”及近十年全国犯罪趋势变化分析

2020 年是“十三五”的收官之年，有必要对“十三五”期间及近十年我

① 靳高风、郭一霖、李昂霖：《疫情防控背景下中国犯罪形势变化与趋势——2019—2020 年中国犯罪形势分析与预测》，《中国人民公安大学学报》（社会科学版）2020 年第 3 期。

国犯罪趋势变化做一个总结分析。由于天津与全国具有一致性，全国的犯罪趋势分析对分析预测天津的社会治安形势具有重要的参考价值。

2010 年，公安部和有关专家曾对我国的犯罪趋势变化做过分析预测。按照当时的预测，在基本致罪与控罪因素大体平衡而又不发生突变的条件下，预计今后 10 年（指 2010—2020 年），犯罪总趋势仍将保持起伏中上升的态势，不会有大幅度的上升或下降，但“质”的方面有可能重化。从总体上看，犯罪的暴力化、组织化、职业化、智能化、国际化等特征日益明显。[①]

因此，对 2010 年的分析预测做一个评判，从分析方法和分析结论上做一个总结，对下一个五年周期甚至十年做出基本面的分析预测都具有重要价值。

（一）近十年中犯罪总量先增后减

先看犯罪总量方面，近十年全国的犯罪总量呈现先升后降的趋势，2011 年至 2015 年，犯罪总量持续增长，刑事立案数从 2011 年的 600 余万件，到 2015 年突破 700 万件，达到了一个顶峰。从 2016 年起，刑事立案数逐年下降，到 2019 年降至 500 万件以下，与 2007 年的水平相当。按照 2020 年上半年的态势，预计 2020 年全年刑事立案总数还会有大幅下降。“十三五”期间，犯罪总量是大幅下降的。也就是说，近十年中，前五年犯罪总量还是按专家预测的情况持续增长，而后五年则出现了反转的情况，这与专家预测的趋势存在一定的差异。

① 冯树梁：《中国主要犯罪趋势预测》，《犯罪与改造研究》2010 年第 10 期。

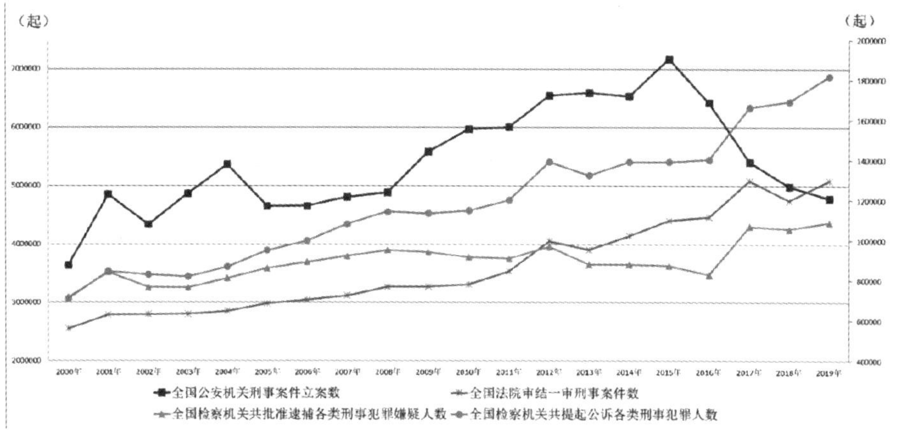

图 1　2000—2019 年全国刑事案件数量趋势图①

（二）严重暴力犯罪明显减少

2010 年专家预测，犯罪手段将呈现出更大的破坏性、疯狂性和恐怖性，将更多地借助于强杀伤性武器如枪支弹药、爆炸物品等实施犯罪活动。

从现实情况看，到 2019 年，故意杀人、抢劫、强奸、绑架、放火、爆炸等严重暴力犯罪案件下降到 20 年来的最低位，其中故意杀人犯罪下降到 1 万起以下，全国大部分城市实现了零发生。2019 年全国持枪、爆炸犯罪案件持续下降，同比分别下降 51.4%、36.6%；涉学校、医院犯罪案件也分别实现“七年连降”“六年连降”。但是非法持有、私藏枪支、弹药案件在危害公共安全犯罪中比较突出，犯罪人以青壮年男性为主；重新犯罪率、职业犯罪率高，网络社交平台交易和快递物流运输成为主要犯罪途径。②可以说，“十三五”期间，犯罪的暴力化程度明显减弱，并且有进一步减弱的趋势。预计 2020 年的严重暴力犯罪还会进一步大幅下降，所以犯罪暴力化特征将不断增强的观点不能成立。

① 靳高风、郭一霖、李昂霖：《疫情防控背景下中国犯罪形势变化与趋势——2019—2020 年中国犯罪形势分析与预测》，《中国人民公安大学学报》（社会科学版）2020 年第 3 期。

② 靳高风、郭一霖、李昂霖：《疫情防控背景下中国犯罪形势变化与趋势——2019—2020 年中国犯罪形势分析与预测》，《中国人民公安大学学报》（社会科学版）2020 年第 3 期。

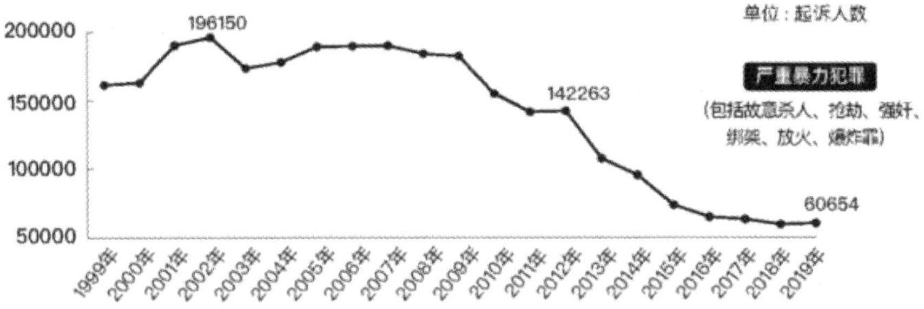

图 2　1999—2019 年全国严重暴力犯罪变化图①

（三）黑恶势力犯罪反映出犯罪组织化程度提高

根据统计，从扫黑除恶专项斗争开始至 2020 年 4 月底，全国分别打掉涉黑涉恶势力 3120 个、9888 个，破获刑事案件近 40 余万件，刑事拘留犯罪嫌疑人 388442 人，查处涉黑涉恶腐败和“保护伞”67190 人。根据最高人民检察院的统计，黑恶势力惯常实施的犯罪依次包括寻衅滋事、敲诈勒索、非法拘禁、开设赌场、聚众斗殴、诈骗、强迫交易等。从破获的案件来看，交通运输、住房建设、自然资源、非法金融活动、互联网新经济领域等仍是黑恶势力犯罪的高发地带。

2019 年以来，黑恶势力犯罪案件立案数量大幅增长，这反映出犯罪的组织化程度在提高，并且隐蔽性更强，往往披着合法的外衣从事非法行为。从这一点来看，2010 年预测的犯罪组织化程度会提高这一观点可以成立。

（四）电信诈骗与互联网犯罪显示出犯罪智能化趋势

电信诈骗和互联网犯罪是近年来兴起的新型犯罪。2019 年全国检察机关起诉电信网络诈骗以及利用网络赌博、泄露个人信息等犯罪嫌疑人 71765 人，同比上升 33.3%。通过搭建的非法第四方支付平台实施洗钱、诈骗、盗窃、赌博等犯罪增多。2019 年全国公安机关立案打击涉嫌非法集资刑事案件

① 《最高人民检察院工作报告》,《人民日报》2020 年 5 月 26 日。

5888 起，涉案金额 5434. 2 亿元，同比分别上升 3. 4%、53. 4%。全国检察机关分别批准逮捕、起诉破坏金融管理秩序类犯罪和金融诈骗类犯罪 2.9 万多人和 4 万多人，同比上升约 30.8%、25.2%。①

“十三五”期间电信诈骗、互联网犯罪和知识产权犯罪都呈明显增长态势，说明互联网、移动通信等成为新的犯罪手段，并使犯罪形式不断翻新，令普通民众防不胜防。这说明犯罪智能化程度不断提升。知识产权犯罪的快速增长，也从一个侧面反映出犯罪智能化特征不断凸显。

总的来看，2010 年专家组的犯罪趋势预测，有一部分预测准确，也有一部分偏差较大。

天津的社会治安状况和犯罪趋势与全国的情况具有一致性。结合全国的趋势、特征分析，为天津社会治安状况和犯罪趋势的分析预测提供重要参考。

五　天津市社会治安变化的趋势分析与预测

（一）全国社会治安形势变化趋势

受全球疫情冲击，2020 年我国经济社会发展面临着前所未有的风险挑战。整体来看，犯罪数量因疫情防控常态化会有所降低，犯罪类型结构也会因疫情变化而变，因区域差异性而有所不同。

1.犯罪类型结构将会动态变化

随着经济运行恢复常态，街面违法犯罪、传统多发性侵财犯罪、涉食药环卫违法犯罪、妨害社会管理秩序犯罪等会逐步增加。各类经济犯罪、非法金融活动、涉众型经济犯罪可能会大幅增加，网络借贷平台、以平台方式经营的服务业的“爆雷”“跑路”风险仍比较突出。

2.暴力犯罪或有反弹

后疫情时期需要重点防范可能由下岗失业、就业困难、减薪欠薪、经济纠纷、生产生活压力、家庭矛盾纠纷等原因所引起的个人极端暴力事件、冲

① 《最高人民检察院工作报告》，《人民日报》2020 年 5 月 26 日。

突犯罪、家庭暴力等。

3.犯罪风险和机会增多

当前国家采取了积极的财政、货币、投资政策，在政策实施执行过程中，职务犯罪、经济犯罪、金融诈骗犯罪的机会将会增多，需要加强执行过程中的监督和各个风险点的预防，尤其需要防范金融风险及“多米诺骨牌”效应。黑恶势力犯罪案件仍会大幅增长。[①]

（二）2021年天津市社会治安影响因素分析

公安部课题组对犯罪规律的研究表明，犯罪的产生与发展变化总是诱发犯罪的各种消极因素与抑制犯罪的各种积极因素彼长此消、彼消此长的结果。一切形成犯罪的因素又是在一个体系内相互作用的，其中有因果性关系、条件性关系和相关性关系，因果性关系居于核心和决定性地位。后疫情时期，影响天津市社会治安的各类因素更加复杂，归纳起来有如下几方面：

1.经济复苏

经济运行恢复正常状态，使全社会的经济往来回到正常态势，也必然对犯罪产生相当的促进作用。随着经济的复苏，犯罪活动也会逐渐活跃起来。

2.社会矛盾的增加

随着社会生活回归正常状态，之前累积的社会矛盾也会爆发出来，特别是家庭矛盾、社区矛盾、劳资矛盾等会在一段时间内集中出现。这些社会矛盾将是犯罪发生的直接来源。

3.互联网、人工智能技术的深度发展

随着互联网、人工智能技术在经济社会各领域的广泛应用，这类技术手段也为人们所熟悉，并且能熟练使用。这同时也为犯罪提供了新的手段和技术。互联网犯罪、人工智能犯罪将成为今后犯罪的主要形式。

4.平台类经营方式的增多

随着共享经济的兴起，平台类经营方式成为一种较为流行的经营方式。

① 靳高风、郭一霖、李昂霖：《疫情防控背景下中国犯罪形势变化与趋势——2019—2020年中国犯罪形势分析与预测》，《中国人民公安大学学报》（社会科学版）2020年第3期。

5.社会治理政策与刑事政策的变化

社会治理相关政策的不断出台与落实，刑法修正案的实施和刑事政策的变化都会对犯罪的发生产生一定影响。

（三）天津社会治安变化趋势与预测

2021年天津社会治安形势，从犯罪发生的角度看会出现低开高走的态势，由于天津的疫情防控措施较为严密，因此在社会基本面上的控制也是较强的，犯罪数量只会有小幅上升，不会出现大幅度反弹。在犯罪类型、犯罪形式和犯罪手段上会出现新的情况。

1.犯罪总量会由低位开始逐渐小幅增加

由于经济复杂、社会矛盾增多的基础因素的变化，天津市的犯罪总量在2021年将会从2020年的低位开始，逐渐增长，形成小幅反弹的态势。这也是正常犯罪规律的反映。因为天津又是中国的境外航班落地入口之一，疫情防控仍然会采取相对严格的措施，社会基本面的控制力度较强，所以2021年犯罪总量小幅反弹以后，将处于一个相对稳定的趋势。

2.犯罪的地区性差异将会缩小

街头犯罪的大幅减少，使原有的城市中犯罪集中地变得不那么明显。互联网犯罪的增加也使犯罪的地区性差异缩小，传统的车站、商场和商业区、人口密集区等犯罪高发区域与其他区域的差别将会缩小。犯罪的重点防控也应相应地调整思路。

3.以互联网犯罪为代表的高科技犯罪将会进一步增加

随着互联网技术、人工智能技术的广泛应用，互联网犯罪将会进一步增加。一方面是传统犯罪由线下转移到线上，将互联网作为实施犯罪的载体；另一方面是互联网本身成为犯罪的对象，一些与互联网相关的知识产权犯罪等犯罪类型将会增多。

4.涉平台类、涉集资类的经济犯罪将会增加

共享经济的兴起使平台类经济体成为经济发展中的重要角色，平台的出现可以更好地集中资源、分享信息，找到更好的供需对接点，但同时也容易

出现信用违约等“暴雷”问题，引发各类经济犯罪。与平台类经济体相联系，可能出现涉集资类的经济犯罪集中爆发。此类犯罪也是今后社会治安防控的一个重点。

5.电信诈骗类犯罪仍然会占较大比重

此类犯罪将是今后高发的犯罪类型，在犯罪总体中会占较大比重。电信诈骗的形式也会不断翻新，将成为每年社会治安防控的重点犯罪类型。

六　关于2021年天津社会治安治理的对策建议

（一）保持对违法犯罪的严打高压态势

以扫黑除恶专项斗争为牵引，切实加大对网络违法犯罪、非法集资、侵财犯罪、环食药、黄赌毒等影响群众安全感的违法犯罪打击力度，更快破大案、更多破小案、更准办好案、更好控发案。重点打击网络违法犯罪活动，积极组织缉枪治爆和禁毒“两打两控”专项行动，以打击治理网络新型违法犯罪为重点，严格落实社会治安重点地区滚动排查整治制度。

（二）全力实现“无黑”城市创建

围绕“无黑”城市目标，坚决打好“线索清仓、案件清结、黑财清底、逃犯清零、伞网清除、行业清源”“六清”攻坚战，在深挖整治上见成效，在长效常治上下功夫，政法队伍建设更加过硬，基层社会治理体系更加完善，治理能力进一步提升，政治生态、社会生态进一步净化，营商环境明显改善，党的执政根基更加牢固，人民群众获得感、幸福感、安全感更加充实、更有保障、更可持续，为全面建成小康社会提供坚强有力保障。

（三）进一步完善社会治安防控体系

坚持立体化、法治化、专业化、智能化方向，打造社会治安防控体系升级版，增强治安防控整体性、协同性、精准性，实现问题联治、工作联动、平安联创，针对群众反映强烈的治安突出问题，健全经常性专项打击整治机制，发挥平安天津建设领导小组机制作用，有效整合资源力量，不断增强人民群众获得感、幸福感、安全感，努力建设更高水平的平安天津。

（四）加强企业高发犯罪风险防控

针对企业犯罪的高频罪名和风险高发环节，提出帮助企业识别、预防和应对刑事风险的建议，以便引导企业家树立诚信守法经营理念，将企业犯罪的预防控制关口前移，促进企业完善治理机构和风险防控机制，为企业长期稳健发展营造法治化的营商环境。

（五）深入推进市域社会治理现代化

落实中央部署要求，以市域社会治理现代化为切入点，以防控化解各类风险为着力点，立足天津之特、天津之卫，加强系统治理、依法治理、综合治理、源头治理，坚持“战区制、主官上”，健全完善平安天津建设领导责任制，强化基层治理体制机制创新，抓好矛盾风险源头防控，做好我市作为全国市域社会治理现代化第一期试点建设工作。

（六）加强形势分析与对策研究

以社会治安领域出现的新情况、新问题为导向，加强形势分析，加强新型犯罪的研究，创新分析方法。在传统的刑事警情、刑事立案统计分析的基础上，开拓犯罪被害人分析等新的社会治安形势分析框架，着力研判社会治安的新形势，分析预测犯罪趋势，为完善社会治安防控体系、提出具体对策夯实研究基础。

天津市社区疫情防控与治理研究报告（2021）

李宝芳　天津社会科学院副研究员

摘　要： 天津基层社区在抗击疫情过程中勇于探索、不断创新，充分发挥党建引领基层治理机制优势，积极运用大数据信息化防控手段，将网格化管理经验运用于疫情防控，构建起联防联控的社区治理共同体，在社区疫情防控与治理中发挥了显著效能，多渠道充实了社区防控力量，提升了基层服务供给能力，实现社区疫情防控与治理精细化以及疫情防控预期目标，但是也暴露出一些短板和不足，如压实属地责任加剧了社区工作者的负担、社区突发事件处理能力不足、各治理主体间未能有效协同联动等。常态化疫情防控时期，需从建立弹性功能社区人事机制，提升非常态时期的社区治理能力，建构社区居民动员体系，实现社区治理多元主体协同共治等方面提升社区治理效能。

关键词： 社区治理　疫情防控　党建引领　网格化管理　联防联控

2020年1月，新冠肺炎疫情突如其来并在全国蔓延。在以习近平同志为核心的党中央的坚强领导下，各地迅速打响了疫情防控阻击战。作为社会治理的基本单元，社区成为控制疫情传播的第一道防线。2020年2月10日，习近平同志在北京考察社区疫情联防联控情况时指出：社区是疫情联防联控的第一线。作为阻断疫情扩散蔓延的第一道关口，社区在疫情阻击战中具有关键地位。大疫如大考，治理见真章。新冠肺炎疫情突袭之下，我国基层治理体系和治理能力经受了前所未有的考验。天津基层社区在抗疫中迎难而上、勇于探索、不断创新方式，积极运用大数据和信息化防控手段，充分发挥党建引领基层治理机制优势，将网格化管理经验运用于疫情防控、构建起联防联控的社区治理共同体，在社区疫情防控与治理实践中发挥了显著效能。

一 社区疫情防控与治理的实践探索

（一）发挥党建引领基层治理机制优势

天津充分利用多年来形成的党建引领基层治理机制优势，各级党组织充分发挥基层党组织的战斗堡垒和广大党员干部的先锋模范作用，形成党建引领下党员冲锋的强大战斗力，团结带领广大群众投身于疫情防控阻击战中。

首先，市委组织部对各级党组织和广大党员参与疫情阻击战进行了及时的动员和部署。天津于 2020 年 1 月 24 日零时起启动重大突发公共卫生事件一级响应，进入战时状态，市委提出战时机制、战时思维、战时方法。当天，市委组织部即下发通知，积极倡导各级党组织以及所有的党员干部充分展现应有的模范带头作用，坚决打赢疫情防控特殊战。各级党组织和广大党员迅即投身于这场特殊战争中。同时，此前天津实施的“战区制、主官上、权下放”党建引领基层治理体制机制创新，组织机关党员在社区“双报到”，为实现社区党组织与机关党组织共同建设、共驻共融打下了坚实基础，也为社区一线疫情防控迅速充实了党员力量。无论市区还是乡村，基层党员干部都勇担防疫重任，成为抗疫的中坚力量。从 2020 年除夕开始，社区（村）党组织书记和村“两委”干部便一直在岗值守。至 2020 年 1 月 27 日，社区工作者和农村专职党务工作者全部返回工作岗位，参与疫情防控。[①]村里的党员全员上岗执勤，承担设卡登记、宣传排查、消毒防疫、入户摸排等多项防疫任务。广大社区党员主动自愿参与社区联防联控，不仅做好自我防控，还与网格员并肩作战，共同做好防疫各项工作。针对社区内的特殊人群，帮助解决

① 王宁、李亭:《将“堡垒”构筑在抗“疫”一线——天津基层党组织和党员干部在疫情防控中书写责任担当》，新华网 http：//www.tj.xinhuanet.com/news/2020-03/08/c_1125679263.htm，2020 年 3 月 8 日。

孤寡老人、空巢老人、残疾人等出行不便的难题，代买蔬菜水果、代买药、送饭等，确保疫情期间居民生活正常进行。河西区互助西里社区、北辰区佳荣里社区等多个社区还成立了临时党支部，及时排查小区和楼门，督促住户不乱扔垃圾，每天对楼梯扶手、楼道走廊等公共区域喷杀消毒，随时关注各户居民进出动向，负责卡口覆盖楼栋的站岗执勤、人员排查、出入管理、体温检测、返津登记、宣传劝导等各项防疫工作，做到人员车辆全部排查、全部问询、全部登记。[①]许多社区党支部还充分利用社交软件，通过搭建党群微信群，建立重点群体明白账等多种方式及时动态掌握居民身心健康状况，及时了解社区居民的诉求。

（二）网格化管理助力社区疫情防控

疫情期间，天津将网格化管理的有效经验充分运用于疫情防控阻击战中，将网格作为作战单元，全力抗击疫情。2020 年 1 月 27 日，天津开始进行疫情防控排查。全市紧紧依托“战区制、主官上、权下放”这一治理机制，强化街镇、社区村党组织战区地位和轴心作用，将 16 个区、245 个街乡镇、5205 个社区村，将人、地、事、物、组织等要素全部纳入 22000 个基础网格管理，组建起 22000 个作战方队。每个网格就是一个作战单元，市、区、街乡镇、社区村四级组织 51798 名干部和 48000 余名专兼职网格员全力落实排查防控，严防死守全力推进“三到四下五统”。[②]“三到”主要是做到敲门到户、排查到人、宣传到位“三个 100%”。从 1 月 27 日开始，短短三日之内，天津全市网格员总计排查 479.61 万户，涉及总人数 1168.82 万人，利用大数据信息，对疫情重点地区来津人员进行排查，总计 23527 人，同时在全市发放各种形式的疫情宣传材料，包括疫情提示单、“明白纸”、给市民的一封信等总计近 2100 万份。在宝坻阻击战中，实施一村一社区封控措施，开展了万人大筛查，累计筛查 24 个街镇相关人员 19718 名。“四下”是力量、服务、管理、责任

① 李佳萌、杨淳：《联防联控，天津社区织密疫情“防护网”》，光明网 https：//xw.qq.com/amphtml/20200203A0A41X00，2020 年 2 月 3 日。

② 韩雯：《抗击疫情，网格员冲锋在前》，《天津日报》2020 年 2 月 4 日。

下网格，有效落实干部包保网格责任制，对居家观察人员的生活起居保障实行跟进服务，依靠网格员、社区工作者对外来人员车辆实名登记、对外来人员进行体温检测、对重点人员进行摸排。“五统”是市级抓统筹、区级抓统管、街乡镇抓统办、社区村抓统收、网格抓统报，充分发挥党建引领基层治理机制作用，将全市作为整体，打造疫情防控一张网，摸清网格内所有情况，做到守网有责、负责和尽责，确保对疫情的有效防控。[①]

针对疫情防控的现实需要，不仅实行网格化管理，还要进一步细化织密网格，全力落实网格责任，确保实现疫情防控没有盲区。机关部门和社区（村）网格员做到全员到岗，搭建五级工作体系，从网格总指导员到终端网格员都严格落实工作职责，各级网格员严格遵循宣传员、排查员、督查员、代办员、整改员的五大员工作定位，有效落实排查、防控、服务、管理等工作。确保每一个从疫情重点地区回来的人员不漏查，每一个到疫情重点地区探亲出游的人员不漏查，每一个与确诊病例有过接触的人不漏查。在社区疫情网格化管理过程中，着力加强网格化服务。针对不同类别人群分别建立返程台账，由专人负责，落实办理返程手续，特别是从疫情严重地区返程人员，更要详细记录出入具体信息及工作单位，真正实现精准掌控。每天通过电话或视频回访重点人员、督促测量体温、提供心理咨询、帮助其解决生活所需。终端网格员落实各项防疫任务，对小区内所有的公共场所做全面消杀，真正有效切断病毒传播渠道。2020 年 9 月，天津社会科学院实施的“天津千户居民户卷调查”显示，疫情期间社区开展的防疫管理与服务工作多种多样，居民回答中选择“严进严出，防止外来人员进入”的占 85.18%，选择“对进出社区人员进行严格的体温测量”的占 55.03%，选择“组织居民进行志愿服务”的占 49.64%，选择“组织居民向疫区捐赠物资等”的占 30.73%，选择“建居民微信群及时发布疫情防控工作”的占 32.12%，选择“张贴宣传倡议书或防疫小贴士”的占 55.65%，“选择加强清扫消毒电梯、楼道、道路等”的占 55.85%，选择“帮助居民购买蔬菜水果等日用品”的占 17.31%，选择“针对个别居民

① 李鲲：《天津用网格管理扎牢疫情防控第一关》，新华网 http：//www.tj.xinhuanet.com/jz/2020-02/03/c_1125525830.htm，2020 年 2 月 3 日。

的疫情恐慌、焦虑等情绪进行疏通调节”的占 14.3%，选择“加强对社区独居老人等困难群体的疫情防控工作”的占 17.05%，选择“协助政府登记和发放口罩等防控物品”的占 17.41%。

（三）运用大数据信息化防控手段

网格化管理实质上是一种数字化、信息化管理方式，主要利用现代化的互联网信息技术和数据库，对每一个网格实施全方位的动态精细管理，有效地满足社区治理和居民需求。在抗击新冠肺炎疫情过程中，互联网信息化技术的运用十分关键。由于此次病毒具有人传人的特点，需要居民不聚集、少出门，因此天津社区的防控工作充分运用了网格的数字化功能，展现出大数据信息化防控手段的突出优势，全面提高了防控成效。

为促进网格之间的联动与合作而构建的社区网格管理系统，是“多网合一”的动态化管理，而非独立封闭的数字化平台。疫情防控期间，天津市委网信办、市大数据管理中心充分利用了“津治通”全市一体化社会治理信息化平台，开发了“津治通”疫情快报系统，搭建了“重大疫情隐患”网格化事件上报渠道，针对其中网格化事件进行了细分，开发了三个功能性模块，即“重点关注”“入户排查” “网格工作”。上述举措可以为基层网格员提供工作便利，助其减少上门入户的次数、减轻工作强度，利用智能手机、专门应用程序就可以有效落实入户排查、重点人员管控、消杀防控等多项工作，还可以借助终端随时将疫情防控相关工作内容和问题线索上报，更好为社区防控工作助力。区、街道、社区各级战区对网格员上报情况进行汇总、分析和研判，以此为基础做出科学的疫情判断和合理的抗疫决策，提高疫情防控工作的针对性。截至 2020 年 2 月 14 日，各区运用“津治通”平台上报疫情相关线索近万起，在“津治通”疫情快报系统的辅助下，网格员开展排查 78000 余次。[①]各社区还通过微信公众号、社区党建群、邻里共建群、社区网格群等信息化手段宣传防控信息和防疫知识，及时推送疫情最新信息，促进线上线

① 周润健：《天津：“津治通”平台助力基层社区疫情防控“入网入格入家庭”》，新华社天津，2020 年 2 月 15 日。

下融合联动，发动群众主动参与疫情防控。如河西区佳荣里街瑞达里社区在社区宣传控制上采取线上线下多种方式：不仅利用宣传栏、布标等传统方式宣传抗疫信息，也辅助利用电子大屏幕滚动播出抗疫标语和口号，将《致居民的一封信》张贴于各个楼门，还利用手机建立多个微信群，向居民定期发布官网疫情消息和防疫知识，坚决抵制网络负面舆情信息，并宣传转发天津市的抗疫感人事迹，对居民团结一心战胜疫情起了极大的鼓舞作用。[①]

（四）构建联防联控社区治理共同体

疫情发生后，天津反应迅速，短时间内即构建起区、镇街、社区（村）三级联防联控机制，通过组织凝聚社区工作者、党员干部、物管人员、社区民警、业委会人员、志愿者等各方力量，构建起联防联控社区治理共同体，对全市所有小区采取封闭式管理，不仅设立卡点、安排执勤值岗人员，还对所有出入居民进行体温测量、管理以及登记，对公共区域定时全面消杀，落实各项硬核举措，强化疫情保障。

天津基于自身在基层防控中任务重、力量不足的问题，积极响应习近平总书记“把防控力量向社区下沉”的号召，于 2020 年 2 月 15 日发布《关于组织市区两级机关干部下沉到社区（村）一线，坚决打赢疫情防控人民战争总体战阻击战的通知》，对市区两级机关干部提出下沉到社区（村）一线的要求。全市各机关党员干部闻令而动、踊跃参与，短短两天时间，已有 137 个部委办局、13078 名党员干部报名下沉到社区（村）一线，担负社区值守、助力复工复产等光荣使命。[②]同时各区、镇街统筹区直机关、公安、综合执法等力量，为每个社区安排警力、综合执法人员参与管控，有效缓解社区一线人手不够、连续作战的压力。疫情期间，全市机关干部共下沉 3 万余人次。社区民警、物管人员、共建单位人员、业委会人员、楼门栋长、村民小组长等各方力量都积极参与社区疫情联防联控、群防群控，爬楼入村，挨家挨户登记收集人员流动信息，了解群众需求，掌握社情民意，通过电话、微信等

---

① 杨淳：《联防联控，北辰社区织密疫情“防护网”》，津云，2020 年 2 月 3 日。

② 孙启明：《13078 名机关干部社区上岗》，《今晚报》2020 年 2 月 18 日。

多种方式对居家观察人员的生活起居保障实行跟进服务，做好心理安抚疏导。疫情期间，还有8431支志愿服务团队的277689名志愿者参与到天津各类志愿服务工作中。[①]越来越多的津城市民加入疫情防控志愿服务中，党员、劳动模范和退役军人等都纷纷贡献自己的力量。很多志愿服务组织和志愿者都主动到社区卡口参与值守执勤、登记排查、入户宣传、测温消毒等，为社区一线及时补充了防控力量。很多志愿服务组织在疫情期间与社区结成对子参与基层社会治理和便民服务，在服务社区特殊群体、便民惠民等方面发挥了重要作用。

二　社区疫情防控与治理的显著效能

（一）多渠道充实了社区防控力量

疫情初期，社区防控战线长、卡口多，摸排、登记任务繁重，“上面千条线，下面一根针”的社区治理困境愈发凸显，暴露出的主要问题是人手不够。天津城乡社区组织强化防控网格化管理，迅速组织凝聚党政机关干部、社区工作者、物管人员、退伍军人、志愿者等多方力量构成的防控队伍，承担卡口值守、宣传劝导、登记测温、入户排查、楼道环境消杀、生活物品配送、重点群体管控等各项防疫任务，通过多种方式多种渠道充实了社区防控力量，取得积极的防控效果。

（二）提升了基层服务供给能力

天津在疫情防控中启动战时机制，整合上下资源精准对接，构建联防联控的社区治理共同体。战时机制下，资源和服务下移，治理焦点集中于基层社区，基层社区的服务供给能力和组织动员能力得到了提升。党政机关下沉社区干部不仅在一线与社区工作者并肩作战，协助社区工作者进行卡口值守、

① 侯沐伟、张赫洋：《天津发布新冠肺炎疫情防控志愿服务情况》，中国文明网 http：//tj.wenming.cn/tjttxw/202004/t20200415_5529927.shtml，2020年4月15日。

登记测温、查验健康码等抗疫工作，还利用自身力量和所在机关进行资源的整合调动，帮助基层社区获得口罩、体温枪、消毒液等物资和生活用品，通过临时党支部、疫情防控指挥部等临时跨部门组织，整合各种组织资源，投身联防联控，形成了协同抗疫的工作格局，共同应对这场特殊的抗疫战争。

（三）实现社区疫情防控与治理精细化

网格化管理特点鲜明，能够将治理单元缩小，治理更具针对性，管理更加精细。将网格化管理运用于社区疫情防控工作，防控精细化水平得到有效提升。防控的网格化管理中要求每个社区、每个村庄、每个楼道都压实网格责任，做到责任可以追溯。对实有人口、房屋和单位等信息实行全面摸排，确保横向到边、纵向到底、全域覆盖。网格化将治理单元缩小，吸附既有网格单元内的党员志愿者、退役军人、物管人员等多元力量，从而在一定程度上减轻社区工作者的压力，提供精准化服务供给，更好满足细密化的防控要求。疫情倒逼社区积极创新和完善服务方式，如有些社区通过搭建微信群为居民团购果蔬和日用品，有些社区精心打造“最后一米服务圈”，在社区内设立配送点，让居民不出门就可以买到生活必需品。很多小区为避免人员聚集与接触还在公共通风处设立临时快递自提点。社区各种联防联控的创新服务方式成效显著，既有利于防控疫情，又赢得了居民的认可。

（四）实现社区疫情防控预期目标

在社区疫情防控与治理实践中，天津基层社区勇于探索，敢于担当，不断创新，社区疫情防控取得显著成效，疫情防控取得重大成果。调查显示，津城市民对此次社区疫情防控的满意度也较高。2020 年 9 月实施的“天津千户居民户卷调查”表明，对于社区疫情防控，近八成市民表示满意，其中非常满意的占 30.1%，比较满意的占 48.96%，一般的占 19.02%，不太满意和很不满意的仅有 1.14%和 0.78%。同时，天津在社区疫情防控与治理中采取的各种有效措施也为非常态时期的社区治理积累了宝贵经验，丰富了基层社区的治理方式与手段。

三　社区疫情防控与治理暴露出的主要短板与不足

社区疫情防控与治理在实践探索中取得了显著成效，为天津疫情防控取得重大胜利奠定了坚实基础，但同时也暴露出了一些短板与不足，如压实属地责任加剧了社区工作者的负担、社区突发事件处理能力不足、各治理主体间未能有效协同联动等。

（一）压实属地责任加剧了社区工作者负担

疫情期间，网格化管理要求压实属地责任，社区工作量激增，社区工作者任务严重超载。战时机制下资源、管理与服务下沉也带来了任务、表格的下沉，社区工作者面临着巨大的考验。疫情爆发后，有些社区工作者防护装备只有简易口罩，却要日夜奋战，走街串巷，身心俱疲。村庄工作人员要做的工作增多，不但需要完成日常工作，还要负责安排人员在道口值班、对村民进行宣传排查、对外来人员进行信息登记、为村民发放口罩、跟进居家观察人员体温等。有村干部直言，疫情期间每天工作时间长达十几个小时，有时晚上也需要下村组、进小区宣传排查摸底，紧急情况更是 24 小时全天候待命。

（二）社区突发事件处理能力不足

在日常工作中，很多基层社区往往只注重落实具体工作，缺乏突发事件应急管理意识，对于突发事件没有制定相应的预案，没有构建起有效的突发事件应急行动体系，导致在新冠肺炎疫情这一突发公共卫生事件中的应急处理能力欠缺。另外，由于社区领导者和社区工作者的素质和能力参差不齐，各社区治理能力存在差异，一些弱势社区的突发事件处理能力存在明显不足。在此次疫情防控中，这些弱势社区的疫情防控也面临更多困难。

（三）社区动员居民参与防控能力不足

疫情期间，天津居民抗疫积极性高涨，很多社会组织和个人纷纷捐款捐物、申请做志愿者参与抗疫，显示出巨大的参与热情和能力，但需要指出的是，也有些社区对居民的动员能力不足，动员工作不到位，居民对社区联防联控袖手旁观，“党委在领导、政府在行动、居民参与低”的社区治理特点仍然明显。一方面，在疫情危机中，居民参与治理空间极度压缩，动员群众参与缺乏有效抓手，非常困难，还有一些居民想贡献自己的力量，但由于参与机制有限，难以发挥多大作用。另一方面，网格员在上门入户的信息摸排工作中，有些居民不给开门，甚至会进行辱骂，社区居民不配合的情况时有发生。

（四）各治理主体间未能有效协同联动

在社区疫情防控过程中，居委会、业委会、物管公司等多方治理主体都积极参与联防联控，但是部分社区各治理主体间的协同联动效果并不理想。居委会主要接受行政管理，业委会和物管公司的价值追求也有所差异。业委会作为业主的代表，主要负责小区卫生防治、安全管理等，但却由于小区治理结构性困境，组织架构有待健全、运行机制存在问题，在疫情期间发挥作用有限。疫情期间，物管公司主要关注小区封闭管理、楼道消杀等方面，但在保障业主健康生活环境方面也难以面面俱到。有些社区三方在共同承担社区疫情防控任务时，各行其道，没有做到团结一致，导致社区疫情防控没有达到铁板一块的效果。①

① 《疫情防控常态化阶段社区治理网格化亟需补齐短板》，https：//www.doc88.com/p-15029074477595.html。

四　常态化疫情防控时期提升社区治理效能的建议

（一）建立弹性功能社区人事机制

为解决社区治理人手不足的难题，社区人事设置和工作机制应联系实际，具备弹性功能，力求“社区吹哨，各方报道”机制长期坚持。日常精简人员，遇到突发情况时可便利调动人员，迅速实现组织扁平化，将指挥链条缩短，使治理更高效、更具有能动性。同时健全基层网格组织体制，组织社区工作者、下沉干部、社区民警、物管人员、志愿者等力量行动起来，共同应对突发事件。特别是要把社区内的党员、人大代表、政协委员编入基层网格，实行常态化管理，从而使基层网格管理体系日臻完善，推动网格化管理发挥更大效能。

（二）提升非常态时期的社区治理能力

首先，精简工作考核报表，推动联合考核和检查，便于社区将更多精力专注于治理，减少社区的工作量，为社区提供必要的人财物资源支持。其次，平衡社区发展差异，缩小社区发展鸿沟，打造社区合作互助平台，鼓励示范社区发挥模范带头作用，帮助弱势社区获得发展。最后，健全相关法律法规，明确社区等基层组织在应对突发事件中的相关权利义务，完善应急反应流程，制定社区应急预案，定期进行应急行为的模拟和实操演习。[①]

（三）建构社区居民动员体系

依据居民需求建构社区居民动员体系，一方面有效对接居民需求，另一方面可以引入居民自我服务和参与，从而提升居民参与的能力和水平，使社区在危机时期能够真正让居民行动起来。2020 年 9 月实施的“天津千户居民户卷调查”显示，市民认为可以提高居民的社区参与度的方法中，选择“加强宣传力度提高居民的社区意识”的比例最高，占比 66.42%，“开展更有意

① 刘润秋：《疫情防控社区治理机制的探索、反思与优化》，《人民论坛》2020 年 5 月下。

义的社区活动”的占比 57.46%，“及时为居民发布重要信息”的占比 55.96%，“给予居民更多的参与空间”的占比 42.9%，“财政、选举等实现公开透明”的占比 42.64%，“对于居民的参与给予积极的回应”的占比 38.39%，“拓宽居民的参与渠道”的占比 33.78%，“建立居民参与激励机制”的占比 33.78%，其他占比 2.49%。很多市民在常态化疫情防控的建议中也提到，需要广泛宣传、提高居民参与意识，实行居民参与奖励制度，全民参与疫情防控与社区治理。需大力弘扬万众一心、同舟共济的精神，充分发挥人民群众主体作用，不断健全居民有序参与社区治理机制，打造基层社会治理同心圆。

（四）实现社区治理多元主体协同共治

整合基层社会治理存量资源，设计科学有效的社区治理组织体系，尽快构建多元主体参与的共建共治共享格局，实现社区治理多元主体协同共治。其一，加大社区社会组织支持力度，提升其创新发展能力，引导其更多参与社区治理。其二，鼓励更多志愿者加入社区治理队伍，探索社区居民轮岗服务模式，推行社区志愿活动积分制，完善个人和社会组织参与治理的相关机制。其三，发挥横向治理功能，推行“党建+”模式，构建社区治理多主体网络，打通社区与基层政府、企事业单位的联系渠道，实现各方信息互通共享，为社区治理汇聚更多资源。其四，改变业委会的边缘角色和地位，打造规则协商下居委会、业委会与物管公司携手合作的社区治理业态。

天津市网络舆情分析报告（2021）

于家琦　天津社会科学院舆情研究所研究员

摘　要： 依托网络舆情系统，从网络新闻、微信、微博、论坛、博客等六类信息来源中寻找热点事件线索，从2万余起事件中筛选出2020年涉及天津的热度排名前90的网络舆情热点事件，数据分析显示，2020年天津市舆情事件呈现出影响力集中、热度分布不均等特点，多个单一事件热度较高，引发关注度较大。从网络舆情应对来看，天津市有效应对新冠肺炎疫情的舆情挑战，及时发布权威信息，顺应民意，稳定民心；处置各种突发事件，有力捍卫抗疫秩序；对疫情扩散链条开展“教科书式”排查，广受舆论好评；持之以恒打击网络谣言传言，为主流权威信息传播创造良好的条件。展望2021年，做好权威信息供给、提高媒介素养、及时有效疏导舆情，将有助于凝聚共识、展现良好形象。

关键词： 天津　网络舆情　舆情应对

2020年，新冠肺炎疫情不仅影响着人民的日常生产和生活，也深刻地影响着天津网络舆情。纵观全年，天津市网络舆情呈现出影响力集中、热度分布不均等特点，多个单一事件热度较高，引发关注度较大。

一　天津市网络舆情特点分析

依托网络舆情系统，从网络新闻、微信、微博、论坛、博客等六类信息来源中寻找热点事件线索，从 2 万余起事件中筛选出 2020 年 1 月至 9 月涉及天津的热度排名前 90 的网络舆情热点事件，进行分类提取、人工筛查、数据统计。

经统计发现，2020 年天津市舆情事件热度总体上呈现较为明显的马太效应。热度排名第一的事件（7078.7）与排名第二的事件（3910.5）热度相差近一倍，TOP10 之间的热度差异也达十倍之多。TOP10 之后的舆情事件全网关注热度大幅下降，TOP40 之后的事件热度更是不足 100。由此可见，2020 年天津市舆情事件热度变化较为剧烈，且热度较高的事件多与疫情相关。

（一）时间分布：年初舆论聚焦疫情，7 月成舆情“高地”

2020 年天津相关的舆情总体保持中低位态势，整体表现较为平稳（见图 1）。2 月份是上半年舆论关注度较高的月份，7 月份成为 2020 年以来的舆情高地，而 8 月份舆论关注趋于平稳，9 月份舆论关注略有回升。

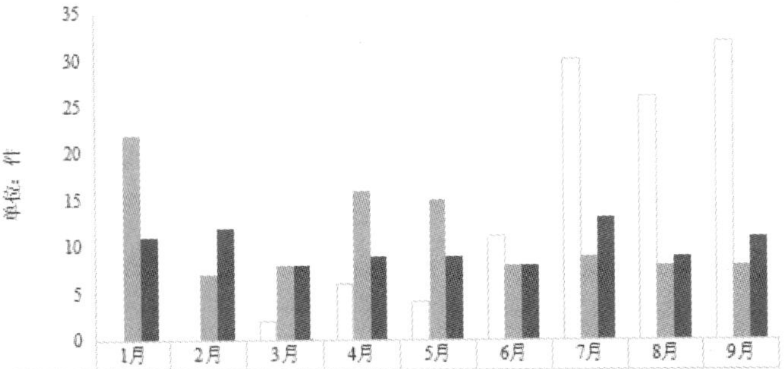

	1月	2月	3月	4月	5月	6月	7月	8月	9月
2018年	0	0	2	6	4	11	30	26	32
2019年	22	7	8	16	15	8	9	8	8
2020年	11	12	8	9	9	8	13	9	11

图 1　2018—2020 年涉天津市相关舆情月份时间分布

1 月底 2 月初，天津宝坻区发生聚集性疫情牵动国人目光，在事件初期，舆论持续追问该起事件发生的原因及后果，致使舆情热度陡然升温，由此成为上半年舆情“高点”，直到 6 月，相关舆论才逐渐淡出公众视野。

7 月份舆情热度较之前有所上升，成为 2020 年以来舆情关注最高的月份，主要原因是天津生产、生活等各个方面逐步走上正轨，各类企业、行业正处于复苏状态，网民关注焦点也逐渐转移。

（二）行政级别分布：区级舆情聚集突出，呈现纺锤型结构

天津市各个行政级别舆情分布较不均匀，其中区级的舆情聚集最为突出，占比为42.22%；直辖市级次之，占比为22.22%；其余各区域在媒体中的总体曝光量较少（见表1）。

表1　2018—2020年天津市网络舆情事件发生地行政级别分布　单位：%

事件发生地的行政级别	年度		
	2018年	2019年	2020年
直辖市	32.50	47.50	22.22
区　级	41.67	39.17	42.22
乡镇、街道	16.67	8.33	13.33
村　级	5.00	0	4.44
跨省级	1.67	0.83	1.11
全　国	0.83	2.50	14.44
国　际	1.67	1.67	2.22
合 计	100	100	100

统计发现，今年全国性舆情事件虽占比14.44%，但呈现出强劲的环比增长态势，环比增长 333.33%。今年的直辖市舆情有“下沉”趋势，这类舆情事件虽不多，但多涉及党风廉政、反腐败，对政府工作有一定影响。

（三）载体分布：各类新媒体为首曝媒介主力

2020年天津发生的相关舆情事件首曝媒介呈现出类型明显集中、但媒介细分渠道较为分散的特点。舆情由新媒体首次曝光已成主要态势，总占比达91.11%（见表2）。大量政务号入驻微信平台，成为诸多时政类消息的“首发地”：如天津政务网（天津市人民政府办公厅官方微信）、“津彩青春”（共青团天津市委员会官方微信）等，成为诸多舆情事件的集散地。

表 2　2018—2020 年事件的首曝媒体主要类型分布　单位：%

首曝媒介具体类型	年　度			合 计
	2018 年	2019 年	2020 年	
传统媒体	25.83	10.83	8.89	15.18%
新 媒 体	74.17	89.17	91.11	84.82%
合　　计	100	100	100	100

政务网站成为首曝媒体的比例达 33.33%，成为网络舆情的第一渠道；微信以 18.89%的占比位居第二，微博占比 17.78%排名第三（见表 3）。政务网站以近 1/3 的比例成为相关事件的最大来源，在一定程度上说明，外界关注度高的消息第一时间在政务网站上发酵后，各媒体会及时争相跟进二次报道，形成更大范围的传播声势。信息进而迅速外溢到社交平台上，促进更多网民热烈讨论和持续“围观”。

表 3　2018—2020 年天津市舆情事件的首曝媒体具体类型分布　单位：%

首曝媒介具体类型	年度		
	2018 年	2019 年	2020 年
政务网站	31.67	32.50	33.33
微　　信	3.33	5.00	18.89
微　　博	14.17	20.83	17.78
报　　纸	19.17	9.17	7.78
网络新闻	14.17	20.83	6.67
短 视 频	8.33	6.67	6.67
客 户 端	0	1.67	4.44
通 讯 社	0	1.67	2.22
广　　播	3.33	0	1.11
论坛社区	1.67	1.67	1.11
电　　视	3.33	0	0
官方网站	0.83	0	0
合　　计	100	100	100

作为政务公开的一个重要渠道，政务微博平台在像新冠肺炎疫情这样的重大事件中，承担着信息发布的重要功能。政务微博在关键时刻以最快的速度呈现真相和事件进展，保持积极正面的态度，发布权威可靠信息。

（四）领域分布：腐败治理舆情热度高，经营不善引发企业舆情

从舆情事件类型的数量上看，天津近三个季度以来舆情主要集中在诸如反腐倡廉、人身安全等类型，其中腐败治理类 26 起，占比 28.9%；人身安全类 10 起，占比 11.1%，另外，企业舆情类、社会矛盾类和食药管理类均为 9 起，占比为 10%（见表 4）。

表 4　2018—2020 年天津市不同舆情领域分布　单位：%

分　类	年度		
	2018 年	2019 年	2020 年
腐败治理	36.9	40.6	28.9
人身安全	9.0	4.0	11.1
企业舆情	9.9	19.8	10.0
社会矛盾	16.2	12.9	10.0
食药安全	3.6	2.0	10.0
公共安全	9.0	5.0	5.6
网络谣言	2.7	0	4.4
违规运营	0	2.0	4.4
事故灾难	6.3	7.9	3.3
校园舆情	0.9	4.0	3.3
不文明行为	0.9	1.0	0

从 2020 年天津市网络舆情领域分布来看，腐败治理类占比最高，天津“打虎拍蝇”反腐力度不减、节奏不变、尺度不松，其中包括党员领导干部或公职人员涉贪被查、被开除党籍或公职，以及因思想作风问题被问责等事件。反腐工作在持续从严查处的高压态势之下，收获网民大力点赞。同时，各种非主流、非官方媒体，也格外重视对贪腐和党风、政风问题的报道。

党的十八大以来，以习近平同志为核心的党中央大力推进党风廉政建设

和反腐败斗争，在不断取得建设性成果的同时，反腐铁拳从未放松，网民对官员腐败类事件的关注度也长期居高不下，此类事件仍最易引发舆论关注。这类事件一经曝光，通过多种媒体和渠道迅速传播，引发了大量网民关注与讨论。贪腐问题和党风政风问题仍然是广大人民群众关心的焦点，特别是与老百姓日常生活紧密相关的党风政风问题。

涉及安全类的舆情事件占比不低，人身安全类、公共安全类、食药安全类、校园安全类舆情事件共19起，其中不少事件还直接与疫情相关。目前，疫情后续影响以及公众对疫情的担忧尚未结束，事关疫情防控的事件仍然非常敏感，极易引发网民群体性关注和讨论，进而引发舆论扩散。

企业舆情也是各类媒体关注的重中之重，这类事件起因均为企业经营管理不善。其中以“天津某餐饮企业王府井店关门”“天津滨海某银行‘绕道’信托放款1.4亿元逾期”“天津某公司召回部分电动自行车”等事件关注度为最高。

从今年天津舆情事件类型来看，腐败治理类和社会安全类的事件数量最多，其中一个事关天津政府部门形象，另一个事关疫情防控大局，都需要相关部门密切关注并切实做好舆论引导工作。

二　天津市网络舆情应对分析

（一）有效应对疫情舆情挑战，全力守护人民健康

2020年1月20日，新冠肺炎疫情“升级”为全国性的重大公共卫生事件。微博平台上，“天津出现聚集性发病”“福尔摩斯式破解病毒传染迷局”“天津全市小区封闭式管理”“天津启动一级响应”等相关话题也随之成为全国网络舆论场最受关注的焦点。在相当长的一段时间内，疫情几乎吸引了全网的注意力，无论是新闻网站、客户端、微信，还是抖音、快手等短视频平台，与疫情相关的话题都呈现出“霸屏”效应。

在此背景下，天津市认真贯彻中央抗疫领导小组的有关部署，线下线上

协同发力，并根据抗疫形势的变化适时调整抗疫策略和防控办法，取得了良好的抗疫效果和舆论效果。从线上舆论应对看，主要表现在：

第一，及时发布权威信息，顺应民意，稳定民心。1月24日零时起，天津市即启动《天津市应对新型冠状病毒感染的肺炎应急预案》一级响应，这一举动，展示了中共天津市委和市政府对此次疫情的高度重视。在此后的抗疫过程中，天津市通过政务网站、政务新媒体、主流媒体等全程直播战况、引导舆情走向、奏响天津强音，并同步发布本地疫情动态、防控办法、物资调配、突发事件处置等信息，这些举措对维护网络秩序和社会秩序的稳定发挥了极其重要的作用，在很大程度上缓解了本地网民的恐慌心理。

为配合全面打赢这场疫情的“阻击战”和经济复苏发展的“保卫战”，天津主流媒体充分发挥融媒优势，多形式、多角度开展新闻策划宣传，高频次、滚动播发中央精神和市委、市政府部署，公开传达疫情变化和防控进展，例如津云新媒体集团以津云客户端为主战场，全网推送抗疫报道3600余篇，安定了人心、鼓舞了抗疫士气。与此同时，新浪网、腾讯网、今日头条等国内媒体纷纷开设“防控疫情——天津在行动”疫情防控专题，实现了最大限度信息公开、最大范围传播覆盖，让网上“战疫”阵地无处不在。

在天津村镇的防疫战中，村部大喇叭“大显神通”。蓟州区一位村书记的喊话就登上微博热搜：“不要以为你上人家去，人家就很欢迎你，别太自信了！”这段接地气的视频，让村民在欢笑声中了解了疫情防控知识，落实了村镇对疫情的群防群控。

第二，及时处置各种突发事件，有力捍卫抗疫秩序。疫情发生早期，必需物资一时紧缺，不少商家借机哄抬物价，以次充好，加剧了网民的焦虑感，也严重影响了正常抗疫秩序。天津市及时对多家大药房等单位进行了处罚，还跨省端掉了制售假冒口罩的窝点，赢得了舆论普遍好评。此外，针对个别人士“隐瞒与来自疫区人员接触史”“隔离观察期间翻墙逃离”“不测体温殴打民警”“未戴口罩不听劝阻还辱骂殴打志愿者”的行为，及时对其采取措施，释放了坚决维护抗疫秩序的决心，也鼓舞了网民协同抗疫的信心。

（二）深入推进党风廉政建设，地方和企业反腐力度突出

2020 年以来，天津市持续深入推进党风廉政建设和反腐败斗争，从上到下坚决履行全面从严治党主体责任，把政治生态建设作为基础性、经常性工作，努力实现正气充盈、政治清明的场面。市委主要领导及时对“全面从严治党主体责任检查考核”排名靠后单位的主要负责同志进行约谈，推动各级党组织全面落实管党治党主体责任的重要制度。反映到网络舆论层面，纪检部门加大了违法违纪人员的查处力度，及时向社会公开，持续传递“惩治腐败力度前所未有、专项整治力度前所未有、政治监督力度前所未有”的信号，在全社会努力营造不能腐、不敢腐、不想腐和敢担当、善作为的浓厚氛围。

第一，纪检监察等部门掌握舆论主动权，网络舆论关注度高。新冠肺炎疫情是 2020 年全国人民面临的重大考验。天津市纪委、监委、检察院、天津市新冠肺炎疫情防控工作指挥部等及时、主动通报有关人员违纪违法行为或相应公诉信息，回应了网民关切，顺应了网民呼声，得到了良好的舆论反响。

第二，问责力度向中下层干部和各个领域拓展，综合效应显现。从具体案例看，区级干部、企业负责人或特殊岗位人员是被问责或查处的两个主要人群，例如针对天津市卫健委、某区副区长等个别干部在疫情防控中“严重失职失责，造成严重不良影响”等行为，有关部门都及时予以问责。有的干部在防控期间擅离职守，例如某村党支部书记、村委会主任被撤销党内职务，并被责令辞去村委会主任职务，这一系列举措有力地捍卫了防疫保护网，提振了全民战胜疫情的信心。

（三）积极推进网络空间秩序建设，营造清朗网络空间

2020 年，天津市继续高度重视网络空间建设，持续强化网络治理，致力于构建清朗网络空间。

第一，持之以恒打击网络谣言，为主流权威信息传播创造良好的条件。在“当真相还在穿靴子，谣言已经走遍全世界”的网络时代，特别是新冠肺炎发生以来，疫情相关谣言层出不穷，这些谣言或利用疫情制造恐慌，或蹭

热点博人眼球，或放大细节引发误读。有关部门针对此类谣言进行及时辟谣，并通过权威信息供给消除网民疑虑，成为疫情防控的重要组成部分。

为了让网络谣言无处藏身，“天津辟谣”矩阵先后发布243条辟谣信息，同时加强科普类信息宣传，发布200余条科谱信息，增强市民的抗疫信心，以权威声音抵制网络谣言，取得良好效果。

第二，坚决打击网络不法行为，明确网络空间行为规范。2020年，天津市先后破获了“4·26”跨境网络直播平台组织淫秽表演案、天津9岁男童打赏主播被骗案和壮汉苦练“萝莉音”诈骗案等案件，不仅再次明确了“网络不是法外之地”的观念，同时也强化了网民的保护意识和防范意识。

为有效净化网络空间，天津市网信办、市场监管、文化、版权、卫生健康、公安等部门协调联动机制，深入开展“扫黑除恶”“扫黄打非”等15个专项行动，依法关闭各类违法违规账号546个，并培育扶持民间网络正能量工作室，引导互联网企业和网民创作生产传播格调健康的网络文学、网络音乐、网络电影、网络演出、网络游戏等。

为进一步践行网络群众路线，天津市通过政务网站、重点新闻网站等平台，深度耕耘网络问政，认真倾听网民心声，关注社情民意，大力宣传党委和政府的施政理念、办法举措。2020年7月，天津网信办开展为期近两个月的2020“清朗”未成年人暑期网络环境专项整治行动，坚持精准施策、靶向治理，协同相关部门出重拳、用真招，切实为青少年共建清朗网络空间。

三　天津市网络舆情应对建议

2020年，天津市高度重视网络舆情，把网络宣传和舆论引导放在重要位置，取得了良好成效。展望2021年，做好权威信息供给、提高媒介素养、及时有效疏导舆情，将有助于凝聚共识、展现良好形象。

（一）重视信息供给，注重话语方式、及时准确发布权威信息

2020年的新冠肺炎疫情期间，从天津市抗疫实践来看，及时通报疫情动

态、发布辟谣信息，迅速打击哄抬物价、囤积口罩等行为，并将相关信息通过政务网站、政务新媒体以及新闻媒体等渠道向社会公开，最大限度地回应了网民关切，在全网全社会营造了团结抗疫的良好氛围。

权威信息供给跟上突发公共事件发展的需要，是做好突发公共事件舆情处置的关键与核心所在。具体到信息发布的细节和操作层面，除了及时、准确外，有关部门、新闻媒体在发布权威信息时，还须注意话语方式的转变和改进，并且要关注到整体舆论生态状况。接地气、客观平实地传递权威信息，不仅有助于赢得网民的认同，也有助于推进线下工作。

（二）社会民生类舆情“小而多”，风险警示信号值得认真对待

在天津市网络舆情热点事件中，除了疫情和党风廉政类话题外，社会民生类舆情也较为突出，例如“67 岁老人当街持刀砍人”“3 名老太太拦路要钱”“多起车辆自燃事故”“狂风暴雨引发了财产损失”“居民楼发生煤气爆炸”“‘百年洋房社区’房屋严重损坏”“在建地铁附近小区多处墙裂”等事件，就个案而言，影响力不大，但多起事件累积会影响到天津市网络形象。

在这些小微舆情中，不少事件得到了有关部门的回应，相应的处置情况也及时通过网络向公众公开。从总体上看，这些事件虽未能形成强大的舆论风暴，但仍颇具警示意义，其中有些事件的影响力还相对较大，有的事件交织着多重矛盾，还有些事件能够直接关系到民计民生，例如：煤气爆炸、暴雨灾害、车辆自燃等。

（三）及时把握网络脉动，注重强化对新媒体新技术的认知和应用

互联网形势复杂多变，网络价值观持续多元，网民情态也十分丰富。以“女版盒饭”为例，事件主体包括商家、消费者、网民等，不同群体对这一事件的看法甚至完全相反。事件所折射出的不同社会意识形态表达值得关注。

基于自媒体逻辑设计的各种新媒体新技术进一步丰富了网民的表达渠道，也为网络舆情引导带来了挑战。从 2020 年重大网络舆情事件来看，自媒体在风险示警、社会自救、舆论监督、情绪宣泄等方面发挥着重大作用。对

自媒体信息进行有效甄别，对有害信息及时管控，已经成为网络舆情处置工作的重要组成部分。

从舆情应对的角度看，除了加强对微博、微信等新媒体平台的常态化监测和治理外，还要加大多平台监测和跨平台联动，积极使用新平台和新技术传播主流声音和社会主义核心价值观。

（四）加大基层普法力度和提高基层部门媒介素养，降低小微舆情发生率

近年来，小微舆情多发频发是网络舆情的一个趋势，从天津市的网络舆情 TOP90 热点事件来看，约有 2/3 的事件发生在区级，其中还有不少事件直接涉事主体为乡镇等基层部门或单位。防范小微舆情，需要注意：

第一，加大全民普法力度。不少小微舆情都与当事人缺乏法治观念有关，例如女子冒充护士虚假售卖医用口罩、一男子路边祭祀引发火灾、15 岁未成年诈骗 9 岁男童打赏等事件。对此，一方面要认真贯彻落实普法计划，提高全社会法治意识；另一方面，要发挥具体案例警示作用，对有关部门处置情况（刑拘、判刑等）及时向社会公开，引导和教育网民。

第二，做好舆论引导工作，防止负面舆情扩大。2020 年腐败治理类事件的频发，有一定可能性被“有心人士”扩大化解读，对此，要及时关注境内外舆论联动情况，回应网民关切、切实做好舆论引导工作，防止舆情事件负面影响扩大化。

天津市公共卫生应急管理与重大疫情防控研究报告（2021）

龚　超　天津市卫生健康发展研究中心助理研究员
刘春雨　天津市卫生健康发展研究中心助理研究员
马　俊　天津医科大学公共卫生学院教授
崔　壮　天津医科大学公共卫生学院教授

摘　要： 天津市公共卫生服务体系虽然进步明显，但仍有许多方面有待改进。全市医疗卫生资源总量丰富且逐年提高，但城乡资源配置尚有差距，基层卫生机构布局不尽合理，床位数和专业技术人员数的差异非常明显。课题组认为，天津市目前的公共卫生服务体系在应急管理方面仍需进一步完善和强化。包括对公共卫生服务体系应急管理的涵盖需进一步明确，卫生服务体系的应急管理需要定期评估，不断增强应急能力建设和物资设备配置，着力解决空岗率高和人员不足问题。2021 年，建议加强相关医学教育，提高实际操作能力，培养高层次预防医学专业人才，重视应用性研究的实际应用转化。

关键词： 天津市　公共卫生体系　应急管理　体系建设

一　我国公共卫生服务体系建设现状

（一）机构设置

我国医疗卫生服务体系机构的职能包括：公立医院是我国医疗服务体系的主体，社会办医院是医疗卫生服务体系不可或缺的重要组成部分，是满足人民群众多层次、多元化医疗服务需求的有效途径。社会办医院可以对公立医院形成补充。基层医疗卫生机构的主要职责是提供预防、保健、健康教育、计划生育等基本公共卫生服务和常见病、多发病的诊疗服务以及部分疾病的康复、护理服务，向医院转诊超出自身服务能力的常见病、多发病及危急和疑难重症病人。专业公共卫生机构是向辖区内提供专业公共卫生服务，并承担相应管理工作的机构。

我国医疗卫生服务体系构架详见图 1。

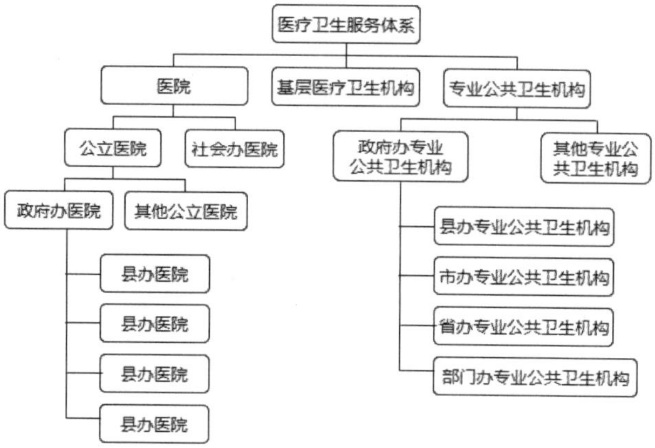

图 1　我国医疗卫生服务体系构架

我国公共卫生机构在 2019 年到 2020 年的数量变化情况见表 1。

表 1　全国医疗卫生机构数（个）

	2019 年 3 月底	2020 年 3 月底	增减数
医疗卫生机构合计	1000219	1008979	8760
一、医院	33183	34349	1166
公立医院	11956	11916	–40
民营医院	21227	22433	1206
二、基层医疗卫生机构	946224	955693	9469
社区卫生服务中心（站）	35071	34909	–162
乡镇卫生院	36368	36056	–312
诊所（医务室）	230626	242871	12245
村卫生室	621502	616044	–5458
三、专业公共卫生机构	18049	16039	–2010
疾病预防控制中心	3453	3400	–53
妇幼保健机构	3074	3065	–9
专科疾病防制院（所、站）	1145	1105	–40
卫生监督所（中心）	3130	2995	–135
计划生育技术服务机构	6108	4253	–1855
四、其他机构	2763	2898	135

在公共卫生领域，相关的法律法规及其实施时间、修订时间见表 2。

表 2　法律法规

法律法规	实施时间	修订时间
《中华人民共和国基本医疗卫生与健康促进法》	2020 年 6 月 1 日	
《中华人民共和国食品安全法》	2015 年 10 月 1 日	2018 年 12 月 29 日
《中华人民共和国突发事件应对法》	2007 年 11 月 1 日	
《中华人民共和国传染病防治法》	2004 年 12 月 1 日	2013 年 6 月 29 日
《突发公共卫生事件应急条例》	2003 年 5 月 9 日	2011 年 1 月 8 日
《医疗事故处理条例》	2002 年 9 月 1 日	
《中华人民共和国执业医师法》	1999 年 5 月 1 日	
《医疗机构管理条例》	1994 年 9 月 1 日	2016 年 2 月 6 日
《中华人民共和国国境卫生检疫法》	1987 年 5 月 1 日	2007 年 12 月 29 日
《中华人民共和国药品管理法》	1985 年 7 月 1 日	2019 年 8 月 26 日

此方面存在的主要问题包括：医疗卫生资源总量相对不足，质量有待提高，体现在每千人口执业（助理）医师数、护士数、床位数相对较低；资源布局结构不合理，影响医疗卫生服务提供的公平与效率；医疗卫生服务体系碎片化的问题比较突出；公立医院改革还不到位，以药补医机制尚未有效破除，科学的补偿机制尚未建立，普遍存在粗放式发展问题；政府对医疗卫生资源配置的宏观管理能力不强，资源配置需要进一步优化。

（二）人员配备

自 2000 年以来，我国每 1000 人口的卫生技术人员数量呈逐年上升趋势。到 2020 年，每千常住人口公共卫生人员数达到 0.83 人。

此方面存在的问题及原因包括：公共卫生专业人才数量、能力双不足的短板；近年来，公共卫生专业人员流失现象严重，且多数是防病关键岗位的骨干，国家提出了健康中国的发展战略，明确预防为主的公共卫生指导思想，但实际情况说明还缺乏相应的落实机制；从 2003 年到 2009 年，国家在公共卫生方面的投入前所未有，但公众普遍认为公共卫生人员在所处的医疗卫生领域之下地位很低，这些年来公共卫生机构即使人员数量充足，但是公共卫生专业的人才却短缺。

（三）运行机制

扁平化操作是网格化管理中的一项重大创新。数字城管是以数字信息管理技术为基础、采用单元网格和城市部件来划分管辖、通过监督中心和指挥中心的“两轴机制”以及案件处理的闭环运行系统来实现城市管理的一种科学管理模式，这样的转变大大提高了城市处理效率。现今，数字城管向智慧城管迈进将成为必然趋势。智慧城管能在收集城市元素数据的同时对城市进行智能化管理。

《全国医疗卫生服务体系规划纲要（2015—2020 年）》中提出，我国医疗卫生服务体系的总体布局为在不同属地层级实施资源梯度配置。自 2009 年以来，我国实施了新一轮深化医改。经过几年的实践探索取得了显著进展。

不同城市在社区卫生服务发展的过程中形成了不同的运作模式和组织结构，具有代表性的有以下几种：四级网络模式、三级网络模式、家庭病床模式、资源互补网络模式等。

此方面存在的主要问题为：服务落实不够；人员专业素养不足；投入不足；服务方式不规范，覆盖面不足。

（四）财政投入

随着经济的发展，全面建设小康进程的加快，人民群众对健康也越来越重视，国家也加大了公共卫生支出。由《中国财政年鉴》整理可知，公共卫生财政支出从 2010 年的 4804.17 亿元，增加到 2017 年的 11963.11 亿元，截止到目前为止公共卫生财政支出已经达到 13158.77 亿元，占总财政支出的 7.0%。新冠肺炎疫情（以下简称疫情）发生以来，截至 3 月 13 日，全国各级财政安排的疫情防控投入已经达到 1169 亿元。

尽管如此，在此方面仍然存在以下问题：医疗卫生财政支出总量不足；医疗卫生财政支出结构失调；中央地方政府间医疗卫生财政支出责任划分不合理。

（五）物资处置和分配

经过长期发展，我国已经建立了比较完善的由医院、基层医疗卫生机构、专业公共卫生机构等组成的覆盖城乡的医疗卫生服务体系。医疗卫生资源有硬资源和软资源之分。一般来说，研究医疗卫生资源主要是围绕医疗卫生机构等硬资源来开展，软资源因难以定量分析而涉及较少。当前我国医疗卫生资源的配置主要有两种机制，一种是市场机制，另一种是政府机制，其具有强制性、无偿性的特点。

目前，在此方面存在的主要问题及其原因包括：医疗卫生资源总量相对不足、结构与布局相对不合理；尽管在卫生资源的建设上的投入逐年增加，但由于人口基数较大，我国卫生资源一直呈现紧张状态；由于全国各地应急物资生产、储备工作存在地域发展不平衡，应急物资在市场流通、运输和调拨配置方面的机制尚不完善。

（六）对突发性公共卫生事件的管理机制

我国现设有突发公共卫生事件应急指挥部、领导小组和专家小组的疾控中心的比例较之前都有显著增长。每个疾病预防控制中心的应急人员平均数量从 2002 年的 15 人增加到 2012 年的 31 人，应急培训的平均时间从 2002 年的每人 9.7 天增加到 2012 年的每人 14.6 天。

我国突发公共卫生事件实行“中央—省—地市—县”四级疾病预防控制网络，实行政府领导、分类管理、公众动员、属地为主、分级响应的管理机制。此外，突发公共卫生事件管理机制主要包含事前预防、事发准备、事中响应和事后恢复这四个阶段。

但是，在资源配置方面，也存在以下情况：应急人员队伍的素质较低、政府应急工作投入机制不健全，同时，突发公共卫生事件应急管理体系部门间协作仍未理顺，制约应急处置工作的效率，监控预警与信息发布不及时，应急保障体系滞后等，这些都将是未来工作的重点。

二　天津市公共卫生服务体系建设现状

（一）机构设置

天津市医疗卫生服务体系构架详见图 3。

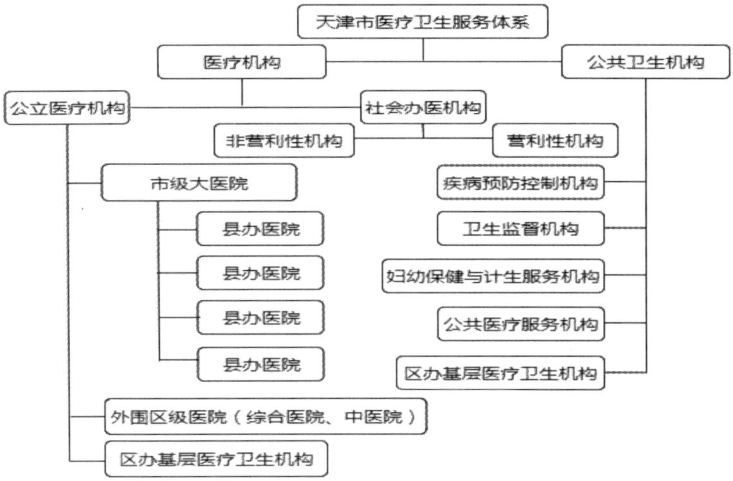

图 3　天津市医疗卫生服务体系构架

截至 2020 年 3 月底，天津市医疗卫生机构数达 5968 个。其中，医院 437 个，基层医疗卫生机构 5358 个，专业公共卫生机构 97 个，其他机构 76 个。天津市公共卫生机构在 2015 年到 2018 年的数量变化情况见表 3。

表 3　天津市卫生事业机构数（个）

	2015	2016	2017	2018
总计	5221	5442	5538	5686
一、医院	401	421	426	420
二、基层医疗卫生机构	4617	4843	4959	5101
社区卫生服务中心（站）	574	585	587	601
卫生院	145	150	147	146
村卫生室	2437	2528	2541	2511
门诊部	478	538	584	611
诊所、卫生所、医务室	983	1042	1100	1232
三、专业公共卫生机构	151	126	97	96
疾病预防控制中心	24	24	23	23
妇幼保健院（所、站）	21	21	20	20
卫生监督所（中心）	19	19	19	19
四、其他卫生事业机构	52	52	56	69

在此方面存在的主要问题及其原因为：

第一，总量相对不足。全市每千常住人口拥有的资源除执业医师数与全国相当外，其余均低于全国平均水平。全市医院综合实力差距明显，单床占地和建筑面积大部分不达标，医院车位配套严重短缺，学科建设、技术实力（人才队伍水平与结构、技术装备、科研能力、临床专科建设等）等软实力亟待进一步提高和优化。

第二，布局不均衡。中心城区特别是核心区域优质资源过于集中，滨海新区、外围区资源相对不足，外围新城和新建人口聚居小区配套设施短缺。中、西医发展不协调，中医药特色优势尚未得到充分发挥。公共卫生服务体系尚需进一步完善和加强，重医轻防问题依然存在。公立医疗机构特别是大型公立医院资源占比仍然过大，基层（特别是农村基层）和社会办医资源配置和服务能力亟待增强。资源要素之间配置结构失衡，专业发展不平衡。

第三，功能界定不明确，服务模式不适应。公共卫生机构、医疗机构分工协作机制不健全、缺乏联通共享，天津市各级各类医疗卫生机构合作不够、协同性不强，整体服务体系难以有效地应对日益严重的慢性病高发等健康问题。不同层级医疗机构功能定位不明确，大医院看病难问题依然严重，分级诊疗制度模式亟待建立。

第四，体制机制创新不够，公立医院改革有待深化。公立医院科学地补偿机制尚未建立，逐利行为依然普遍存在。追求规模扩张、竞相购置大型设备、忽视内部精细化管理的粗放式发展理念和模式没有从根本上改变，公立医院一家独大、基层与社会办医发展缓慢的基本格局没能改变，整体服务体系活力不足，服务效率、效益和公平性难以保障和提升。

（二）人员配备

2018 年天津市卫生技术人员数总计 104447 人，其中执业（助理）医师 43020 人，注册护士 39377 人，药师（士）6127 人，技师（士）5725 人。专业公共卫生机构总共 4300 人，其中执业（助理）医师 1703 人，注册护士 789 人，药师（士）113 人，技师（士）563 人。疾病预防控制中心共 1425 人，其中执业（助理）医师 805，注册护士 76 人，药师（士）13 人，技师（士）309 人。专科疾病防治院（所，站）819 人，其中执业（助理）医师 282 人，注册护士 347 人，药师（士）61 人，技师（士）95 人。健康教育所（站，中心）共 17 人，其中执业（助理）医师 10 人。妇幼保健院（所，站）共 960 人，其中执业（助理）医师 504 人，注册护士 211 人，药师（士）38 人，技师（士）98 人。急救中心共 144 人，其中执业（助理）医师 67 人，注册护士 43，药师（士）1 人，技师（士）1 人。采供血机构共 239 人，其中执业（助理）医师 33 人，注册护士 111 人，技师（士）60 人。卫生监督所（中心）693 人。计划生育技术服务机构共 3 人，执业（助理）医师 2 人，注册护士 1 人。其他卫生机构 1031 人，其中执业（助理）医师 312 人，注册护士 117 人，药师（士）24 人，技师（士）228 人。每千人口卫生技术人员有 6.7 人，其中执业（助理）医师 2.76 人，注册护士 2.53，药师（士）0.39 人，技师（士）0.37 人。2020 年全市卫生人员 11.2 万人，其中卫生技术人员 8.48 万人；每千常住人口中执业（助理）医师 2.2 人，注册护士 2.08 人。每万人拥有专业公共卫生技术人员 4.19 人。2019 年天津市专业公共卫生机构卫生人员数量情况见表 4。

表 4　2019 年天津市专业公共卫生机构卫生人员数量

地区	合计	卫生技术人员								其他技术人员	管理人员	工勤技能人员
		小计	执业（助理）医师		注册护士	药师（士）	技师（士）		其他			
				执业医师				检验师（士）				
总计	6328	4785	2060	1914	889	111	560	518	1165	648	565	330
和平区	489	390	147	146	30	9	45	40	159	56	29	14
河东区	1610	1274	662	659	314	38	135	111	125	130	109	97
河西区	202	127	37	35	13	1	22	21	54	32	35	8
南开区	419	305	85	80	82	2	57	56	79	16	81	17
河北区	280	197	69	63	25	7	34	32	62	42	30	11
红桥区	193	123	51	46	14	1	12	12	45	23	36	11

续表

地区	合计	卫生技术人员								其他技术人员	管理人员	工勤技能人员
		小计	执业（助理）医师	执业医师	注册护士	药师（士）	技师（士）	检验师（士）	其他			
东丽区	191	156	67	67	18	6	18	18	47	19	7	9
西青区	198	166	73	69	17	6	24	24	46	8	13	11
津南区	215	181	90	89	18	6	21	21	46	5	12	17
北辰区	172	144	63	61	14	6	24	22	37	15	7	6
武清区	440	371	170	125	55	6	30	30	110	6	31	32
宝坻区	209	179	67	46	48	5	22	21	37	6	11	13
滨海新区	949	673	291	282	189	11	69	68	113	195	52	29
宁河区	182	109	34	26	12	0	13	12	50	21	39	13
静海区	332	223	86	57	29	5	20	16	83	49	39	21
蓟州区	247	167	68	63	11	2	14	14	72	25	34	21

表 5 天津市 2012—2019 年专业公共卫生机构卫生人员数量动态变化

年度	专业公共卫生技术人员（人）	定基比		环比	
		发展速度（%）	增长速度（%）	发展速度（%）	增长速度（%）
2012	6241	100.00	–	100.00	–
2013	5836	93.51	-6.49	93.51	-6.49
2014	5595	89.65	-10.35	95.87	-4.13
2015	5242	83.99	-16.01	93.69	-6.31
2016	5714	91.56	-8.44	109.00	9.00
2017	5847	93.69	-6.31	102.33	2.33
2018	5725	91.73	-8.27	97.91	-2.09
2019	6328	101.39	1.39	110.53	10.53
预测结果					
2020	6341				
2021	6353				
2022	6366				
2023	6378				
2024	6391				
2025	6404				

从表 5 可以看出，天津市专业公共卫生技术人员数量从 2012—2018 年定基比增长速度均为负值，而 2019 年则为正值，表明 2018 年及之前专业公共卫生技术人员数量与基线（2012 年）相比都有所减少，直到 2019 年才有所增加；环比增长速度 2012—2015 年、2018 年为负值，2016 年、2017 年、2019 年为正值，表明 2016 年、2017 年、2019 年的专业公共卫生技术人员数量较前一年相比有所增加。按照 2012—2019 年专业公共卫生技术人员数量的平均发展速度（0.002）预测，到 2025 年天津市专业公共卫生技术人员数量将达到 6404 人。

在人员配备方面，存在的问题及其原因可能为：

第一，总量不足，质量不高。全市每千常住人口拥有的执业（助理）医师数、护士数、全科医生数、公共卫生人员数等，除执业（助理）医师数与全国相当外，其余均低于全国平均水平，更远远低于北京和上海。

第二，结构不合理，布局不平衡。资源要素之间的配置结构失衡，护士配备严重不足。专业发展不平衡，儿科、急救、康复、精神卫生、老年护理、职业病防治等领域或专业的服务能力较为薄弱。

第三，较为合理的社区公共卫生服务人员配备为每万服务人口约 5 人。与此相比，天津市的社区公共卫生服务人员比例明显偏低，人员兼管的项目过多也与此密切相关。人员严重不足、兼管项目多是导致部分社区公共卫生服务项目难以按照要求完成的重要原因之一。

（三）运行机制

天津市是全国最早开展社区卫生服务的地区之一，其发展历程可分为三个阶段：第一阶段，20 世纪 90 年代中前期为社区卫生服务工作的探索阶段；第二阶段，1997—1999 年为全面发展阶段；第三阶段，2000 年至今为深化提高阶段。制定社区卫生站点标准，开展社区卫生站点达标工作，使社区卫生站点布局更加合理，经营更加规范，服务质量明显提高。

在市委、市政府的领导下，天津市结合城市定位和人民群众对医疗卫生服务的需求，以群众需求为导向、以中低收入群众需求为着眼点，打破行政区划和条块分割，对全市卫生资源实行统一规划和调整，建设新的二级城市医疗卫生服务网，实现“小病在社区、大病到医院”，对全市卫生服务体系进行了全面规划并取得了显著成效。在公共卫生信息化管理方面，市疾控中心和18个区县疾控机构已实现覆盖全市疾控体系的安全专网，满足国家网络建设和网络直报安全要求及全市疾控业务、行政管理需要。但现在仍面临以下问题：

第一，缺乏充足的信息化资金支持。医疗信息化的发展需要坚实的资金基础。天津泰达国际心血管医院从2003年开始进行全院的信息化建设，作为一家专科型医院，投资共计3300万元才实现了院内信息化建设整体完备。从2010年开始，天津市第一中心医院筹备更新一代的信息化建设，计划投资1亿元人民币。可见，随着医疗信息化系统的重要性和依赖性越来越高，能够符合新阶段医疗信息化标准的医疗信息系统的价格也在水涨船高。

第二，缺乏医疗信息化标准。目前，卫生部统计信息中心成立的标准处已经颁布了“居民电子健康档案框架和数据标准”，以及“电子病历框架和数字标准”，这些标准的颁布为解决天津医疗卫生资源共享、信息互联互通以及业务协同发挥了重要作用，但这些还远远不够。因为医疗信息标准的匮乏，天津市医院的各信息系统之间普遍存在着无法互联互通、数据无法共享、系统结合业务无法实现等问题，也就是“信息孤岛”现象，同时还会产生大量无法预知的兼容故障问题。

第三，部门人力资源不足。医疗信息化建设涉及领域广，又对专业性有较高要求。这要求医疗信息管理的从业人员要了解基本的医疗常规、熟悉医疗流程和相关的政策性医疗规范，还要求建设人员必须具备相当的管理能力。医院信息化建设的团队组成必须专业性十足：需要信息管理专业人员、医疗专业人员、管理专业人员的直接参与，需要他们相互间沟通配合，还要由责任制来保障贯彻执行的有效性，各专业的融合交差是保障医院信息化建设的前提。而就天津市目前情况来说，大部分医院都是院内信息部门负责人来承担具体的信息化建设工作，而不是通过专业团队的科学客观评价来进行规划。

第四，缺乏战略性的信息化规划。近年来，天津市医院信息化进程开始进入加速阶段。但是随着越来越多的资金注入医院信息化建设，也冒出了相当多的问题，如系统人机交互差、稳定性差、标准化低、扩展功能偏弱，患者无明显改善体验等实际状况。这是由于天津市大多数医院对医疗信息化建设的规划没有明确目标，普遍存在分散无序的建设状态。

第五，缺乏法律或政策方面的支持。区域信息化为的是实现各个医疗机构间的数据共享，但其中如何保护病人的隐私却是一个值得关注的问题。这不仅涉及技术层面，更涉及法律层面。例如电子病历中的个人信息（包括治疗方案）哪些可以在医疗机构间传递并共享，哪些信息属于病人的隐私而不能透露，如何判断，法律依据在哪儿等。如果没有一个完整与可靠的标准界限，即便实现区域医疗信息化，也无法避免一系列侵犯隐私的法律纠纷发生。要创造医疗信息化建设发展所需的良好的社会环境，各项相关的法律和政策性文件是必不可缺的。虽然国家在信息化法律法规建设上一直付出努力，在互联网治理、信息安全、个人信息保护、电子签名等方面的立法工作都得到了极大发展。但是法律常常滞后于产业和技术的进步，尤其是在信息技术迅猛发展的今天，类似情况更加无法避免。医疗信息化建设离不开信息技术这类高新科技，而高新科技领域的法律规范大多都是在一些技术规范与技术方案达到一定成熟度后再逐步上升为标准，最后上升成法律的。这个中间发展的时期就会出现法律空白和盲区。

（四）财政投入

疫情期间，天津市进行了相关财政投入，主要集中在以下几个方面：第一，财政支出补贴，包括对特殊困难群众的补贴、下拨5000万元用于慰问防疫一线工作人员；第二，新冠肺炎患者医疗费用报销制度；第三，阶段性减免企业社会保险费；第四，企业用工保障；第五，中小微企业和个体工商户措施落实；第六，企业金融支持有关政策。

（五）物资处置和分配

天津市当前床位数和专业技术人员数的差异非常明显，其中市内六区高于环城四区，环城四区又高于远郊区县。结合各区的千人机构数及床位数差异，说明在现行的医疗卫生资源配置体系中，市场化手段对于资源配置的调节作用没有得到充分发挥。存在的问题及其原因可以归纳为：区域分布不均衡，政策依赖性较强，市场环境适应能力差；基层医疗机构职能弱化，医师多点执业制度推行力度不够，市场化手段运用不足，供需矛盾未得到有效解决；机构配套基础设施不完善，严重限制服务能力和资源配置效率提升。

（六）对突发性公共卫生事件的管理机制

天津市人大在 2020 年 5 月 18 日颁布了《天津市突发公共卫生事件应急管理办法》，为应对突发性公共卫生事件提供了科学的指导。突发性公共卫生事件的管理机构包含市和区人民政府，卫生健康主管部门及其他有关部门，乡镇人民政府和街道办事处，居民委员会和村民委员会等，管理机制同前述内容。

三　公共卫生服务体系在疫情防控工作中的主要成效

自疫情发生以来，天津市相关卫生机构积极采取措施应对疫情蔓延态势，努力做好疫情防控工作。2020 年 1 月 9 日，天津市新型冠状病毒感染的肺炎疫情防控工作指挥部将天津市海滨人民医院确定为新型冠状病毒感染的肺炎救治定点医院；1 月 30 日印发《天津市新型冠状病毒感染的肺炎疫情紧急心理危机干预工作实施方案（第一版）》；同日，《天津市新型冠状病毒感染的肺炎疫情社区防控工作实施方案（试行）》发布。此后，又针对特殊情况、公共交通工具相关人员和运行管理工作等提出了明确要求。同时，这次突如其来的疫情也提示了天津市公共卫生服务体系的不足之处，包括：应急资源不足，质量有待提高；应急资源结构相对不合理，布局不均衡；医疗卫生资源功能定位还不明确，应急服务模式不适应；体制机制创新不够，公立医院改革有待深化。

四　提升公共卫生服务体系疫情应对的建议

（一）增强疫情传染预测

1.模型构建及解释

从新冠肺炎的传染病动力学角度，建立 SEIR 传染病模型，通过调整隔离率，预测感染者的人数变化趋势，根据结果提出相关建议。SEIR 模型是经典的传染病动力学模型，通过一定的转移概率，了解几类人群的动态变化趋势。利用 python 3.7.4 软件将模拟在估计的隔离率下，预测从 2020 年 2 月 8 日起感染者人数的变化趋势。

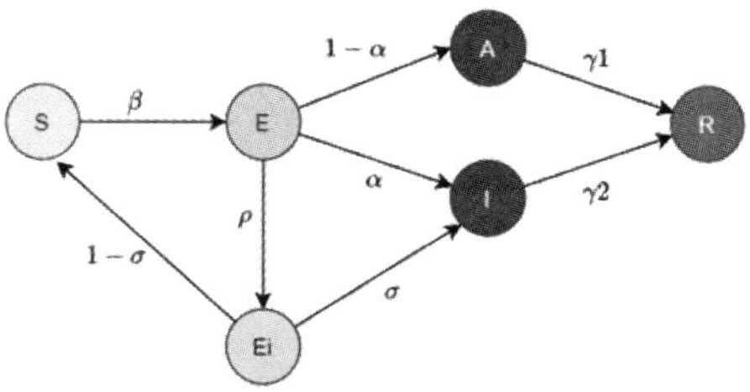

图 4　SEIR 模型示意图

SEIR 模型参数如下：

S：易感者

E：暴露者（也就是感染者的密切接触者）

Ei：暴露者中的隔离的人

A：未被发现感染者

I：已发现感染者

R：痊愈者

2.预测结果

2020 年 2 月 8 日以后天津市新冠肺炎感染人数预测及不同隔离率情况下感染人数结果：

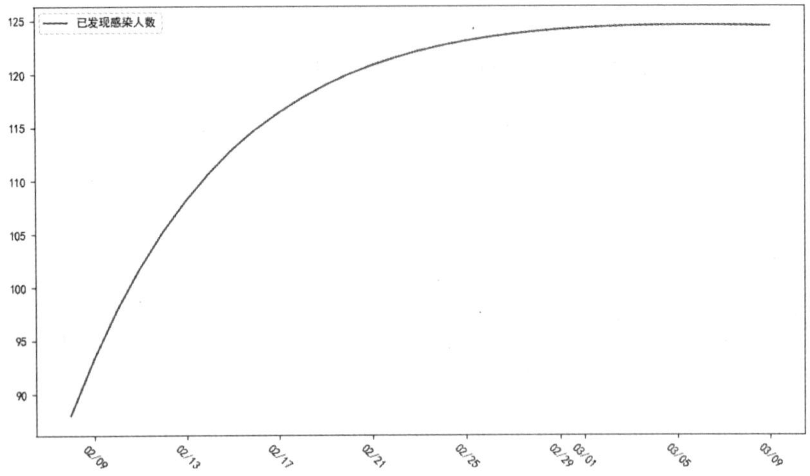

图 5　天津市新冠肺炎感染人数预测结果

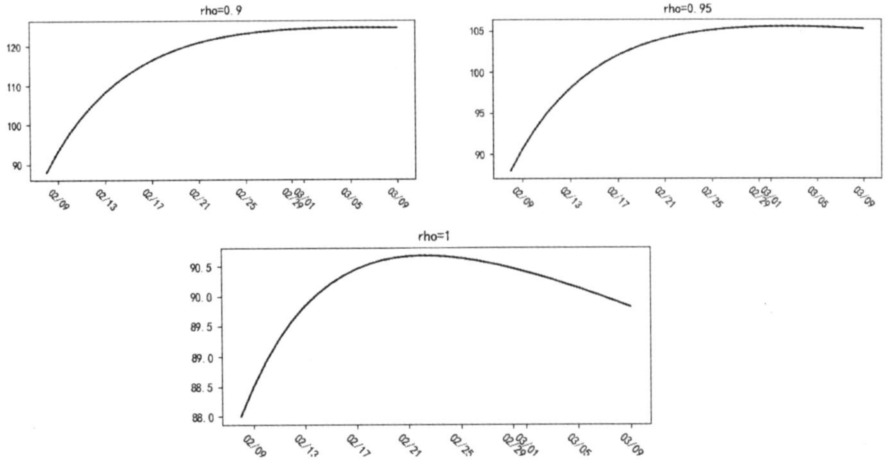

图 6　模拟不同隔离率下（ρ =90%、95%、100%）感染人数预测

结果显示，2 月 27 日以后患病人数发展趋于稳定，不会再出现大幅度增加。预估在 3 月 6 日，患病人数将达峰值 125 人（见图 5、表 7）。将隔离率从 90%提高到 95%，拐点从 3 月 6 日提前至 3 月 2 日，预计感染人数为 105 人。可见，如在工作中加强疫情防控，提高隔离率，可减少新发感染。将隔离率提高到 100%时，拐点提前至 2 月 22 日左右，累积患病人数降至 91 人，人数将大幅度下降（见图 6）。

表 7 天津新冠肺炎感染人数预测

日期	2月8日	2月9日	2月10日	2月11日	2月12日	2月13日	2月14日	2月15日	2月16日
预测	88	93	98	102	105	108	111	113	115
实际	88	90	95	102	107	113	120	121	124
日期	2月17日	2月18日	2月19日	2月20日	2月21日	2月22日	2月23月	2月24日	2月25日
预测	116	118	119	120	121	121	122	123	123
实际	125	127	130	131	132	135	135	135	135
日期	2月26日	2月27日	2月28日	2月29日	3月1日	3月2日	3月3日	3月4日	3月5日
预测	123	124	124	124	124	124	124	124	125
实际	135	136	136	136	136	136	136	136	136
日期	3月6日								
预测	125								
实际	136								

3.预测效果

结果显示，模型预测感染人数在 2 月末 3 月初基本稳定，不会再有大幅度增长，这与疫情的实际情况基本相符。本次 SEIR 模型的构建考虑到的参数是在现有的数据下粗略估算，若能将一些与公共卫生系统的宣教工作的覆盖率等相关的参数代入模型中，将会得到更为准确的预测结果。

（二）相关建议

1.完善多元合作机制法制环境

在卫生计生方面，要制订区域卫生规划和医疗机构设置规划并适时进行动态调整；在发展改革方面，要将区域卫生规划和医疗机构设置规划纳入国民经济和社会发展总体规划安排，依据规划对新改扩建项目进行基本建设管理，推进医疗服务价格改革；在财政方面，要按照政府卫生投入政策落实相关经费；在城乡规划管理方面，要依据依法批准的城乡规划审批建设用地；在机构编制方面，要依据有关规定和标准统筹公立医疗卫生机构编制；在社会保障方面，要加快医保支付制度改革；其他相关部门要各司其职，做好相关工作。

2.优化多元合作机制结构设置

第一，各省市政府与国家机构之间：各省（区、市）人民政府要强化规划实施监督和评价，建立区域卫生规划和资源配置监督评价机制，成立专门的评价工作小组，组织开展区域卫生规划实施进度和效果评价，及时发现实施中存在的问题，并研究解决对策。国务院有关部门要根据职责分工，开展规划实施进度和效果评价，必要时开展联合督查，以推动规划落实，实现医疗卫生资源有序发展、合理配置、结构优化。

第二，政府与公共卫生服务体系中各机构之间：落实好地方政府的属地责任，地方政府要依法规范社区卫生服务机构、从业人员和技术服务项目，明确执业范围，建立社会民主监督制度。

第三，加强突发性公共卫生事件的应对机制：改善应急组织结构，做好多部门协调。完善疾病监测与预警系统。加强全球应对突发公共卫生事件的合作。实行应急物资标准化储备。

3.加强多元化政府投入机制建设

第一，加大财力投入机制。逐年加大投入，对于农村地区，由于财政收入不足，可发动社会的力量，对社会资源进行调控，让更多的资源能够流入到农村地区基本公共卫生服务体系建设中。

第二，建立人力储备机制。加强公共卫生人才建设，对于农村地区，在现有基础上，适度加大农村“订单班”培养力度，扩大培养规模，通过改善待遇、改善工作环境等措施留住现有人才，建立在岗培训、继续教育体制确保公共卫生服务能力持续提升。

第三，保障物力配置机制。健全统一的应急物资保障体系，把应急物资保障作为国家应急管理体系建设的重要内容，按照集中管理、统一调拨、平时服务、灾时应急、采储结合、节约高效的原则。对短期可能出现的物资供应短缺，建立集中生产调度机制。

4.提升多元化监管体系的建设和效率

要建立起稳定的公共卫生事业投入机制和上下联动的分工协作机制，健全疾控机构和城乡社区联动工作机制，夯实联防联控的基层基础，创新医防协同机制，建立相互制约的监督监管机制，建立适应现代化疾病预防控制体系的人才培养使用机制。

5.促进智慧型多元化信息沟通机制的建设和推广

各级政府应加强公共卫生信息整合，建立统一的纵向到底、横向到边的公共卫生信息系统平台，形成到社区、到乡村、到海关口岸、到港口、到机场、到铁路的全覆盖的公共卫生信息网络，实现“一键直报”，提高疫情信息监测和报告时效性、有效性，确保信息及时被上报和在相关部门之间的共享。加快运用大数据、云计算等数字技术，尤其对于突发公共卫生事件，在疫情监测、分析预警、病毒溯源、密切接触者追踪等方面发挥更好作用。

6.提升全民认识和加强新闻媒体正确引导

以健康中国发展战略为抓手，以爱国卫生运动为切入点，广泛宣传基本公共卫生服务这一公共产品，不断提升全民整体防病能力。对突发公共卫生事件方面，需加强应急宣传教育，鼓励全民教育，树立国民的知法、守法的意识，让预防为主的方针深入人心。同时需加强新闻媒体正确引导，让民众能够有一个更加干净、公正的媒体舆论环境，能够客观地接收相关信息。

天津市未成年人犯罪状况分析与对策（2021）

赵 希 天津社会科学院法学研究所助理研究员

摘 要： 天津市未成年人犯罪呈现出犯罪数量较低、年龄结构低龄化等整体特征。在犯罪类型方面，妨害社会管理秩序犯罪以及财产犯罪居多，犯罪手段以暴力行为为主，犯罪形态方面未成年人犯罪团伙的比例呈上升趋势。在犯罪主体方面，未成年人犯罪呈现出低龄化趋势，女性未成年犯罪人数比例较少。在犯罪动机方面，预谋犯罪较少，激情冲动犯罪较多。在对犯罪后果认知方面，对犯罪的刑罚后果认知不足。2021 年，根据天津市未成年人犯罪的最新特点和趋势，需要充分发挥家庭在预防未成年人犯罪中的第一道防线作用，加强基层社会治安防控体系建设，完善对未成年犯罪人的社区矫正制度，同时需要各职能部门、未成年人所在家庭、学校以及社会各界力量的通力合作，形成并完善预防和治理未成年人犯罪的综合治理机制。

关键词： 未成年人犯罪 暴力犯罪 低龄化 社区矫正

一 天津市未成年人犯罪基本情况

目前我国是世界上未成年人犯罪率最低的国家之一。2009 年至 2017 年全国未成年人犯罪数量呈现持续下降趋势，2016 年降幅达到 18.47%。2017

年未成年犯合计 32778 人，占全国总罪犯人数的约 2.6%。[①]未成年人犯罪数量呈现连续下降趋势并趋于平稳之后又有所回升，2019 年检察机关审查起诉的未成年犯罪嫌疑人数量同比上升 5.12%。[②]从未成年犯年龄来看，2015—2016 年全部未成年犯罪案件中，被告人的年龄主要集中在 16～17 周岁。[③]2013 年的调查数据显示未成年人犯罪平均年龄为 17 岁，2017 年平均年龄为 16.6 岁，年龄结构呈现出低龄化趋势。[④]全国整体未成年人犯罪数量呈现出连续下降并趋于平稳的情况，未成年犯的年龄结构呈现出低龄化趋势，对未成年犯的刑事处罚较为宽缓。

2020 年天津市积极运用法治思维和法治方式开展未成年人犯罪防控的各项工作，在执法、司法、普法等各个环节推进预防和治理未成年人犯罪。例如河东区检察院将新科技手段运用到未成年刑事检察工作当中，大大提升了犯罪预防和帮教救助工作的有效性。滨海新区法律援助中心 2020 年依托线上线下工作平台加强未成年人心理疏导，对涉嫌违法犯罪的未成年人实行教育、感化、挽救的方针，帮助其认识错误，重新树立正确的世界观、人生观、价值观。和平区检察院、和平区教育局于 2020 年 8 月共同签署合作协议，打造检教共建平台，建立常态化联动机制，旨在进一步加强检察机关与教育部门的协作配合，从源头上预防和减少未成年人违法犯罪案件发生。津南区检察院在社区开展“家长讲堂”活动，进一步拓宽了未成年人法治教育渠道，为未成年人健康成长营造良好的家庭环境和社会环境。在《中华人民共和国社区矫正法》颁布之后，天津市于 2020 年 9 月 17 日召开会议及时总结社区矫正工作的开展情况，就进一步做好社区矫正工作进行了部署，这对于未成年人犯罪的社区矫正工作的进一步完善具有重要的政策指引作用和指导价值。

天津市未成年人犯罪的基本情况与我国整体情况存在类似特征，表现为

---

① 《中国法律年鉴（2018）》，中国法律年鉴社 2018 年版，第 1185 页。

② 《未成年人检察工作白皮书（2014–2019）》，中华人民共和国最高人民检察院网站 https://www.spp.gov.cn/spp/xwfbh/wsfbt/202006/t20200601_463698.shtml#2。

③ 《司法大数据专题报告：未成年人犯罪》，人民法院大数据管理和服务平台。

④ 路琦等：《2017 年我国未成年人犯罪研究报告——基于未成年犯与其他群体的比较研究》，《青少年犯罪问题》2018 年第 6 期。

犯罪数量偏低以及年龄结构的低龄化。根据天津社会科学院法学研究所 1990 年、1999 年、2018 年对天津市未成年人犯罪情况的三次调查结果显示，近三十年间未成年人犯罪人数的绝对数整体上呈减少趋势，这与全国整体趋势一致。而且可以看出，近三十年间未成年人犯罪的最低年龄也呈现出低龄化趋势。同我国对未成年犯刑事处罚较为宽缓、“惩罚与保护”相结合的整体刑事政策相一致，天津市对未成年犯的刑罚处罚也相对轻缓。主要体现在有期徒刑适用的两个方面：一是短期徒刑适用率在整体趋势上呈上升趋势，二是长期徒刑适用率在整体趋势上呈下降趋势。此外，随着社区矫正制度被纳入法律体系，未成年犯的社区矫正制度也在逐渐发展完善，目前天津市未成年犯罪人员进入社区矫正主要以被判处缓刑为主，其次是因监外执行入矫，社区矫正服刑未成年犯的犯罪类型以聚众斗殴罪为主，一半以上未成年犯的矫正期限在 1 ~ 3 年。未成年犯社会劳动的途径主要由司法所监督进行个别或集中劳动，此外，未成年犯还参加居委会组织的劳动、参加社会公益组织和成立互助小组进行劳动，矫正的方式较为多样。

但天津市的未成年人犯罪也表现出不同于全国整体特征的一些特殊性：在犯罪调查中发现未成年人犯罪类型比重较大的是聚众斗殴罪，比重高达 56.5%，其次是抢劫罪、故意伤害罪、盗窃罪等。绝大多数暴力犯罪属于故意犯罪，相应地，未成年人犯罪的主观形态也多以故意为主。在犯罪形态上团伙作案特征较为明显，共同犯罪占比总体呈上升趋势，且团伙组成人员以之前未成年人与成年人掺杂逐渐演变为以未成年人为主体。在犯罪动机方面，未成年犯罪人员的犯罪动机近一半是因他人教唆，占比 43.5%，其次是由于感情不能自持，属情感冲动犯罪，占 28.0%，犯罪动机因事件（事物）引诱而偶然产生的比重也比较大，占 17.1%，真正预谋犯罪的比例很低，仅占全部的 5.7%。未成年犯罪人员实施犯罪的主要目的是为了朋友，比重占 59.9%，其次是为了钱财、报复、性满足等原因。从对犯罪目的的分析来看，未成年犯罪人为了朋友、哥们义气而产生的犯罪行为比重显著增加。在犯罪态度方面，未成年犯的侥幸、冲动心理明显，大多数未成年犯实施犯罪之前都未经思虑，甚至完全没想过法律后果。在对犯罪侵害目标的选择上也具有一定的随意性特征。在再犯情况中，不少未成年犯在此次犯罪之前都有过违法或犯罪情况，21.2%的未成年犯此前都有过刑事处罚、治安处罚等被惩处的经历。

天津市未成年人犯罪表现出妨害社会管理秩序罪居多，闲散未成年人犯罪高发，冲动犯罪居多，团伙犯罪上升、法律意识淡薄等特点，这对天津市未成年人犯罪防控提出了新的挑战。下面将对天津市未成年人犯罪的特征及其变化进行具体的诠释和说明，并提出相应的对策建议。

二　天津市未成年人犯罪的特征及其变化

（一）犯罪行为的基本特征

1.犯罪类型

按照财产犯罪、人身犯罪、妨害社会管理秩序犯罪等犯罪类型的比例分布，天津市未成年人犯罪涉及的妨害社会管理秩序犯罪占比最多，财产犯罪次之。根据天津市检察院发布的《天津市未成年人检察工作白皮书》，近三年来天津市检察机关办理的近 1000 余件未成年人刑事犯罪案件当中，聚众斗殴犯罪连续三年呈现上升趋势，占总涉案人数的 50%以上，盗窃罪、故意伤害罪、抢劫罪、寻衅滋事罪、诈骗罪的涉案人数占比 36%。天津社会科学院法学研究所的未成年人犯罪调查数据显示，近年来天津市未成年犯罪类型比重较大的是聚众斗殴罪，比重高达 56.5%，其次是抢劫罪占 17.1%，伤害罪（故意、过失）占 8.3%。未成年犯罪人员就服刑类别可分为在监服刑和社区服刑，以 2018 年为例，在监服刑未成年犯罪人员以抢劫罪为主，占在监服刑未成年犯罪人员的比重为 54.6%；社区矫正未成年犯罪以聚众斗殴为主，占社区矫正未成年犯罪人员的比重为 71.14%。

总体而言，天津市未成年人犯罪类型中轻微犯罪占绝大多数，恶性犯罪的发案率比较低，犯罪类型相对集中。

2.犯罪手段

随着社区矫正制度的发展，且出于未成年人保护原则的指引与要求，法院对犯聚众斗殴罪的未成年人大都判处缓刑，以社区矫正的方式予以惩罚，被收押的未成年犯中，暴力犯罪仍占多数，这其中以犯抢劫罪和伤害罪（故意、过失）最为多见。根据天津社会科学院法学研究所的最新调查数据，46.9%的未成年犯在实施犯罪时，都同时实施了暴力行为；17.2%的未成年犯虽未实施暴力行为，但采用以暴力相威胁的手段；只有三分之一左右（35.9%）在犯罪过程中未使用暴力，也未以暴力相威胁。部分未成年犯依赖暴力解决问题与其自身不良成长环境有关，对暴力行为的反规范性、反道德性的认知不深刻。鉴于暴力行为具有刺激性、易模仿等特点，不良网络媒体对于暴力亚文化的宣传起到了推波助澜的作用，部分未成年暴力犯罪人表现出麻木不仁、冷酷缺乏爱心的性格特征。

除了暴力手段较为常见之外，使用各种犯罪工具的比例也较大。以易获取、价格相对低廉的各种刀具、棍棒、绳索等工具为主。值得一提的是，未成年犯罪人员对于新型作案工具或手段直接或间接的使用，网络已经成为未成年犯获取匕首、仿真枪等管控物的主要途径。随着人工智能时代的来临，未成年人中智能型犯罪比率不断提高，这些未成年犯罪人具有一定的文化素质，喜爱编程等计算机技术，其性格较为冷静，思维缜密。[①]

3.犯罪分布

关于犯罪的时空分布，未成年犯罪人员作案的地区主要集中在市区，其次是乡村，郊区和集镇比重较小。市区人口更为密集且成分复杂，经济更为发达物质诱惑更多，给未成年人犯罪制造了更多机会。对于犯罪地点的选择，未成年人主要关注的是周围环境、是否有治安巡逻人员、是否会被抓获、是否有防护设施等方面因素。

在犯罪时间的选择上，绝大多数的未成年犯罪人员并未刻意选择作案日期与具体时间，这反映出未成年人犯罪更多具有激情犯罪的特征。处于青春期的未成年人情绪较为强烈、容易波动，情绪控制和调节能力较差，一些未成年犯具有情绪突发性，很容易在生活琐事、人际关系等微不足道的刺激下

① 焦迎娜、苏春景：《未成年犯罪人的心理特点分析》，《预防青少年犯罪研究》2018 年第 4 期。

产生冲突和爆发情绪，导致冲动行为。

4.犯罪形态

未成年人犯罪团伙的比例呈上升趋势，一方面未成年人共同犯罪比例较高，近三年来共同犯罪分别占涉罪未成年人总数的 80%、76%、77%。[①]与此同时，团伙的人数也逐渐增加，10 人以上较大规模的犯罪团伙的比例增长较快。共同犯罪同伙关系主要是属于临时纠合，同学、朋友成为未成年犯罪团伙集结的最主要业缘关系，未成年人受不良同伴的影响程度较大。

未成年人犯罪团伙趋势上升反映了未成年人不良社会交往在未成年人社会化过程中的负面影响。不良社会交往关系容易导致未成年人犯罪频率增加，一些未成年人之所以会犯罪并非是其自身具有很强的动机性，而是不良青少年之间拉帮结派，相互“壮胆”，甚至以违法犯罪为代价证明和巩固自己在帮派中的地位。一些未成年人容易受到外界不良影响产生向社会挑衅的想法，加入犯罪团伙形成帮派容易减轻心理压力，在违法犯罪时更加肆无忌惮。未成年团伙犯罪涉案人数更多，有较大的社会危害性，其破坏作用比单人犯罪更大，同时还具有较强的裹挟性，影响、诱惑、胁迫更多的未成年人参与进来，形成某种封闭性的“小社会”。

（二）犯罪人的基本特点

1.年龄性别家庭特征

根据 2019 年发布的《天津市未成年人检察工作白皮书》以及天津社会科学院法学研究所对天津市未成年人犯罪开展的最新调查，未成年人犯罪呈现出低龄化趋势，女性未成年犯罪人所占比例较少等特点。

根据近三年天津市未成年人犯罪统计数据，涉罪未成年当中闲散人员犯罪保持高位运行，在校学生犯罪以中专生为主，外在未成年人犯罪占比较高。涉罪未成年人的平均年龄为 16.5 岁，其中男性未成年犯占绝大比例。通过调研，我们发现社区服刑未成年人占所有未成年犯罪人员的比重为 76.80%；其

① 《检察日报》2019 年 12 月 22 日。

中女性未成年社区矫正人员占社区矫正未成年犯罪的比重为 6.10%（在监服刑未有女性）。就犯罪时的年龄而言，在监服刑未成年人犯罪时年龄均值为 15.1 岁，年龄中值为 16 岁；社区矫正未成年人犯罪时年龄均值为 16.6 岁，年龄中值为 17.0 岁，均高于在监服刑未成年人犯罪时的年龄。

在家庭方面，未成年犯的家庭完整性或稳定性存在一定问题，从家庭结构来看，不完整家庭的比例有所上升。在家庭养育方面，无论是日常生活照管还是日常教育，未成年犯家庭均存在父母照管和教育的缺失，并且父亲在子代生活照料和教育上的角色和责任缺失程度大于母亲；父母作为未成年子女的监护人，未能充分履行照管和教育责任。此外，未成年犯父母的受教育程度均不高，受教育程度为初中的比重最大，其次是小学，再次是高中，大专及以上教育程度比重较低，也存在父母未接受正规教育（文盲或识字很少）的情况。

2.犯罪动机目的

在未成年人犯罪当中，预谋犯罪的比例较低，多为受他人唆使或受到感情刺激，冲动心理明显，很多未成年犯罪人在实施犯罪之前已经预感到会承担相应的刑罚后果，但仍因一时冲动走上犯罪道路。未成年人饮酒后犯罪的比例有所增加。犯罪的目的主要是为了朋友、钱财以及满足报复心理。根据近期对未成年犯罪人员作案目标的统计，48.2%是属于事发突然，没有任何考虑的情况；临时确定作案目标的犯罪比重占 28.0%；目标不明确，碰到哪算哪的犯罪比重为 15.0%；原来已确定的作案目标犯罪比重为 7.8%。未成年人作案目标多以不明确为主，这与上文未成年人冲动型或激情型犯罪特征相符。

3.犯罪后果认知

未成年犯罪人员对刑罚后果存在认知不足。很多未成年犯在实施犯罪之前都未经思虑，甚至完全没想过法律后果（42.8%），更多的未成年犯（46.9%）尽管想过有法律后果，但仍心存侥幸，认为后果不会很严重，客观考虑处罚后果的仅占 10%左右。

在认知发展上，有两种道德认知机制与青少年的违法犯罪活动相关，一种是道德认知的缺乏，另一种是“道德推脱”现象。缺乏正确道德认知的未成年人的道德发展阶段较低，没有树立正确的道德观，这是他们走向违法犯罪活动的其中一种机制。另一种机制是“道德推脱”，即虽然认识到了实施违法行为违反道德观念，但会采用某种合理化的中和技术来为自己的违法行为开脱。这种推脱的方式各异，例如在团伙犯罪中认为伤害结果是群体造成的与自己无关，或者认为受害人罪有应得，自己是实现“正义”等。①

（三）天津市未成年人犯罪的变化

1.财产犯罪比例降低

盗窃、抢劫、诈骗等财产犯罪类型仍然是天津市未成年人犯罪的基本类型之一，获取财物也是未成年人实施犯罪的主要意图之一，但从天津市未成年人犯罪的基本情况来看，随着经济的发展，经济或财物方面的动机可能已经不再是未成年人犯罪的主要动机。财产犯罪数量的相对下降以及聚众斗殴、寻衅滋事等妨害社会管理秩序犯罪数量的相对上升，说明当前未成年人犯罪的主要动机不再是经济或财物，而更多的可能在向一种内在的自我认可的价值观倾斜或是转变。

未成年人财产犯罪情况的变化可以从几个方面加以解读。首先，财产犯罪仍然是未成年人犯罪的主要形态之一，但犯罪动机发生了变化。随着整体经济状况的好转，财产犯罪动机中单纯因为物质匮乏而获取财物的情况有所减少，基于攀比心态，通过占有他人财物获取虚荣心或某种平衡感的情况有所增加。其次，财产犯罪与妨害社会管理秩序犯罪的此消彼长可能意味着未成年人越轨行为中破坏秩序倾向增长，获取财物倾向降低，犯罪目的由获取财物转为破坏秩序来达到某种满足感。另外，未成年人财产犯罪的相对减少可能与财产虚拟化、社会公共场所监控程度提高有关。

2.妨害社会管理秩序罪比例增多

聚众斗殴、寻衅滋事往往基于“哥们义气”或“帮派”争斗，这与未成年人处于青春期阶段，价值观念和规范意识在形成发展当中出现某种偏差有

① 张萌等：《道德推脱视角下的犯罪青少年分类与矫治》，《中国人民公安大学学报》（社会科学版）2019 年第 2 期。

关。未成年犯罪人一般处于生命历程中的青春期阶段，其身心变化与青春期的一系列特征之间存在密切关联。一些未成年犯的法治意识淡薄，道德观庸俗，认为“讲义气”是结交朋友最重要的标准，未成年犯经常把违法犯罪活动与英雄气概混为一谈，分不清光荣与耻辱、勇敢与罪恶的界限。未成年犯罪人的人格发展的根本问题在于自身角色的混乱感知，自我意识障碍导致不清楚行为的规范边界。

一方面，对秩序的破坏体现出未成年犯罪人性格和人格上发展不健全、不完善的一面，表现为未成年犯对犯罪亚文化的认同、缺乏规范意识；因应激事件通过破坏秩序宣泄难以承受的心理压力等情况。另一方面，社会性因素例如社会排斥可能促使部分未成年人产生犯罪动机，因特定情境下矛盾解决机制运行不畅而最终导致犯罪动机成熟，并向妨害社会管理秩序性行为转化。例如具有反社会人格的未成年人可能会同时遭到监护人、同龄人、邻里等社会交往对象的排斥，在社会互动中被污名化，缺乏学习和实践亲社会行为以及社会交往技能的机会。这种排斥反过来使得反社会型未成年人容易具有更低的自我认同，对外界环境更为敌视，进一步强化了持续的攻击和暴力等反社会行为模式。

3.犯罪年龄的低龄化趋势

犯罪低龄化趋势表现为三个方面：犯罪高峰年龄提前、初犯年龄降低、犯罪平均年龄继续降低。未成年人犯罪低龄化趋势与未成年人自身的生理、心理方面有关。随着物质生活水平的提高，青少年的生理成熟随之提前，但心理却尚未成熟，特别是控制自己行为的能力不足。生理成熟与心理幼稚之间的裂痕造成了某种成熟的假象。一些未成年犯罪人对越轨、犯罪行为产生认同或赞许倾向，加之处于青春期的未成年人所具有的情感冲动性和不稳定性，在遭到外界刺激的情况下容易在更早的年龄实施违法犯罪行为。家庭的错误或不当的教养方式也对未成年人犯罪“推波助澜”，一些家长对子女的教育简单粗暴，使得子女产生排斥和逆反心理；一些家长本身素质不高，酗酒、赌博或对孩子完全放任不管，使孩子缺乏可以纠正不良行为的正确榜样，容易误入歧途。此外，犯罪低龄化也与社会因素有关。大众传媒、自媒体等网络空间对暴力、凶杀、色情、恐怖等信息的传播，犯罪亚文化在网络空间的弥散使得未成年人进行模仿，并且在同龄人之间相互影响相互同化，容易给未成年人的健康成长造成非常不利的影响。

未成年人犯罪低龄化会导致一系列负面影响。首先就未成年犯罪人自身来说，犯罪后接受刑事处罚意味着其整个人生发展都会受到影响，其受教育情况、就业情况以及被社会接纳情况都将产生若干不利因素。其次，未成年人犯罪的低龄化伤害了其所在的家庭和社区，也对受害人及其家庭产生了巨大的打击。再次，犯罪低龄化的治理难度很大。

三 天津市预防未成年人犯罪的对策建议

未成年犯罪人一般处于青春期，在青春期到成年期这段过渡时期，未成年人的生理和认知都经历了较为活跃、剧烈的变化，从而在性格气质、认知发展、人格发展、应激反应、攻击性、以及社会态度方面呈现出独特性，处于社会转型期的青少年承受着多元文化和多元价值观的冲击，市场经济的发展和制度变迁所带来的不确定性，使当代青少年对未来预期的稳定性下降，出现了迷茫、失落、不知所措，容易产生逆反心理，缺乏自我意识，缺乏安全感，行动上及时行乐和各种短期行为泛滥，较容易产生侵犯性、攻击性的失范行为。预防未成年人犯罪是一个系统工程，需要依赖家庭、社区、社会各组织对未成年人进行教育教化以及预防未成年人犯罪各项有力措施的出台和落实。

（一）家庭教育环境的优化

家庭是预防青少年犯罪的第一道防线，也是最为重要的防线。自我控制能力更强的未成年人犯罪倾向较低，而自我控制能力一般在儿童时期形成并相对稳定。因此家庭对未成年人教育的强化是较为现实、有效的犯罪治理手段。家庭在预防未成年人犯罪的过程中需要在家庭结构、教育方式、亲子沟通等方面进行优化。

从家庭结构来看，家庭结构对未成年人的健康成长会产生重要影响，其中很多未成年犯罪人走向犯罪道路与其不完整的家庭环境有关。缺少父母一方或双方的不完整家庭与未成年人子女犯罪存在统计学上的关联性。[①]这主要是源于不完整家庭中父母对子女缺乏监管或者监管不当。很多不完整家庭的家庭成员关系紧张，家庭经济状况也较不宽裕，未成年子女得不到父母足够的关爱，内心较为孤独，加之青春期具有强烈的自尊心和逆反心理，容易倾向在家庭之外寻找某种价值感或被认同感，从而在不良朋友的影响下走向越轨犯罪的道路。对此，要还原家庭的基本功能，树立正确的家庭观，确保各项社会政策有利于未成年人的健康成长，应发挥村委会等基层组织在未成年人社会化工作中的作用，重点关注不完整家庭中未成年人的成长情况，特别是其心理状态，由基层组织承担部分心理疏导、调节缓和家庭矛盾的职责。

对于家庭教育方式而言，要强化父母正确的教育观，消除导致犯罪的不良家庭因素。努力营造出一个适宜未成年人成长发展的环境，以各种方式培养和教育青少年树立正确的人生观和价值观，从根本上纠正未成年犯依赖暴力解决问题的错误认知，引导其通过理性思考来应对生活当中的问题。应当切断未成年人犯罪的模仿来源，以暴力犯罪的预防为例，对于暴力游戏、暴力影视剧、暴力书籍等必须加强管理、严格监管，严防未成年人过早接触并受其感染产生错误认识。需要引导未成年人从事有益于身心的娱乐休闲活动，使其远离不健康的生活方式和娱乐休闲方式。

良好稳定的家庭关系对于预防未成年人犯罪效果显著，友善团结的家庭氛围和互相关心的家庭关系有助于增强未成年人对家庭的依恋，进而培养亲社会关系和对社会规范的认同的遵循。对此，合适的教养方式最为关键，教养方式失当如随意打骂子女或完全对子女行为置之不理容易破坏家庭关系，应当避免虐待、溺爱和忽视子女，放弃采取简单粗暴的打骂子女的教育方式，运用理性说服和亲情感化的方式对子女进行教育。

① 杨柳青：《现代不完整家庭对未成年人犯罪的影响和对策》，《预防青少年犯罪研究》2012 年第 8 期。

（二）发挥社区防控未成年人犯罪的作用

社区是预防未成年人犯罪最主要的领域，要加强基层社会治安防控体系建设，开展社区警务，建立社区治安联动机制，及时发现有不良行为倾向的青少年并对其进行针对性教育，对青少年严重不良行为进行有效治理和控制。充分发挥社区作用，促进各类社区组织、各类社会教育机构等社会组织发挥其职能，引导青少年接受社会组织的教育和引导。同时增强志愿者组织和自治组织的功能和效果，让志愿者组织发挥预防青少年犯罪的作用，通过使青少年参与志愿者组织的活动让社会规范发挥其规范效用。

关于未成年犯罪人的社区矫正制度，我国于 2019 年 12 月通过的《中华人民共和国社区矫正法》第七章对未成年人社区矫正进行了特别规定，要求对未成年人的社区矫正与成年人分别进行，对未成年人予以特殊保护。天津市作为第一批社区矫正试点地区在未成年犯社区矫正工作方面已经取得了一定的成效，在《社区矫正法》出台后，天津市在具体的实施当中应当依照社区矫正法的规定和精神进行下述方面的完善：第一，在矫正措施的设置方面，除了社区劳动、集中教育以及思想活动情况报告等矫正措施，应当创新更适合未成年犯罪人员的矫正措施，促进未成年社区服刑人员积极、自觉接受社区矫正，同时完善针对未成年犯罪人的各种心理矫治措施，通过建立个人矫治档案，对未成年犯罪人进行定期的心理评估和针对性的矫治。第二，在对未成年人的保护方面，应当依法保护未成年人在社区矫正中的各项合法权利，特别是隐私权、受教育权等对未成年人健康成长有重要影响的合法权益。第三，提升社区矫正工作专业化程度，充分吸收具有心理学、教育学、犯罪学等专业知识背景的教师、政府工作人员、社会工作者等社会各界人士组成志愿者队伍，由司法局对志愿者库进行管理，在矫正部门的主持和组织下协同开展未成年社区矫正工作。拓宽渠道，通过政府购买服务的方式，在未成年社区服刑人员监管教育中引入具有资质的专业社会力量，帮助未成年社区服刑人员更快、更好地融入社会。

（三）完善未成年人犯罪综合治理机制

预防未成年人犯罪是全社会的共同责任，全社会应当积极教育、引导未成年人树立社会主义法治观念，养成良好的道德品行和遵纪守法的行为习惯。教育、公安、司法行政、文化传播影视、市场监管、民政等政府有关部门和司法部门应当按照各自职责做好预防未成年人犯罪工作。

第一，需要各职能部门、未成年人所在家庭、学校以及社会各界力量的通力合作，形成预防和治理未成年人犯罪的综合治理机制。政府部门应当制定预防未成年人犯罪工作规划并将预防未成年人犯罪工作纳入年度工作考核体系，同时将预防未成年人犯罪工作经费列入财政预算当中。相关政府部门、司法部门以及共青团组织应组织预防未成年人犯罪工作的常设协调组织，以便开展预防未成年人犯罪的综合治理工作。

第二，完善未成年人犯罪综合治理机制，核心在于通过采取有效的教育矫正措施和辅助手段预防和减少未成年人犯罪。应当结合未成年犯独特的身心发展特点开展多种形式、丰富多样的矫正帮助活动，对未成年犯提供技能培训、就业辅导、法律和思想道德教育，尽量减少社会歧视对未成年犯的影响，帮助他们重新树立生活信心，建立正常的人际交往和健康的生活方式，促进未成年犯回归社会和再社会化。

第三，完善未成年人犯罪综合治理机制，需要着重对未成年人进行法制宣传和心理问题疏导。未成年人违法犯罪行为与其自身缺乏守法意识和法制教育相关，应当采取多种手段培育牢固的守法观念。在对未成年人进行法制教育的基础上，应当同时注重加强全面有效的心理辅导和心理疏导，培养其亲社会态度和规范意识的养成。需要培养青少年正确的自我价值观和社会观念，提高对犯罪的自我控制。这需要树立值得效仿的社会权威，培养榜样力量，加强对未成年人的道德法制教育，组织开展有利于未成年人身心健康成长和养成良好道德品行的各项教育培训等活动，帮助他们形成正确的是非观念，需要关注青少年的成长变化，引导其解决青春期人格发展中面临的种种困惑和难题，以应对可能阻碍健康人格形成的青春期危机事件。

专　题　篇

天津市大运河文化保护传承利用研究报告（2021）

任云兰　天津社会科学院历史研究所研究员

摘　要： 大运河文化积淀着中华民族最深厚、最优秀的历史文化底蕴，成为中华民族最独特的精神标识和世界文化遗产。本文从天津的大运河历史文化遗产资源的挖掘与梳理及其突出特征出发，就2021年加快天津大运河文化保护传承利用提出5项对策与措施：1.统筹谋划，为天津大运河文化保护传承利用提供行动指南；2.健全协调工作机制，为天津大运河文化保护传承利用提供可靠的组织保障；3.抓紧启动若干天津大运河文化保护传承利用建设工程，尽快见到实效；4.积极拓展投融资渠道，广泛筹集建设资金；5.充分发挥舆论导向作用，加强对外宣传推介。

关键词： 大运河文化　历史文化遗产　天津　保护传承利用　对策与措施

大运河是中华民族利用自然、改造自然、保护自然的杰作，积淀着中华民族最深厚、最优秀的历史文化底蕴，成为中华民族最独特的精神标识和世界文化遗产。党和政府高度重视大运河文化保护传承利用工作，2017 年 6 月，习近平总书记做出批示，大运河是祖先留给我们的宝贵遗产，是流动的文化，要统筹保护好、传承好、利用好。2019 年中共中央和国务院出台《大运河文化保护传承利用规划纲要》，对大运河文化保护传承利用进行顶层设计。天津作为大运河沿线的重要节点，素有运河载来的城市之说，因而深入挖掘天津大运河历史文化遗产资源，加快推动大运河文化保护传承利用，对于展示天津形象、推广天津文化，弘扬中华文明、彰显文化自信具有十分重要的意义。

一　天津大运河历史文化遗产资源及其特征

京杭大运河天津段（以下简称天津大运河）流经静海、西青、南开、红桥、河北、北辰和武清 7 个行政区，长达 195.5 公里（包括运河故道），距今已有 2500 多年的历史。它是世界上开凿最早、规模最大、线路最长、使用最久和延续时间最长的人工河道，成为我国历史上南粮北运、商旅交通、军资调配和水利灌溉的生命线。它是一条经济之河，文化之河，水利之河，交通之河和生态之河，积累了丰富的经济、文化、教育、水利、交通和生态等历史文化遗产资源，归结起来，主要包括如下几方面：

（一）经济遗产

1.城市遗产

天津是运河载来的城市。大运河留给天津最大的经济遗产就是奠定了天津古代城市形成和发展的基础，将天津从军事堡寨发展成为人口集聚、商业繁荣、文化兴盛的近代工商业港口城市，实现了天津经济社会的历史性巨变。金贞祐二年（1214），天津因居河海要冲，畿辅门户之战略要地，在南、北运河交汇三岔河口设直沽寨，从此拉开了天津城市发展的序幕。元延祐三年（1316）改设海津镇。“舟车攸会，聚落始繁”。元代漕运兴盛，进一步加快了天津城市的形成和发展。明永乐二年（1404）天津设卫筑城，在明王朝漕运制度的催生下，天津逐步发展。清雍正三年（1725）升天津卫为天津州。清雍正九年（1731）升天津州为天津府，辖六县一州，行政地位逐渐提升。明清时期，大运河和漕运使天津迅速发展成为商贾云集、商贸发达的城市。

2.镇村遗产

大运河在孕育天津城市形成和发展的同时，沿途还催生出一些历史悠久的镇村，其中较为突出的有杨柳青镇、独流镇、河西务镇与西沽村。

杨柳青镇始建于金贞祐二年（1214），历史悠久，文化底蕴深厚，2008年被评为中国历史文化名镇。明清时期，是漕运的重要枢纽，成为我国北方商贸流通和文化交流集散地，商业繁荣。清代有著名的崇文书院及古寺院40余座，现尚存普亮宝塔和报恩寺等遗址。建于明万历四年（1576）的文昌阁是国内保存最完好的明代楼阁式建筑。始建于清光绪初年的石家大院和安家大院等名闻遐迩。最集中体现古镇传统风格的是南运河民俗文化区。在旧城改造中，西青区投巨资修复了 4.2 公里的南运河，建成了南运河景观带和御河人家民俗文化旅游区，形成了南有秦淮人家，北有御河人家的人文景观。2018 年杨柳青镇政府又投巨资实施 5A 旅游景区创建工程。杨柳青国家大运河文化公园即将开工兴建，计划总投资 52 亿元，以元宝岛为核心规划建设元宝岛文化公园、杨柳青历史名镇和文化小镇三部分，预计 2023 年完工。

独流镇因南运河、子牙河与大清河在此汇成一河而得名。它建于宋代，因漕运之利，商贸繁荣，明永乐年间，吸引众多人口移民至此，渐成集镇。清中期设独流地练，1923 年设独流镇。独流老醋制作工艺独特，始创于康熙年间，至今已有三百多年历史，系我国三大名醋之一。镇区内保存有义和团“天下第一团总坛口”遗址、独流木桥和平安水会旧址等文物古迹。

河西务镇起源于汉魏，崛起于元初，鼎盛于清朝中叶，元明清三朝数百年间均在此设官置府，逐渐成为漕运咽喉、榷税钞关和水陆驿站，有“京东第一镇”和“津门首驿”之称。武清区河西务镇东西仓村南的十四仓遗址是潞水漕渠中最大的一处漕运遗址，发现了不少沉船遗址。

西沽村是北运河边一个具有悠久历史的古老村落，兴起于清代，清康熙三十三年（1694），皇帝巡视京畿，西沽水患得到治理，桃花堤上引来无数文人墨客。乾隆也曾多次莅临西沽，并赋诗《西沽二首》传于后世。清光绪年间天津文人李庚辰著《醉茶志怪》，文中提到："西沽旧名黄叶村，老人犹有知者，近日莫传也。道光年间有诗云：'僧归黄叶村中寺，人唤斜阳渡口船。'黄叶村即西沽。"清代天津诗人查曦留下一首名为《东沽野酌》诗词："黄叶村前带酒歌，夕阳欲落晚风多。人家两岸临秋水，坐看牛羊乱渡河。"梅宝璐的《潞河棹歌》描写的是清末的西沽："大红桥北是西沽，杨柳楼台金碧铺。隔岸好添山一角，不须妆点似西湖。"天津开埠通商以后，清政府在扩建机器局（东局子）制造军火武器的同时，在西沽择地350亩建造火药库，于1876年落成，称"西沽武库"。1900年6月"庚子之役"中，八国联军将武库炸成废墟。1958年西沽武库的一部分被辟为西沽公园，占地约35万平方米。西沽还是中国近代第一所大学——北洋大学所在地，也是天津火柴工业的发祥地，1911年成立天津华昌火柴公司，1918年与北京丹凤火柴公司正式合并，改名为丹华火柴公司。

3.商业遗产

随着漕运的兴盛，各种物资通过运河船舶源源不断地汇聚，天津逐渐形成经营粮食、锅具、纺织品、竹具和估衣等的商业街区，促进了天津商业贸易的繁荣与发展。与此同时，全国各地的商人纷至沓来，云集津门，并组织建立闽粤会馆、豫章（江西）会馆、山西会馆、安徽会馆、广东会馆、怀庆会馆、浙江会馆和云贵会馆等众多商人同乡组织。此外，伴随着商业贸易的繁荣与发展，各类商行、银号、钱庄和货栈等商业金融货运机构应运而生，钞关和盐关等商业管理机构也相应建立起来。

4.工业遗产

天津襟河枕海、拱卫京畿的独特自然和区位条件，海盐资源丰富的资源优势，交通便利的运输条件，开埠通商的市场环境，崇尚科技的城市风尚，精英领军的创业人才，孕育了天津近代工业的发展。三条石福聚兴机器厂旧址是大运河沿岸城市工业文明和工业遗产的代表，成为天津崇尚工业文明极为重要的历史见证。

（二）文化教育遗产

伴随着大运河的全线贯通，天津凭借着河海联运的优势地位，迅速崛起为商业重镇，在经济逐步走向繁华的同时，天津也形成了独特的地域文化，遗留下了大量文化教育遗产资源。

1.戏曲艺术

大运河的开凿，使天津成为京畿门户和水陆要冲，形成了五方杂厝的人文环境和开放、包容、多元、创新的城市氛围，并由此造就了独特的城市文化。天津京、评、梆等戏曲艺术曾经辉煌一时。曲艺流派纷呈，名家辈出，天津时调、天津评书、天津相声、梅花大鼓、京韵大鼓、京东大鼓、铁片大鼓等表演艺术闻名于世，延古续今；相声艺术家马三立、侯宝林、刘宝瑞，京韵大鼓艺术家骆玉笙，快板书艺术家李润杰，天津时调艺术家王毓宝，京东大鼓艺术家董湘昆等享誉海内外，“曲艺摇篮”“曲艺之乡”的美誉实至名归。

2.民间工艺美术

天津众水凑集，兼收并蓄，造就了民俗浓郁、丰富多彩的民间工艺美术，其中尤以素有“天津四大民间艺术”之称的杨柳青木版年画、泥人张彩塑、风筝魏风筝和刻砖刘砖雕艺术最具代表性。

源于明代的杨柳青木版年画以其多元包容的题材，紧扣时代脉搏的造型特征，浓淡相宜的色彩表现，半印半画的制作工艺，塑造了众多吉祥喜庆、喜闻乐见的艺术精品，成为中国北方民间木版年画的突出代表，并与江苏桃花坞年画一起举起了中国民间木版年画的大旗，为中国民间美术的辉煌添上了浓墨重彩的一笔。泥人张彩塑、“风筝魏”风筝和“刻砖刘”砖雕艺术均始于清代。其中泥人张彩塑以其不拘一格的题材，以形传神的艺术特征、鲜活的艺术造型、和谐统一的色彩表现，塑造了无数形神兼备、气韵生动的民间艺术精品，成为享誉海内外的重要民间美术。“风筝魏”风筝以其造型多变、彩绘逼真、飞行平稳、特技精湛、便于携带的突出特征，成为我国风筝界的翘楚。“刻砖刘”砖雕以传统青砖建筑为依托，取材于民间传统吉祥图案，构图饱满、造型生动、结构严谨，充分展现了砖雕艺术的高超技艺和艺术风采。

3.天津皇会

源于清朝乾隆年间的天津皇会是妈祖文化在天津传承中所形成的独特民俗文化活动。皇会是清中期至民国前期天津最大的岁时盛会，它以纪念天后诞辰为主要内容，在天后宫附近展示地方风俗人情及优秀民俗文化。史料记载："神诞之前，每日赛会，光怪陆离，百戏云集，谓之皇会。香船之赴庙烧香者，不远数百里而来。由御河起，沿至北河、海河，帆樯林立……所有可以泊船之处，几于无隙可寻。"它将旧时津门信仰习俗、商业习俗、年节习俗和民间艺术结合，呈现在观众面前，使观众在休闲娱乐中，非常自然地接受优秀民俗文化的熏陶，并带动了天后宫附近商业经济的繁荣。2008 年，天津皇会被列入第二批国家级非物质文化遗产。

4.文学艺术作品

运河不仅是一条经济之河，更是一条文化之河。历代文人如泉的文思在潺潺运河流水、点点帆影和婀娜垂柳的感召下，留下了大量脍炙人口的诗词歌赋。尤其在天津富甲一方的盐商查家的影响下，水西庄不仅创造了灿烂的园林艺术与文化，还留下了盛极一时的文人唱和、诗集书画和逸闻传说，关于查家与水西庄的人文故事代代相传，关于漕运、漕船、杨柳青、桃花口、桃花寺、虹桥、西沽、武库、河西务的诗词歌赋佳句迭出，流芳后世。

5.教育遗产

大运河既形塑了天津城市空间，也为天津留下了宝贵的教育遗产，1902 年迁至北运河旁西沽地区的北洋大学堂是我国第一所近代高等教育机构。"花堤蔼蔼，北运滔滔，巍巍学府北洋高"，北洋大学校歌首句就指明了北洋大学堂与北运河和桃花堤的空间关系。

（三）水利遗产

大运河在我国历史上承担着防洪排涝、蓄水输水和农业灌溉等水利功能，遗留下河道遗产、水工遗产以及与之相关的配套和管理设施等水利遗产。

1.河道遗产

大运河本体是世界上历史最悠久、规模最大、线路最长、使用和延续时间最长的河道遗产。

2.水工遗产

闸、坝和码头是大运河最主要的水工遗存。天津的水工遗存主要包括筐儿港、九宣闸、耳闸和屈家店闸等。其中始建于清康熙年间的筐儿港水利枢纽位于武清区大碱厂镇，是天津现存最早的水利枢纽，其目的在于分流洪水，接济漕运，康熙皇帝曾题写“导流济运”碑以示纪念。建于清光绪年间的九宣闸位于静海区唐官屯镇，是天津现存最早的水闸。它是南运河进入天津境内的第一道闸口，其目的在于分泄南运河洪水，缓解该地区的水灾，至今仍在引黄济津以及南水北调东线工程中发挥着十分重要的作用。李鸿章题写的《南运减河靳官屯闸记》石碑，记载了闸口的建立缘由与经过。

3.大运河相关遗产

大运河相关遗产包括仓廒、衙署、驿站、行宫和会馆等配套设施和管理设施。如南仓、北仓、十四仓等地名的延续以及蕴藏丰富的地下文物，曾经繁华的河西务的衙署、驿站、行宫、钞关的大量丰富史料的记载，都是大运河丰富的水利文化遗产的组成部分。

（四）交通遗产

大运河在我国历史上承担着南粮北运、商旅交通和军资调配的交通运输功能，遗留下了涉河桥梁和漕运沉船遗址等重要的交通遗产。

1.涉河桥梁

涉河桥梁是大运河仅次于运河航道的交通遗产。天津的涉河桥梁以被列为市级文物保护单位的静海独流老木桥最为独特。这座桥位于静海区独流镇兴业大街，是运河上唯一一座老木桥。它建于民国时期，桥长 31.8 米，宽 5 米，为木质结构。桥两侧有 19 根护栏，材质均为黄花松。桥面铺有沥青路面，下有 5 个桥墩。由于年代久远，目前桥梁风化腐蚀较为严重。

2.漕运沉船遗址

漕船作为大运河唯一的交通运输工具自然成为大运河的交通遗产。漕运沉船遗址是大运河交通遗产的历史见证。武清区河西务镇东西仓村南的十四仓遗址是天津最大的一处漕运沉船遗址，发现了不少沉船。

（五）生态遗产

大运河不仅仅是一项世界历史文化遗产，而且是一项极为重要的生态遗产。

1.生态廊道

大运河在水源涵养与调蓄、营养物质传输、水生生物栖息与迁移、污水吸纳与净化以及维持生态平衡等方面发挥着举足轻重的生态作用，因而成为沟通南北的重要生态廊道。

2.景观廊道

大运河沿线营造出由河道、堤岸和绿荫等景观要素组成的景观长廊，形成一道靓丽的风景线，成为纵贯南北的景观廊道。

（六）天津大运河历史文化遗产资源的突出特征

通过梳理天津大运河的历史文化遗产资源，我们不难归纳总结出天津大运河历史文化遗产资源具有如下突出特征：第一，遗产资源丰富。天津大运河历史文化遗产资源不仅涵盖了经济、文化、教育、水利、交通和生态等诸多方面，而且涵盖了物质和非物质文化遗产两个方面，资源十分丰富。第二，多重性特征明显。天津大运河既是水利、交通和生态遗产，也是经济和文化遗产，因而具有明显的多重性。第三，城市遗产突出。城市遗产是天津大运河最为突出的历史文化遗产，这在全国乃至世界也是绝无仅有的。第四，线性分布。天津大运河流经天津 7 个行政区，长达 195.5 公里，因而大运河本体及其依附的历史文化遗产资源呈现出明显的线性分布特征。

二　加快天津大运河文化保护传承利用的对策与措施

天津大运河文化保护传承利用涉及面广，是一项极其复杂的系统工程，因而必须从切实加强顶层设计入手，进行统筹谋划，协调联动，整体推动。

（一）统筹谋划，为天津大运河文化保护传承利用提供行动指南

根据《大运河文化保护传承利用规划纲要》，结合天津大运河历史文化遗产资源现状，以现有规划为基础，尽快组织编制天津大运河文化保护传承利用规划。该规划要从着力弘扬中华优秀文化，突出展示中华文明，彰显文化自信的国家战略高度出发，按照“大文化、大旅游、大产业、大发展”的思路，科学制定天津大运河文化保护利用规划的总体思路、发展目标、发展路径与重点，以及保障政策与措施。

1.以大运河为主轴，统筹谋划天津大运河文化保护传承利用规划

大运河是世界遗产，天津大运河文化保护传承利用规划要以世界遗产大运河为主轴线，充分考虑大运河历史文化遗产资源的突出特征，以充分挖掘大运河历史文化遗产资源为基础，从构建天津大运河文化遗产保护体系入手，按照点线面相结合，物质文化遗产与非物质文化遗产保护传承利用相协同，历史文化遗产保护传承与运河文化带建设相协同，文化、旅游与生态修复相融合的原则，在大运河历史文化遗产保护与利用、文旅项目建设、旅游线路规划以及河道水系治理与生态修复等方面进行统筹谋划，科学规划，同时严格按照《大运河天津段核心监控区国土空间管控细则（试行）》进行规划管控，并将相关内容纳入全市国土空间规划，实施“一张图”管理，从而牢固树立大运河文化保护传承利用一盘棋的格局。

2.以大运河为主轴，统筹谋划天津大运河历史文化遗产资源保护传承利用

在充分挖掘天津大运河历史文化遗产资源的基础上，构建天津大运河历史文化遗产保护体系。天津历史文化遗产资源从其类型看，包括经济、文化教育、水利、交通和生态五类。从其物质形态看，包括物质和非物质两类。

其中物质形态由世界级遗产、历史城区、历史文化街区、历史文化名镇名村、不可移动文物和工业遗产六部分组成；非物质文化遗产由传统文化、传统工艺美术、传统戏剧、曲艺、传统音乐、传统舞蹈、商业老字号、民间文学、民俗民风和历史地名等组成。上述各类历史文化遗产资源共同构成天津大运河历史文化遗产保护体系，这一保护体系的建立将为天津大运河文化保护传承利用奠定坚实基础。在天津大运河历史文化遗产资源保护传承利用过程中，既要统筹经济、文化教育、水利、交通和生态遗产，也要兼顾物质和非物质遗产，不能倚重其中的某一方面，避免造成顾此失彼的现象。

3.以大运河为主轴，统筹谋划大运河文化公园建设

坚持文化遗产保护传承利用与旅游产业发展并重，促进文化与旅游产业相互融合，对于繁荣大运河沿线地区经济、加强大运河历史文化遗产资源保护、继承弘扬中华优秀文化以及加强爱国主义教育具有十分重要的意义，因而，加快推进大运河文化保护传承利用，必须以大运河为主轴，统筹谋划大运河文化公园建设。具体来说就是要按照国家出台的大运河国家文化公园建设方案，结合大运河各河段，规划若干国家文化公园主体功能区。如大运河可以规划为名城（中心城区）、名镇（杨柳青和独流镇）、传统村落（武清老米店村）、水利遗产（九宣闸）、考古遗址（西钓台古城和十四仓漕运沉船）和国家地理标志产品（静海独流老醋和西青沙窝萝卜）等主题展示区。上述这些主题展示区与京杭大运河其他河段一道，共同构建京杭大运河国家文化公园，从而实现大运河文化带建设一盘棋的协同发展格局。

4.以大运河为主轴，统筹谋划天津大运河生态带建设

保护环境是我国的基本国策之一。习近平总书记曾强调指出，人与自然是生命共同体，生态文明建设是关系中华民族永续发展的根本大计，要像保护眼睛一样保护生态环境，像对待生命一样对待生态环境。大运河河道是世界遗产的主体，因而，加快推进大运河文化保护传承利用，必须牢固树立“绿水青山就是金山银山”的理念，以大运河为主轴，统筹谋划天津大运河生态遗产的保护传承利用，其中最突出的是要加快大运河河道及水体治理，加快实施河道清淤、污水截流、水体净化、水源补充、河堤加固和沿河植树造林

等一系列生态修复工程，切实加强大运河生态环境保护，把大运河建设成为天津重要的生态带，并通过生态修复工程进一步推动大运河历史文化遗产的保护传承利用。

5.以大运河为主轴，统筹谋划天津大运河文化旅游带建设

党和国家高度重视文物保护传承利用工作，并于2018年10月印发了《关于加强文物保护利用改革的若干意见》（以下简称《意见》），该文件明确提出要“统筹好文物保护与经济社会发展，在保护中发展、在发展中保护”。《意见》的出台为促进大运河文旅融合发展指明了方向。为此，必须以大运河为主轴，以大运河沿线历史文化遗产资源为基础，结合大运河文化公园主题功能区的设立，开发设计主题突出、各具特色的精品旅游线路，促进文化遗产与旅游产业深度融合发展。如结合天津中心城区，开展名城主题游；结合杨柳青国家历史文化名镇，开展名镇主题游；结合静海西钓台和武清十四仓遗址，开展考古主题游。

6.以大运河为主轴，统筹谋划天津大运河文化旅游带的配套设施建设

完善的配套设施是做好天津大运河历史文化遗产保护传承利用的保障。因此，一方面要结合大运河文化公园主题功能区和精品旅游线路的设立，加快完善游客集散中心、餐饮服务、道路交通、机动车和非机动车停车场、公共厕所等环卫设施、给排水等市政设施。另一方面要充分利用现代互联网技术，大力发展“互联网+文化旅游”，开发大运河文化遗产旅游应用程序，设置天津大运河的物质文化遗产、非物质文化遗产、名人轶事、民间传说、道路交通、酒店、餐饮、特色产品等栏目，建立智能语音导览系统，发展智慧旅游，切实利民便民。

（二）健全协调工作机制，为天津大运河文化保护传承利用提供可靠的组织保障

为做好天津大运河文化保护传承利用工作，天津市已成立了由常务副市长和市委宣传部部长挂帅、相关分管副市长同志参加、相关委办局和区政府主要负责人为成员的全市大运河保护传承利用暨长城、大运河国家文化公园

建设领导小组，负责全面协调解决天津大运河文化保护传承利用中的重大问题。目前已组织召开多次会议，就天津大运河文化保护传承利用规划编制、实施方案、行动计划、市场准入、重点工作和资金保障等问题进行研究。下一步要以此为基础，要按照政府主导、统一规划、市场参与、属地实施的原则，进一步加强组织协调，研究解决天津大运河文化保护传承利用的重大问题，积极与国家部委衔接，与大运河沿线各省市对接，确保各项天津大运河文化保护传承利用工作有序推动。

（三）抓紧启动若干天津大运河文化保护传承利用建设工程，尽快见到实效

为贯彻落实国家《大运河文化保护传承利用规划纲要》，要按照《天津市大运河保护传承利用行动方案》，按照市委、市政府总牵头，各区党委、政府实现属地责任制的原则，分头落实，抓紧启动包括大运河文化传承、文化遗产保护与修缮、河道整治、水资源调配、生态修复与水环境污染防治、绿色生态廊道建设、文旅融合提升、旅游精品线路与品牌提升、运河美好家园建设以及大运河文化移动互联网展示工程等，尽快形成看得见、摸得着的实效。

（四）积极拓展投融资渠道，广泛筹集建设资金

实施大运河文化保护传承利用规划需要大量的资金投入，因此，要从如下几方面入手积极拓展投融资渠道，广泛筹集建设资金：一是加大财政资金投入，将大运河文化保护传承利用规划建设资金纳入市政府和大运河沿线各区政府的财政预算，设立财政专项资金。二是设立大运河文化保护传承利用专项基金。三是积极利用资本市场，通过发行大运河文化保护传承利用建设地方专项债券等方式筹集资金。四是积极招商引资，鼓励采用政府和社会资本合作（PPP）等建设方式，广泛吸引社会资本投入。

（五）充分发挥舆论导向作用，加强对外宣传推介

新闻舆论具有极其重要的宣传和导向作用，因此，要充分利用报纸、广播、展览场馆等各种传统媒体，积极探索利用腾讯、新浪、网易、搜狐等知名门户网站和政务网站，积极借鉴学习强国的成功经验，加快开发天津大运河应用程序和微信公众号，不断拓展和丰富移动互联网客户端内容，大力发展现代网络媒体，切实发挥大运河文化保护传承利用的舆论导向和宣传推介作用，让加强大运河文化保护传承利用、建设大运河文化旅游生态带、弘扬中华优秀传统文化的工作深入人心，成为广大群众的自觉行动。

总之，切实推进天津大运河文化保护传承利用工作，建设璀璨文化带、绿色生态带、缤纷旅游带功在当代，利在千秋。这既是展示天津形象、推广天津文化，弘扬中华文明、坚定文化自信的重大举措，更是推动社会主义文化繁荣兴盛的具体行动，我们务必切实提高政治站位，坚决贯彻落实。

参考文献：

[1] 《中共中央办公厅　国务院办公厅印发〈大运河文化保护传承利用规划纲要〉》，中国政府网，2019 年 5 月 9 日。

[2] 天津市规划局等：《天津境内京杭大运河保护与发展规划》，2013 年 1 月。

[3] 《中共中央 国务院关于建立国土空间规划体系并监督实施的若干意见》，中国政府网，2019 年 5 月 9 日。

[4]《中共中央办公厅 国务院办公厅印发〈关于加强文物保护利用改革的若干意见〉》，中国政府网， 2018 年 10 月 9 日。

[5] 天津市大运河保护传承利用暨长城、大运河国家文化公园建设领导小组：《关于印发〈天津市大运河保护传承利用行动方案〉的通知》，天津市发展和改革委员会网站，2020 年 6 月 9 日。

天津市城市形象与文化影响力研究报告（2021）

罗海燕　天津社会科学院文学研究所副研究员

摘　要： 天津市城市形象与文化影响力之间关系密切。通过对两者现状的调查及其内在联动态势的分析，可知天津更多的是被视为智慧城市、生态城市、改革城市和文明都市。其中文化形象是城市总体形象不可或缺的组成部分，同时作为一种必备因素，又涵盖于城市的其他具体形象之中。近年来，天津在塑造城市形象和提升文化影响力方面，都取得了显著的成绩，但是随着国内外形势的不断变化，也面临着诸多挑战。因此需要在战略规划层面，构建多样化的天津城市文化体系，打造多层次的天津文化人才高地，实施大规模的重点文化工程项目，增强多媒介的天津文化传播力。

关键词： 天津　城市形象　文化影响力　战略规划

城市形象与文化影响力之间有着密切的关系。城市是文化的载体，文化是城市的灵魂。全球发达城市的发展实践证明，提升城市文化品味，扩大城市文化传播力，塑造良好的城市形象，有利于提高城市知名度和竞争力，有助于推动城市文化建设与经济建设的共同发展。近年来，天津在塑造城市形象和提升文化影响力方面，都取得了显著的成绩。但是，随着国内外形势的不断变化，也面临着诸多的挑战。因此需要对天津城市形象和文化影响力的现状，进行全面客观的调查和研判，从理论和实践双重层面考量两者的内在关联，进而制定出符合时代发展和天津实际的提升城市文化品位的战略规划。

一 天津城市形象与文化影响力的基本现状

城市形象是居民、政府、游客、投资者等城市利益相关者对城市整体客观存在的主观感受、认知和印象所组成的一个有机复合体。城市形象可以全方位、立体化地展示一座城市的外在风貌与精神状态，是一座城市最重要的资产，深深地影响着城市的经济、政治和文化等方面的发展。而文化影响力彰显城市魅力、特色和底蕴，是城市综合竞争力的内在体现，也是城市品质和气质的综合表达。目前学界认为，城市文化竞争力主要包括：以城市精神为核心的价值创造力，以城市智慧和创意为核心的文化创新力，以文化输出和传播能力为核心的城市文化辐射力，以聚民心民意为核心的城市凝聚力，以及由城市品位、品牌、形象等要素构成的城市影响力等。①

（一）天津城市形象的基本现状

2000 年以前，天津城市形象可以归纳为两大方面。其中，正面形象主要包括：（1）特大型港口城市（首都门户、全国第三大城市、北方最大港口城市）；（2）经济基础雄厚（全国著名工商业城市、工业基础雄厚、行业类型齐全、第三产业发展迅速、外向型经济突出、跨国企业多）；（3）文教体卫发达（文体卫事业水平高、公共文化设施齐全、高校与科研院所众多）；（4）城市基础设施完善（交通运输体系发达、信息港建设方兴未艾、水气电全面保障）；（5）建筑风格多样（“万国博览会”、国家级历史文化名城）；（6）市容市貌逐步转好（市容市貌工作引起重视、环境质量有所改善）。负面形象主要包括：（1）城市地位下降明显；（2）城市交通拥挤；（3）城市绿化率低；（4）环境卫生状况差；（5）城区改造缺口大；（6）城市个性不鲜明。②

现集中对 2019 年 1 月 1 日至 2020 年 10 月 1 月时间范围内的天津城市形象进行调查。其中相关的数据采集来源有四：一是权威性纸质媒体《人民日

① 吴忠：《提升城市文化软实力的意义与路径选择》，《学术界》2011 年第 5 期。
② 马玫、邢海峰：《浅论天津城市形象的塑造》，《城市》2000 年第 2 期。

报》与《天津日报》，二是全国范围内的图书出版物，三是学术界的研究论著，四是网络形式的全民抽样调查。具体调查结果如下：

《人民日报》中的相关报道与评论总约 100 条，天津城市形象集中呈现为：智慧城市、绿色生态城市、文化城市、改革“试验区”、国际港口城市。《天津日报》中的相关报道与评论总约 2000 条，天津城市形象集中呈现为：智慧城市、文明都市、5G 城市、曲艺之都、旅游城市。据全国图书联盟参考咨询数据统计，自 2019 年以来，正式出版的有关天津的图书超过 1000 种，而以文化和历史类为最多，天津城市形象呈现为：教育城市、旅游城市、改革城市、文化都市、商贸都市。学者论著对天津城市形象的呈现具有总结性和前瞻性并存的特点，主要呈现为：智慧城市、旅游城市、海洋城市、海绵城市、书香都市、生态城市、数字城市。网络媒体的抽样调查结果很难显示出对天津城市形象的明确认知，大多数人对天津城市的印象比较随意和主观，大致可以归纳为五点：一是城市存在感不强，二是留不住人才，三是市民性格幽默，四是政治站位高，五是教育和医疗比较发达。

综上，当前的天津城市形象主要集中为：一是智慧城市。近年来，天津发展智能制造，赋能智慧生活，以科技为抓手构建一流的现代城市治理体系，提升城市治理能力与效率，更好地服务于城市“人”，成为了中国城市中的亮点。二是生态城市。近年来，天津优化城市发展格局，用一条“绿廊”连接“双城”，整治大棚房，修复七里海湿地生态，政府力度空前，取得了明显成效。三是改革城市。近年来，天津推动国企混改，融入京津冀一体化，完善自由贸易试验区建设，营造良好的营商环境，在滨海新区公开招聘政府职员，成为全国的改革先行者。四是文明都市。近年来，发行文化演出消费优惠卡，激发老字号生机，全面创建文明城市，推广书香都市，支持实体书店，成为其他城市和地区效仿学习的典范。

（二）天津文化影响力的基本现状

新时代的天津文化，底蕴深厚，类型丰富，主要包括以当代地标建筑、文化创新创意成果为代表的当代标志性文化，以五大道历史风貌建筑群和街区为代表的近现代历史文化，古文化街、老城厢、三岔河口等地区资源孕育的传统文化，以先进制造业和新兴产业为代表的工业文化，由海河、山、林、湖、运河、湿地郊野公园和城市园林形成的以文化促进生态保护、以生态保护涵养文化的绿色生活文化，以内化于物质旧址的历史观、价值观、世界观为要素的革命文化，以“一基地三区”为核心意涵转化生成的新兴文化，以示范小城镇和新农村建设为代表的特色小镇文化等。

自 1949 年中华人民共和国成立以来，从邓小平同志题写“开发区大有希望”，滨海新区成为国家级综合配套改革试验区，到全面贯彻习近平总书记对天津提出的“三个着力”重要要求，再到京津冀协同发展“一基地三区”定位，天津在改革开放浩荡大潮中拼搏奋进，实现了经济社会发展的历史性变化。与此同时，天津的文化影响力也在不断提升。天津市文化事业和文化产业的提升和发展，共同推动着整体的文化影响力持续增强。

天津市统计局、国家统计局天津调查总队 2020 年 3 月发布的《2019 年天津市国民经济和社会发展统计公报》及《天津市乡村振兴战略规划（2018—2022 年）》显示，天津市文化事业蓬勃发展。

一是举办庆祝新中国成立 70 周年文化活动，创作《永远的战友》《周恩来回延安》等精品力作。二是国家海洋博物馆建成开放，市民族文化宫重建启用，北疆博物院旧址等 6 处不可移动文物入选全国重点文物保护单位，首批街镇综合性文化服务中心全面达标。三是截至 2019 年 12 月，全市共有艺术表演团体 198 个，较 2018 年度增加了 92%；文化馆 17 个，与 2018 年度持平；博物馆 68 个，较 2018 年度增加了 4.6%；公共图书馆 29 个，与 2018 年度持平；街乡镇综合文化站 244 个，与 2018 年度持平；全市影院共计 117 家，较 2018 年度增加了 15.8%，放映场次 127 万场，观影人数 2565 万人次，较 2018 年度增加了 2.6%，实现票房收入 9.44 亿元，较 2018 年度增加了 7%。全年出版图书 1.04 亿册，较 2018 年度增加了 13%，杂志期刊 2961 万册，较 2018 年度增加了 9.9%，报纸 2.39 亿份。四是农村地区图书馆、文化馆、乡镇（街道）综合文化站、村（社区）文化活动室、农家书屋等文化服务设施实现了全覆盖。

天津市近年来在文化产业方面，采取了众多举措，成效明显。在市级层面，推动调整了文化产业园区的传统发展思路，着力从园区效益、资源利用、产业水平及对外交流等层面入手，推动文化产业园区的综合发展。其中，《天津市文化改革发展“十三五”规划》提出，到2020年使文化产业增加值超过1600亿元，占全市生产总值的比重达到6.5%。具体而言，天津市文化产业的提升发展，体现在四个方面。一是实现园区经济效益和社会效益的“双向并进”。二是在利用本地区文化资源建设特色文化产业园区方面总体向好，已基本形成历史民俗文化产业区（如大沽口炮台遗址公园）、老品牌老字号文化产业区（如劝业场、大胡同）、海洋文化产业区（如滨海航母主题公园）、农业与农村休闲文化产业区（如杨柳青园艺科技博览园）等各类园区多维并进的发展格局。三是在扩大园区规模、延伸产业链条和加强园区互联，实现统筹发展两个维度提升了文化产业园区的产业发展水平。四是“引进来”与“走出去”相结合，加强了园区的对外交流与合作。

在区级层面，滨海新区以数字产业助推协同发展，打造了“天津大道国际文化创意产业带”；河东区以文化产业精品项目交流对接会暨京津冀文化产业重点项目推介会为契机，推进文化产业实现转型和升级；西青区携手华侨城投资500亿元，打造了集滨河旅游、休闲娱乐、文化创意和主题商业为一体的多元化文化产业集群；南开区基本建成了便捷高效、保基本、促公平的现代公共文化服务体系，实现了区、街道、社区三级公共文化设施网络全面覆盖；蓟州区通过实施农家院提升改造三年行动计划、编制《蓟州区文化旅游产业融合规划及实施计划》、推进渔阳酒业市级工业旅游示范点建设、密切与投资主体对接服务、制定《蓟州区全域旅游营销推广方案》，“五位一体”推进文化旅游产业进一步发展。

截至目前，天津市在打造优势文化产业，助力转制企业发展，引导规划专项资金，培育行业领军企业和重点项目等方面，都取得了显著的成绩，极大提升了文化产业自主创新能力和市场竞争力。

二　天津城市形象与文化影响力的联动态势

文化是一座城市的灵魂，是展示城市整体形象、精神品位的重要载体，是提升城市凝聚力、吸引力、影响力乃至综合实力的内源动力。文化传播又名文化扩散，是指文化从一个社会传到另一个社会，从一区域传到另一区域以及从一群体到另一群体的互动现象。尤其是对于外地民众来说，亲身经验少，他们主要通过文化传播来了解某个城市，进而形成对这个城市的认知和评价。而通过对天津城市文化的优势、劣势、机遇、威胁（短板）等加以考察，可以更加客观和全面地把握天津城市文化。

（一）天津城市形象塑造中的文化因素

缺少文化的城市是没有竞争力的城市。当代学者唐振常曾说过："旅游者新到一个城市，走马观花，要知这个城市的文化素质，除了一览市容修整如何，另有三者可备参考：一是书店多少和新书面貌，二是博物馆建筑及其展品优劣，三是文化遗址的保存和维护如何。"[①]当代城市的发展实践也证明，经济社会发展是原动力，是维持城市生命正常运转的物质基础和血脉流通的动力，而文化则是思维的源泉和精神的指挥中枢，是城市的精神和灵魂所在，让城市形象更加精彩。任致远就指出："城市的产生、发育和发展，不仅是城市生产力发展的结果，还是城市文化发展的结果，从某种意义上说，城市是人类文化智慧的结晶，是人类为了追求美好生活而创造的物质空间形态和生活生产方式，是人们寄托理想的载体，也就是说，城市与文化结盟是从始至终、难分难解的。"[②]

具体而言，一是文化让城市更具有个性。每一座城市的文化各不同，这是城市别具特色的一个重要因素。文化的多样化属于客观存在和自然规律。如果采取相同的模式来营造城市，就会抹杀城市个性，导致在城市之林中缺

① 《唐振常文集》（第 5 卷），上海社会科学院出版社 2013 年版，第 58 页。

② 任致远：《城市文化：城市科学发展的精神支柱》，《城市发展研究》2012 年第 1 期。

乏独特性和竞争力，而市民也会因此缺乏家园意识，降低和减弱对所在城市的认同度和热爱。二是文化让城市充满魅力。城市之所以能够展现出独特的迷人魅力，就是因为城市文化的存在。相反，城市如果缺乏文化，就会变成一片冷冰冰的水泥丛林。三是文化让城市更加包容。所谓“以文化人”，文化具有潜移默化的功能，能够让城市更加包容，并协调、化解各种冲突和矛盾。目前，全社会已经基本达成共识：在现代化的城市建设中，应该丰富城市内涵，提升城市文化品位，重视文化在城市发展中的作用，进而以文化实力来推动城市经济发展，塑造优良的城市文化形象。

2016年天津市国民经济和社会发展第十三个五年规划，明确提出“使天津成为文化繁荣、社会文明的魅力人文之都”。在对天津城市形象的考察中，不同来源的数据，也都将文艺、文化、文明当作了城市形象构成的重要方面。人们将天津视为文明都市、曲艺之乡、书香城市、文化城市等，可以反映出文化在天津城市形象定位中的重要作用。

（二）天津文化传播中的城市形象认同

任何一个城市的总体形象，都可以分为经济形象、环境形象、文化形象、居民形象、政府形象五个维度。可以说，文化形象是城市总体形象不可或缺的组成部分。此外，文化作为一种必备因素，又涵盖于城市的其他具体形象中。如经济形象中有商业文化、金融文化，环境形象中有生态文化、天人合一文化，居民形象中有地域文化、思想文化，政府形象中有廉政文化、治理文化。一般而言，城市总体印象评价与公共图书馆藏书量、剧场（影院）个数呈正相关。城市的公共图书馆藏书量越多、剧场（影院）个数越多，代表该城市的文化建设越好，人们的总体印象评价越高。而从近年来的文化传播实际来看，文化传播让天津的城市形象一直处于更新和丰富的状态中。文化传播的媒介，主要有文艺作品、影视剧作、会展、赛事、新媒体等，载体不同，受众不同，它们所传递的天津城市形象也趋于多元化。

其一，津味小说等描绘了天津文化和众生世相。当代的津味小说呈现了混杂着“土气”“粗俗”又“讲理儿、讲面儿”“讲义气、注重人气”的天津市民文化性格。这种书写随着作品的出版和传播，影响了很多未到过天津的人的看法。其二，影视剧作等塑造了天津城市新形象。如《挚爱天津 致意未来》城市宣传片创造性地展现了天津的传统新潮和人文情怀，塑造了一个“不一样的天津”。再如天津电视台的《中国人》《拾遗保护》《泊客中国》《都市节拍》等纪录片栏目，在树立本地文化标识和传承天津地域文化的同时，有效地宣传了城市形象。其三，举办大型赛事、会展等提升天津城市认同。如 2019 年亚俱杯女排赛、全国第十届残运会暨第七届特奥会、世界智能大会等，吸引了大批参赛运动员、旅游者与媒体到达天津，这不仅丰富了天津城市形象的传播主体，使主体更加多元化，而且通过赛事参与者、旅游者的口碑效应和媒体集中曝光报道，扩大了受众范围。这些人群在参与天津举办的大型体育赛事过程中，逐渐丰富并完善了对天津城市形象的印象和看法。其四，新媒体等直观展示了天津的城与人。如系列微视频《天津 24 小时》展现了天津古今交融、东西荟萃的历史瑰宝，天天乐道、津津有味的民俗文化，协同京冀、智能发展的历史机遇，创新开放、日新月异的面貌等，特别加深了年轻人对天津城市的了解和认知。

（三）天津城市文化分析

1.天津城市文化的优势

一是历史文化底蕴深厚。天津是国务院命名的历史文化名城。漕运、军旅、商业和租界等，构成了天津历史文化的深厚底蕴。此外，天津还拥有大量的近代文化和西洋建筑遗存。二是津味民俗文化繁盛。天津作为一座移民城市，民风民俗和民间艺术十分繁盛。杨柳青年画、北方曲艺、泥人张彩塑、风筝魏、汉沽飞镲、大港农民画等，都是天津民俗文化的代表。此外，天津的方言、美食、婚丧嫁娶、节庆风俗等，也都极为丰富。

2.天津城市文化的劣势

一是文化资源产业化程度低。文化产业增加值占地区生产总值的比重较低。二是与京沪相比，天津市居民文化需求水平低，文化消费动力不足。三是融资能力差、文化产业集聚效应不明显等，造成天津文化有效供给不足。

四是文化人才结构失衡。如由于职称职数严重滞后，目前中级以上专业人才数量少，整体素质有待提高。再如相比于传统文化行业的生产制造，文化创意人才、动漫设计和运营人才、文化经纪和运作人才较为匮乏。五是文化领军人才短缺。特别是既懂文化又善经营的复合型高端人才、文化融资方面的领军人才、开拓文化市场的人才较少，几乎成为制约全市文化事业和文化产业做大做强的极大障碍。六是文化人才管理体制有待完善。一些部门和单位行政化过强，缺少服务意识，主动谋划少，积极开拓不够。

3.天津城市文化的机遇

一是国家近年来制定出台了系列文化战略，为提升天津城市文化竞争力提供了政策指导和路径方向。二是全球化和逆全球化的国际形势，为加强天津城市文化与国内外文化的交流和传播，提供了发展机遇。三是京津冀协同发展战略的实施，为天津城市文化的融合发展提供了广阔空间。

4.天津城市文化的威胁

一是国家文化安全和城市文化安全问题出现。二是全球文化的同质化导致城市文化“千人一面”。三是文化体制改革进入“深水区”。四是天津目前在实现本地文化产业发展时仍存在着不平衡，数字文化产业向其他领域的拓展方式与最终效果参差不齐，协同发展的产业集群也尚未形成。五是未能充分挖掘本市文化资源优势，不能充分满足民众日益增长的多样化需求。六是相对于其他一线城市，天津文化的海外传播范围有限。此外，还存在视野不高、形式老化、平台单一等问题。

三　天津城市文化品味提升的战略规划

通过以上的调查和研判可知，为提升天津城市文化品味，需要在战略规划层面，构建多样化的天津城市文化体系，打造多层次的天津文化人才高地，实施大规模的重点文化工程，增强多媒介的天津文化传播力。

（一）构建多样化的天津城市文化体系

城市文化可以从三个层面加以理解。第一，宏观意义上的城市文化是人类在社会历史实践过程中所创造的物质财富与精神财富在城市区域的总和。它包括三个方面：一是城市社会成员所创造的文化，二是非城市区域的文化成果向城市区域的聚集，三是城市文化向其他社会区域的扩散。第二，中观意义上的城市文化是城市的社会意识形态以及与之相应的制度和组织机构的总和。它包含两个层次：一是城市的社会意识形态，二是与城市社会意识形态相应的制度和组织机构。第三，微观意义上的城市文化是城市的文学艺术、新闻出版、广播电视、图书博览，以及各种社会性、群众性娱乐活动的总和，也就是通常与教育、科学、体育、卫生等相并列的文化事业，其中又包括文化行为、文化知识、文化设施和文化生活等。城市文化丰富的内涵和外延，决定了其表现形式的复杂多样。故从不同角度，可以对文化做出不同的分类。如从行业而论，可分为生态文化、工业文化、建筑文化、旅游文化、餐饮文化、购物文化、广告文化、商业文化、金融文化、消费文化、管理文化等。

完整的城市文化体系，则涵盖以上的三个层面和所有类型。构建多层次的城市文化体系，需要努力挖掘天津独特的地域文化（包括乡村文化），吸纳移植各种外来文化，让不同的文化在津沽大地、海河两岸生根发芽，百花齐放，百家争鸣。也只有多层次的城市文化，才能满足人民日益增长的不同需求，为城市的发展提供广阔的精神空间，进而造就一个充满活力且富有包容性社会氛围的大都市。

（二）打造多层次的天津文化人才高地

文化人才是文化生产力的主体。但是，近年来，天津与其他的一线城市的发展差距逐渐拉大，这也造成一些包括文化领域的高层次人才的明显外流。此外，天津在文化人才队伍建设方面，也存在一些不足。这就需要打造多层次的天津文化人才高地。

一是建立健全文化人才发展体制机制。做好顶层设计，形成党委统一领导，宣传部门牵头负责，文化单位各负其责，其他部门支持配合的文化人才建设新格局。建立健全人才培养开发、评价发现、选拔任用、流动配置、激励保障机制。创新文化人才管理体制和工作机制，用足用活国家在人才培养方面的政策措施。充分发挥用人主体在人才培养、引进和使用中的主导作用。

二是在“海河英才”计划基础上，同时做好引进人才和留住人才工作。着力实施高层次人才培养和引进计划。在全市哲学社会科学研究、新闻出版、文化艺术和文物保护、文化经营管理、文化科技等领域培养一批成就突出、影响广泛的文化领军人才。建立文化产业人才培养基地，依托文化产业园区、文化产业项目带动人才培养，着力培养一批具有战略开拓、市场驾驭、法人治理、创新能力、国际视野的优秀企业家和一支高水平的文化企业经营管理人才队伍。不断拓宽人才引进渠道，加大政策扶持力度和资金投入，每年有针对性地引进一批在国内外有影响力的文化科技人才、文化经营管理人才、新媒体新业态人才、专业艺术人才等急需紧缺的高端文化人才。优化人才环境，坚持用事业激励人、用待遇吸引人、靠感情留住人。

三是发展壮大乡村文化人才队伍。实施乡村文化队伍培训计划，以专职文化队伍、业余文化骨干、文化志愿者为重点，开展文化人才分级分类分层分岗培训，不断提高基层文化工作者的思想水平、业务素质和专业水平。发现和培育扎根基层的乡土文化能人、民间文化传承人，制定落实对“非遗”传承人的扶持计划。

（三）实施大规模的重点文化工程项目

近年来，在公共财政支持下，全国各地在城市文化建设领域都实施了文化信息资源共享工程、送书下乡工程等重点文化工程。这些工程项目的实施，丰富了城市文化服务的方式和手段，激发了不同文化单位的活力，提升了城市文化品位，也增强了城市的辐射力、吸引力和感召力。天津自 2010 年起，每年推出一批重点文化项目。其中，2019 年确立实施重点文化项目 34 个，投资规模达 27 亿元。据天津市文化体制改革和发展工作领导小组办公室发布的公告，这些重点文化项目分为公共文化设施建设及公共文化服务项目、文化旅游融合项目、文化产业园区平台建设项目、影视动漫及重大活动项目四大板块。其中，公共文化设施建设及公共文化服务项目 8 个，文化旅游融合项目 5 个，文化产业园区平台建设项目 11 个，影视动漫及重大活动项目 10 项。截至 2019 年，天津市级重点文化项目已推出了 10 批，共 560 个项目，总投资规模达 1904 亿元。

在现有基础上，按照多层次的城市文化体系，需要更进一步有针对性地启动大规模的重点文化工程项目，以提升城市文化品位。一是落实《关于实施中华优秀传统文化传承发展工程的意见》，实施天津文脉传承工程。系统整理天津历代文化典籍，深入挖掘天津历史文化精神，全面总结天津当代实践，推动天津城市文化实现“创新性发展”和“创造性转换”。二是推进《公共数字文化工程融合创新发展实施方案》，实施天津市公共数字文化工程。构建统一的公共数字文化基础平台，推出统一的基层服务界面，建设公共文化大数据平台，以丰富内容、聚拢资源、畅通线路、便捷使用为纲领，向上对接国家公共文化云，实现与国家文化云在数据和应用方面的同步发布和并行运行，向下整合市内各层级的文化数字资源和应用，为全市民众提供一站式公共文化服务。三是对标《乡村振兴战略规划（2018—2022 年）》，实施乡村文化传承提升工程，包括农耕文化保护传承工程、“戏曲进乡村”工程、“中国民间文化艺术之乡”建设工程、乡村传统工艺振兴工程、农村特色文化产业发展工程，以及乡村“一史一馆一规划”工程等。此外，利用《长城、大运河、长征国家文化公园建设方案》契机，实施天津市层面的长城文化工程、大运河文化工程以及海河文化工程。

（四）增强多媒介的天津文化传播力

天津拥有底蕴深厚的历史文化资源和丰富多样的文化遗产，一方面要充分挖掘优秀历史文化，做好传承工作，另一方面更要善于利用不同媒介，着力擦亮历史文化亮丽名片，提高天津文化在全国、全世界的辐射力，借助天津文化讲好中国故事，增强天津文化的国内外传播力。2019 年 1 月，习近平总书记在主持中共中央政治局第十二次集体学习时强调：现在已进入“四全媒体”时代，即全程媒体、全息媒体、全员媒体、全效媒体，信息无处不在、无所不及、无人不用，导致舆论生态、媒体格局、传播方式发生深刻变化，新闻舆论工作面临新的挑战。“四全媒体”时代的来临，既意味着传播态势的改变，也为个体传播自身文化提供了契机。天津可以借此扶植一批政府和民间组织和个体，汇智聚力，打造天津城市形象，讲好天津故事，传播天津文化。对此，需要充分利用新科技媒介，进一步增强天津文化在本市、国内和国际的传播力。

一是借助数字文化，扩大本地传播。以人民为中心，凸显人格的主体性和话语的平等性，深挖历史文化内涵，以数字技术盘活文化资源，构建差异化、创意性、易引起情感共鸣的文化内容，让民众切实感受到天津城市的开放、包容和发展，产生有深度、能持续的情感体验、价值感知和文化认同。二是因地制宜，加强过程管理，延伸国内传播链。注重文化的差异性，充分挖掘天津文化资源优势，依据民众的多样化诉求，制定相应的传播策略。同时，在传播中，主动造势，善于借势，通过不同的载体，将天津文化传播到全国各地。三是培育多元主体，政府部分与民间组织或个人相结合，增强天津文化的国际影响力。打造出一系列文化品牌，通过国际友好城市、文化交流、艺术合作、赛事展会等方式，加深海外对天津的良好印象。借助先进的信息技术和社交媒体，在保证文化安全的前提下，借势“网红”等，多元化塑造天津的海外形象。

参考文献：

[1] 冯志成、赵光洲：《中国城市形象研究》，云南人民出版社 2001 年版。

[2] 李广斌、王勇、袁中金：《城市特色与城市形象塑造》，《城市规划》2006 年第 2 期。

[3] 陈映：《城市形象的媒体建构——概念分析与理论框架》，《新闻界》2009 年第 5 期。

[4] 苏永华：《城市形象传播理论与实践》，浙江大学出版社 2013 年版。

[5] 王玉玮：《传媒与城市形象传播》，暨南大学出版社 2013 年版。

[6] 徐剑、沈郊:《城市形象的媒体识别：中国城市形象发展 40 年》，上海交通大学出版社 2018 年版。

[7] 宋冬慧:《现代城市形象塑造及中国本土化研究》，中国纺织出版社 2018 年版。

[8] 范周:《中国城市文化竞争力研究报告》(2017 版)，知识产权出版社 2018 年版。

[9] 张婷婷:《从广告到传播：城市形象的沟通图景》，《现代传播》2018 年第 2 期。

[10] 宋迎昌:《新时代城市形象管理的“为”与“不为”》，《人民论坛》2019 年第 1 期。

天津市居民生活水平研究报告（2021）

张雪筠 天津社会科学院社会学研究所副研究员

摘 要： 2020年天津市居民的生活状况整体良好。虽然受疫情影响居民收入水平和消费略有下降，但是天津市主动应对，在做好疫情防控的同时稳步推进复工复产，积极落实“六保”“六稳”各项措施，居民的基本生活得到了有力保障。居民的幸福感、生活质量满意度处于中上水平。预计2021年随着经济社会活动恢复正常，天津市居民的生活满意度与幸福感将增强。2021年，天津市应该以居民对美好生活需求为中心，进一步加强就业、医疗保障工作，提高公共服务水平、提升居民生活的便利性，以提高居民的生活质量、幸福感与生活满意度。

关键词： 生活水平 收入 消费 幸福感

2020年是决胜全面建成小康社会和“十三五”规划的收官之年。面对突如其来的疫情以及国内外经济社会形势的诸多风险和挑战，天津市全面贯彻习近平新时代中国特色社会主义思想，牢牢把握以人民为中心，坚定不移地推动高质量发展，全市经济运行总体平稳，虽然居民的收入与消费有一定程度的下降，但居民生活满意度较高，居民整体生活状况良好。

一 2020年天津市居民生活状况的分析

生活状况通常取决于居民的客观物质生活条件和内在的主观感受。因此本报告从客观生活状况与主观生活状况两个方面对 2020 年天津市居民的生活状况做出了分析。

（一）2020 年天津市居民客观生活状况分析

面对疫情，天津市委、市政府积极应对，在做好疫情防控的同时，稳步推进复工复产，但是部分行业和从业人员的就业与收入仍然受到了不利影响。天津市居民的收入与消费均出现了不同程度的下降。

1.2020 年天津市居民人均可支配收入略有下降

第一，居民人均可支配收入略有下降，但基本民生有保障。国家统计局天津调查总队公布的数据表明，2020 年前三季度，天津居民人均可支配收入为 34469 元，同比名义增长（以下如无特别说明，均为同比名义增速）2.5%，较上半年回升 4.3 个百分点；扣除价格因素，实际下降 0.3%，实际降幅比上半年收窄 4.5 个百分点。按常住地分，城镇居民人均可支配收入为 37722 元，同比名义增长 2.5%，扣除价格因素实际下降 0.3%；农村居民人均可支配收入为 19091 元，同比名义增长 1.5%，扣除价格因素实际下降 1.3%。城乡居民收入名义增速分别较上半年回升 4.0 和 5.8 个百分点，城乡居民收入比为 1.98，差距略有扩大。

具体看，前三季度天津居民人均工资性收入 22066 元，小幅增长 0.5%，比上半年回升 2.7 个百分点。这主要得益于天津市扎实推进各行业和单位复工复产，经济社会活动基本恢复正常；大力稳定就业形势，出台一系列稳就业政策，加大对企业和就业困难群体的扶持力度；落实疫情防控一线医务人员待遇和城乡社区工作者补助；提高失业保险金、防暑降温费、高温补贴等因素。前三季度，天津居民人均转移净收入 6818 元，增长 14.0%，比上半年增长 2.2 个百分点，继续成为拉动居民收入增长的第一动力。这主要是因为今年以来天津市继续加大民生领域的投入，上调基本养老金标准；农村地区户厕改造持续推进、清洁取暖用电用气补贴发放等惠民政策，助推从政府得到的实物产品和服务大幅上涨；加强对因疫情致困家庭的帮扶力度，人均社会救济和补助收入增长 21.2%；疫情稳定后，居民门诊、住院等就医行为受影响程度缩小，就医时所产生的报销医疗费收入快速回升。前三季度，天津居民人均经营净收入 2158 元，下降 16.4%，但降幅较上半年大幅收窄。这主要得益于各项惠企措施的落实，以及疫情稳定后，居民外出休闲、购物等意愿增强，为我市相关经营户收益的增加创造了良好条件。同时，夏粮丰收，粮食价格略有上涨，生猪等养殖产品价格高位运行为经营净收入增长提供了动力。

第二，低收入人群收入下降明显。据天津社会科学院“天津市千户居民户卷调查”显示，受疫情影响低收入人群的收入明显下降。在家庭人均收入小于 2000 元的被调查者中，收入下降的比例为 46.3%，比其他人群高出了 16.4 个百分点。分城乡看，城镇低收入居民中收入降低的比例为 45.1%；农村低收入居民中收入降低的比例为 48.0%。农村低收入家庭受疫情影响更大。

第三，娱乐、批发零售等行业从业人员收入下降明显。天津社会科学院“天津市千户居民户卷调查”显示娱乐业从业人员收入下降的比例最高，为 75.0%；其次为批发和零售业，比例为 60.0%；此外，建筑业、服务业从业人员收入降低的比例也比较高。见图 1：

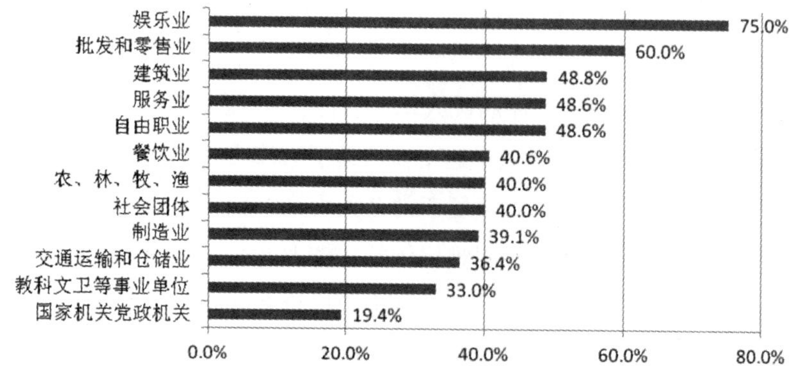

图 1　不同行业从业人员收入降低比例

2.居民消费支出下降，消费习惯发生变化

新冠肺炎疫情发生以来，由于收入降低以及防控疫情的需要，天津市居民的消费支出下降，消费习惯也发生了变化。

第一，居民消费支出下降，但基本生活有保障。国家统计局天津调查总队公布的数据表明，前三季度，天津居民人均消费支出 20858 元，下降 12.2%，扣除价格因素，实际下降 14.6%。其中，城镇居民人均消费支出 22737 元，下降 12.8%，实际下降 15.1%；农村居民人均消费支出 11971 元，下降 7.2%，实际下降 9.7%。与上半年相比，居民消费支出降幅明显收窄。

总的来看，居民收入下降主要是服务性消费受到抑制，但基本生活得到了有效的保障。前三季度居民在家消费的食品支出增长 9.0%，其中，人均蔬菜和食用菌支出增长 11.5%，人均肉类支出增长 40.0%，人均禽类支出增长 29.5%，人均蛋类支出增长 2.0%；人均家庭日用杂品支出增长 7.8%；人均医疗器具及药品支出增长 8.2%，特别是人均购买口罩等医疗卫生器具的支出增长 4.7 倍。另一方面，居民的服务性消费下降 21.9%。各类服务性消费均出现不同程度减少。其中，居民外出就餐次数明显减少，人均饮食服务支出下降 34.2%；人均医疗服务支出下降 21.9%。

第二，居民消费行为出现新变化。因疫情影响，居民消费行为和习惯出现新变化。一是网购消费逆势增长，人均邮费支出增长 12.4%，居民通过网络购买商品的次数、消费额均较上年同期大幅增长，尤其是通过网络购买的各类服务消费明显提升。二是日常生活、出行适应疫情常态，方式更加健康，家庭设备随之升级，购买洗碗机和消毒碗柜支出快速增长，人均购买自行车支出增长 35.7%，人均购买健身器材支出增长 1.4 倍。

第三，低收入家庭的消费下降明显。天津社会科学院 2020 年 9 月 “天津市千户居民户卷调查”显示，家庭人均月收入在 2000 元以下的被调查者中，消费下降的比例为 36.2%，比平均水平高出 17.5 个百分点。低收入家庭消费本身就集中在基本的衣食住行上，消费的降低必然会降低生活质量，恶化生活状况，需要引起重视。

总的来说，受疫情影响，天津市居民的收入与支出均有一定程度的下降，但是随着疫情的平稳及经济的逐渐恢复，天津市居民的客观生活状况并没有受到明显影响，基本生活得到了有效的保障。但需要注意的是，低收入家庭受疫情的影响比较大，需要关注这部分居民的帮扶工作。

（二）2020 年天津居民主观生活状况分析

所谓主观生活状况是指居民对目前生活状况的主观评价，主要通过居民的幸福感、生活质量满意度来测量。随着物质生活条件不断改善，生活水平逐渐提高，仅从物质层面并不能全面的反应人们的生活状况，需要从幸福感、生活质量满意度等多方面对居民的生活状况做出全面的评价。

1.2020 天津市居民总体幸福感处于中等水平

天津社会科学院 2020 年 9 月“天津市千户居民户卷调查”显示，在被调查者中，感到“非常幸福”的比例为 7.4%，“比较幸福”的比例为 36.6%，“一般幸福”的比例为 45.3%，“比较不幸福”的比例为 8.4%，“非常不幸福”比例为 2.2%。如果将“非常不幸福”记值为 1，“比较不幸福” 记值为 2，“一般”记值为 3，“比较幸福”记值为 4，“非常幸福”记值为 5，天津市居民的平均幸福值为 3.38，处于“一般”和“比较幸福”之间。总体幸福值处于中等水平。

进一步分析可以发现，高学历、城镇居民以及老年人的幸福感较强。统计结果表明，基本上学历越高被调查者的幸福感就越高，研究生学历的被调查者中，感到“非常幸福”和“比较幸福”的比例为 53.8%，大本学历的比例为 46.6%，大专学历的比例为 42.6%。高中学历的比例为 41.3%，初中学历的比例为 33.1%，小学及以下学历的比例为 33.4%；研究生学历人群要比小学学历人群高出 20 个百分点。城镇居民的幸福感要高于农村居民，城镇居民中感到“比较幸福”和“非常幸福”的比例为 45.0%，农村居民为 39.6%，二者相差了 5 个百分点。此外，60 岁以上老年人的幸福感比较高，感到“比较幸福”和“非常幸福”的比例为 50.2%，比 60 岁以下人群高出了 8 个百分点。

2.居民对生活质量的满意度处于中等水平

调查显示在被调查者中，对生活“非常满意”的比例为 9.6%，“比较满意”的为 32.5%，“一般”为 49.0%，“不满意”的为 6.1%，非常不满意的为 2.3%。如果将“非常不满意” 记值为 1，“比较不满意” 记值为 2，“一般”记值为 3，“比较满意”记值为 4，“非常满意”记值为 5，天津市居民的生活质量满意度为 3.41，略高于幸福感。

具体看，除了物价水平之外，居民对生活各个方面的满意度均在 3～4 分之间，处于“一般满意”和“比较满意”之间，满意度处于中等水平。见表 1：

表 1　天津市居民满意度描述表

生活方面	满意度平均值	生活方面	满意度平均值
家庭收入状况	3.10	休闲娱乐生活	3.39
工作状况	3.20	生活节奏	3.36
社会保障	3.28	生活的便利性	3.54
物价水平	2.95	社会公平	3.09
婚姻家庭生活	3.70	天津的文明程度	3.34
人际关系	3.66	天津的社会治安	3.66
健康状况	3.45	天津市的公共服务	3.48

从表 1 可以看出，居民对物价水平的满意度最低，低于平均值 3，表明居民对物价水平的满意度处于不满意区域。居民对收入状况的满意度也比较低，为 3.10，接近“一般”。另外，居民对社会保障、工作状况的满意度也相对较低，总的来说居民对自己的经济生活满意度不高。

通过回归分析可以发现，经济生活状况、婚姻状况、健康状况与生活的便利性是影响居民生活满意度的主要因素。见表 2：

表 2　居民生活满意度回归分析

模型	非标准化系数		标准化系数	T	显著性
	B	标准错误	Beta		
（常数）	0.136	0.067		2.025	0.043
家庭收入状况	0.325	0.025	0.338	13.041	0.000
工作状况	0.162	0.024	0.166	6.690	0.000
社会保障	0.046	0.024	0.049	1.922	0.055
物价水平	0.002	0.021	0.002	0.081	0.935
婚姻生活	0.158	0.018	0.173	8.721	0.000
人际关系	0.031	0.023	0.029	1.363	0.173
健康状况	0.068	0.021	0.071	3.288	0.001
休闲娱乐生活	0.044	0.026	0.043	1.650	0.099

续表

模型	非标准化系数		标准化系数	T	显著性
	B	标准错误	Beta		
生活节奏	0.014	0.025	0.014	0.575	0.565
生活的便利性	0.069	0.024	0.067	2.951	0.003
社会公平	0.013	0.023	0.014	0.555	0.579
天津的文明程度	0.005	0.027	0.005	0.177	0.859
天津的社会治安	0.012	0.024	0.012	0.489	0.625
天津市的公共服务	0.035	0.028	0.034	1.233	0.218

R=0.812[a]　　R^2=0.660　　调整后 R^2=0.657　　P<0.001

从上表可以看出，对居民生活满意度影响最大的是收入状况，第二为婚姻状况，第三为工作状况，第四为健康状况，第五为生活的便利性。这说明居民对生活质量的要求是多方面，而提高居民的主观生活水平需要从以上多个方面着手。

二　2021 年天津市居民生活状况预期

（一）2021 年天津市居民收入有望回升

虽然 2020 年上半年，天津居民收入增速下滑明显，同比出现下降，但第三季度经济发展中的积极因素不断增加，经济下滑状况有效扭转。预计随着经济形势的进一步改善以及“六稳”“六保”各项措施的进一步落实，居民收入有望回升。

天津社会科学院 2020 年 9 月“天津市千户居民户卷调查”的结果显示，有 29.1%的被调查者预计未来收入会有所增加，而预计有所减少的比例 18.8%，二者相差了 10 个百分点，说明市民对未来收入增长较有信心。但进一步分析可以发现，低收入人群对未来收入增长信心不足，对未来的收入预期不确定性更强，低收入人群中，有 17.2%的人表示无法预计未来收入，比其他人群高出 8 个百分点。同时调查数据还显示，收入降低人群的收入预期也在降低，预期未来收入还会降低的达到了41.8%，比其他人群高出了28.4%。总的来说，未来天津市居民的整体收入有望回升，但受疫情影响，部分居民的收入状况会受到较大影响。

（二）2021年天津市居民消费增长可期

消费直接受到消费预期的影响。通过消费信心指数[①]的分析，可以发现未来天津市居民的消费增长可期。天津社会科学院2020年9月“天津市千户居民户卷调查”统计结果表明，天津市居民的消费信心指数为104.9。其中，消费者满意指数为107.1，消费者预期指数为104.9。消费者信心偏强。具体看，被调查者对目前就业的满意指数为104.8，对目前家庭收入状况的满意指数为104.45，对目前购买耐用消费品的时机的评价指数为112.25。对未来就业状况的预期指数为107.23，对未来收入的满意指数为99.77。除对未来收入的满意度外，其他指标均高于100，处于偏强状态。

进一步分析发现，不同群体的消费者信心指数有一定差异。高收入群体消费信心指数高于低收入群体。统计结果表明，收入在5000元以下被调查者的消费信心指数为103.4，而收入在5000元以上的被调查者消费信心指数为108.2。影响二者差异的主要是目前收入及未来收入满意指数。收入在5000元以下的群体对目前收入的满意指数为99.3，对预期收入的满意指数为96.2，而收入在5000元以上的调查者，这两个指数分为116.1和106.8，说明影响低

① 本报告的消费者信心指数借鉴《北京市消费者信心季度调查方案》，通过“对就业现状的评价”“对收入现状的评价”“对当前耐用消费品购买时机的评价”“对未来就业状况的预期”“对未来收入状况的满意度”5个指标构成指标体系完成。消费者信心指数由消费者满意指数和消费者预期指数构成。其中，消费者满意指数权重为40%，由就业状况满意指数、家庭收入状况满意指数、耐用消费品购买时机满意指数构成，计算公式为：（就业状况满意指数+家庭收入状况满意指数+耐用消费品购买时机满意指数）/3；消费者预期指数权重为60%，由就业状况预期指数和家庭收入状况未来满意指数构成，计算公式为：（就业状况预期指数+家庭收入状况预期指数）/2。各小类指数的计算方法为：某一指标满意（预期）指数=［100×①%+50×②%+③%×0−50×④%−100×⑤%］+100，其中，①%、②%、③%、④%和⑤%分别表示被访者在回答某一问题时，选择“非常好”“比较好”“一般”“比较差”“非常差”的人数比例。选择某选项的人数比例=选择该选项人数÷该题有效样本数×100%。

按照国际惯例，指数的取值介于0和200之间，100为消费者信心强弱的临界点，表示消费者信心呈一般状态。指数大于100时，表示消费者信心偏强，指数值越接近200，表示消费者信心越强；反之，指数小于100时，表示消费者信心偏弱，越接近0，表示消费者信心越弱。

收入人群消费信心的主要是收入因素，提高收入是促进消费的有效手段。

50 岁以上的中老年人的消费信心高于 50 岁以下人群。50 岁以上中老年人的消费信心指数为 109.1，且 5 个具体指标指数均超过了 100。具体看，目前就业的满意指数为 108.9，对目前家庭收入状况的满意指数为 108.9，对目前购买耐用消费品的时机的评价指数为 114.9。对未来就业状况的预期指数为 111.6，对未来收入的满意指数为 104.5。而 50 岁以下人群的消费信心指数为 101.6，具体指标指数分别为 101.5、101.8、109.9、103.7、95.9，均低于 50 岁以上的中老年人消费信心指数。可以说中老年人蕴含着巨大的消费潜力，采取有效措施促进中老年人消费是提振经济的重要路径。

（三）2021 年天津市居民生活质量满意度增强

虽然受到疫情以及经济转型等多方面因素的影响，天津市居民的经济生活满意度不高，总体生活满意度处于中等水平；但从纵向比较看，对居民生活质量满意度有影响指标的得分均高于 2018 年的调查。天津社会科学院 2018 年 8 月“天津市千户居民户卷调查”显示，2018 年，天津市居民对收入状况满意度的平均分为 2.65，对工作状况满意度的平均分为 2.97，对婚姻生活满意度的平均分为 3.52，对生活便利性满意度的平均分为 3.29，均低于 2020 年调查结果（如图 2 所示）。这说明，虽然疫情对居民的生活造成了一定影响，但从整体上看天津市的民生得到了有效保障，居民生活水平不断提高。未来天津市居民的生活质量满意度也将不断提高。

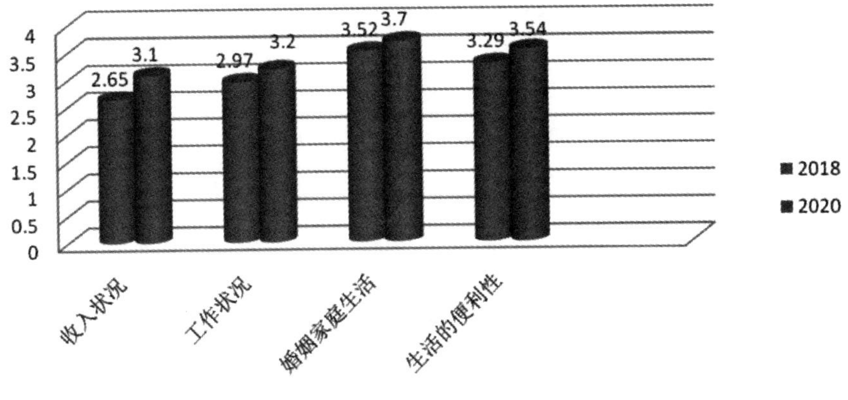

图 2　2018 年和 2020 年天津市居民生活满意度对比

三　2021 年提高居民生活水平的对策建议

面对疫情以及复杂的国内外形势，天津经济逐步克服前期影响，呈现明显的企稳回升态势。2020 年第三季度，GDP、工业、服务业、投资、消费、外贸等主要经济指标与上半年相比，降幅均有不同程度的收窄。天津经济运行已经度过疫情以来最艰难的时刻，保持了良好的韧性和抗风险、抗冲击能力，这也为居民生活状况的不断改善提供了坚实的基础。另一方面，近年来，天津市政府每年不断坚持实施 20 项民生工程，保证每年财政支出的 75%以上用在民生保障和改善方面，民生保障和改善方面的工作效果也不断加强。但同时我们也应该看到，目前天津市某些民生领域仍然存在短板和不足。而这些短板与不足也恰恰与影响居民生活满意度与幸福感的主要因素相关。所以提高居民生活质量与生活水平就要继续以习近平新时代中国特色社会主义思想为指导，深入贯彻新发展理念，在抓好常态化疫情防控的同时，从人民群众的需求出发、以提高居民生活满意度与幸福感为目的，解决民生的短板和不足，不断增强民生福祉，促进居民生活水平不断提高。

（一）扩大就业，提高居民收入

就业乃民生之本，没有稳定的就业，基本生活难以保障。前三季度，全市新增就业 37.01 万人。但是受疫情、环保压力、经济结构调整等众多因素影响带来的经济增长不足，限制了市场主体对劳动力的需求，因而我市就业形势依然严峻，就业难问题仍然突出。因此需要多渠道的扩大就业。首先，坚持把“稳就业”摆在“六稳”之首，大力实施就业优先政策，全面落实促进就业主体责任，着力扩大就业规模，着力帮扶重点群体就业。其次，要积极发展新模式、新业态、通过创新赋能，提高经济活力，创造更多的就业岗位。再次，要解决环境保护、市容市貌建设与经济发展、扩大就业之间的矛盾。增加社区就业帮扶力度，解决再就业困难。发展早市及夜市特色经济，为低学历就业困难群体提供更多的就业机会。

（二）提高医疗保障水平，促进居民身体健康

近年来，天津市坚持以人民健康为中心，坚持保基本、强基层、建机制，深化医疗、医保、医药联动改革，落实公立医院改革、分级诊疗、医联体建设、药品保障和综合监管等医改举措，加快健康天津建设，健康服务水平获得显著提升。今后，天津市应继续发展社区医院，发挥民营医院作用。通过提供社区健康讲座、开展全民健身活动等方式促进居民的身心健康。

（三）进一步完善公共服务，提高居民生活的便利性

随着收入水平的提高，人们对城市生活质量的要求越来越高，需求层次也越来越多元化，生活便利性也成为影响居民主观生活质量的重要因素。近年来，天津市城市建设快速发展，城市的舒适度与便利性有了一定程度的提高，但是交通拥堵、停车难、部分地区居民出行、购物困难等问题仍然存在。因此，在 2021 年的民生工程中，应该进一步完善公共服务，着重改善交通拥堵、停车难等问题，提高居民生活的便利性。

长城国家文化公园（天津段）建设研究（2021）

任吉东　天津社会科学院历史研究所研究员
刘凤华　天津社会科学院历史研究所副研究员
杨　楠　天津社会科学院历史研究所助理研究员
陈曼娜　天津财经大学人文学院教授

摘　要： 通过对长城国家文化公园（天津段）的定位、规划以及建设现状的分析，我们认为长城国家文化公园的规划和建设工作中存在着缺乏专业机构统筹、资金保障不足、建设标准不够统一规范、展示方式不充分、文化层面活化整合力度不够、交通等基础设施较差、专业人才储备不足等问题。基于上述问题，提出如下对策和建议：创新思维方式，建构文化管理新理念；在政府领导下，建立健全专家会商与伙伴机制，设立长城智库，推进文化场馆和数字化建设；设立专项基金同时借助基金债券与社会资本；制定和完善相关规定、评价体系和问责机制；建立彰显具有区域文化特色的主题化长城国家公园；以多元手段展现长城文化，文旅商相结合；修复长城本体，建立清洁能源，打造长城绿色生态示范带；建设长城国家北方步道，完善基础设施。

关键词： 长城国家文化公园　创新思维　长城智库　北方步道

长城是中国古代伟大的军事防御工程，是典型的线性文化遗产，在我国北方地区 15 个省区市均有分布。其修筑历史可上溯到西周时期，秦灭六国统一天下后，秦始皇连接和修缮战国长城，始有万里长城之称。明朝是最后一个大修长城的朝代，明朝长城就达 8851.8 千米。1961 年长城被国务院公布为第一批全国重点文物保护单位；1987 年被列入世界文化遗产名录。因此，长城既是中国人心中最特殊的文化遗产，是中华民族的精神标识，又是驰名中外的世界文化宝库之一。长城在国际上享有的盛誉，使得长城国家文化公园的建设，不仅对增强人民群众的文化自信具有显著意义，而且为向世界讲好中国故事提供了良好平台。

一　长城国家文化公园（天津段）的基本概况

天津市现存长城均为明代长城，墙体总长 40.28 千米，自东向西划分为赤霞峪、古强峪、船舱峪、青山岭、车道峪、黄崖关、前甘涧 7 大段 176 小段，全部分布在蓟州区下营镇，辐射范围至蓟州区全域。作为中国万里长城之缩影，长城（天津段）是融合红色长城、文化长城、绿色长城为一体的美丽长城，具有国际性的文化影响力。

习近平总书记指出，长城是中华民族的精神象征，具有独特的历史文化价值，需本着对历史负责、对人民负责的态度，切实完善政策措施，加大工作力度，依法严格保护，更好地发挥长城在传承和弘扬中华优秀传统文化中的独特作用。按照习近平总书记的指示和要求，蓟州区专门成立了推进长城国家文化公园建设领导小组，由区主要领导担任组长并会同区各有关部门，在区文化和旅游局设立办公室，负责统筹指导推进长城国家文化公园建设各项任务和重点工程。

经过与天津市文化和旅游局、天津大学城市规划设计研究院等数家管理机构和科研单位的多次调研、座谈和协商，以及对长城沿线文物、文化资源等进行全面调查梳理，蓟州区确立了长城国家文化公园（天津段）的发展定位：中华文化永续传承的重要载体、彰显国家文化自信的重要地标、长城国家文化公园京津冀协同发展的纽带、天津北大门和北京东大门两位一体的重要文化展示平台以及京东地区的国防军事教育基地，并在 2019 年 11 月发布了《长城国家文化公园（天津段）建设保护规划》，提出“一核、一带、两片、两轴、多点”的规划布局，确立了保护传承、研究发掘、环境配套、文旅融合、数字化展示五类重点工程，同时与蓟州区文化发展战略研究规划和“十四五”规划进行衔接。

作为一项新兴事业，长城国家文化公园（天津段）的规划建设既是对原有长城文化景观的完善提升，更是对沿线文物、文化资源的重新梳理整合，是功在当代、利被千秋的重要工程，应该创新思维模式，宏观上整体把握，微观上精准选行，上下联动，充分调动社会各界广泛参与，群策群力，打造成“百年大计、千年工程”蓟州区的工作可圈可点，表现出了一些亮点。但由于没有可供借鉴的经验，在前期规划与建设中也暴露出一些问题和不足，这些问题和不足在长城国家文化公园全线建设中具有一定的共性，需要在今后的工作中加以解决完善。

二　推进长城国家文化公园（天津段）建设的对策建议

（一）创新文化遗产保护利用思维

贯彻落实好习近平总书记关于保护传承利用好国家文化公园的重要批示精神，关键在于进一步提高站位，深化认识，统筹全局，谋划未来，创新思维方式，建构文化管理新理念。国家文化公园是国家公园的一个分支，其核心内涵是以保护传承和弘扬具有国家或国际意义的文化资源、文化精神或价值观为主要目的，兼具爱国教育、科研实践、娱乐休息、国际交流等文化服务功能，是经国家有关部门认定、建立、扶持、管理的特殊区域。

从层级上讲，国家文化公园具备国家性，是国家形象特征和文化传统的标志体现，包含了国家的历史起源、民族精神与国家价值观的渗透，也承载了国家对外文化交流的使命。从内容上讲国家文化公园具备文化性，是以文化资源为支撑、侧重文化主题性的公园，传播国家优秀文化，保护利用文化遗产，满足国民精神文化需求。从功能上讲，国家文化公园具备社会公益性，是为了满足人们欣赏自然、了解历史和民族文化的需要，同时还具有科普、教育、休闲、旅游等功能。

从长城文化遗产的属性上讲，其属于典型的线性文化遗产。线性文化遗产作为国际文化遗产研究的新理论，要求文化遗产管理者必须创新思维，形成与之相适应的管理新理念，进而探索出一套全新的世界文化遗产保护传承与可持续发展的模式，即：形成以长城物质文化遗产、非物质文化遗产与周边环境相结合的“三位一体”的动态保护模式。这种由线性文化遗产本质属性决定的保护模式，可以合理地应对经济、社会、文化与区域发展带来的冲击，进而更好地保护与传承世界文化遗产。

（二）健全专家会商与伙伴机制

建立政府部门与多学科专家学者的会商模式。由政府牵头，建立多学科的专家智库，包括历史、考古、军事、文化、艺术、民俗、地理、文学、经济、生态等与长城文化遗产研究相关的多个学科，实行定期会晤制度和长期监督机制，以保证专责专业、监督到位，有利于化解传统文化保护传承与地方经济开发利用之间的矛盾，使得保护传承与经济开发实现互通双赢。

同时，从前述线性文化遗产保护传承利用的基本理念出发，建立起整个文化遗产线路的协调与协商机制，统筹沿线 15 个省区市的相关部门，明确相关各省区市的职责，有效提升资源利用，进而推动长城沿线各地的保护修缮、文化发掘、活化传承、环境提升、设施配套、文旅融合等工作有机开展。

建立长城文化公园建设与发展的伙伴机制，需通过与文化企业合作，引入以创意为灵魂、以文化为核心的多种新型业态；鼓励公众和志愿者参与，引导社团、民间协会、民间组织和个人参与文化遗产的管理和保护，形成国家文化公园建设的合作伙伴机制，助力国家文化公园的规划与管理决策。

（三）设立专项基金，借助基金债券与社会资本

为推动各地长城国家文化公园的可持续性发展，应在一定程度上扩大中

央财政配给比例，按照各地 GDP 实际能力、规划建设项目数量、施工难度精度细化配给资金数额。同时，为保障重点项目和重大工程的有序推进，使各地的主要精力放在建设上，力保质量，打造“百年示范”“千年工程”，应建立国家文化公园中央专项资金，实行专款专用，避免“烂尾工程”和“豆腐渣”工程。

此外，也可借助金融证券的模式，发行长城基金债券，建立长城保护基金会，引导社会资金通过公益性基金会参与长城保护公益活动。鼓励和引导社会资本参与长城国家文化公园建设，通过支持兴办实体、资助项目、提供服务等形式，给予一定程度的政策优惠，采用招投标方式，公开项目按照领域地域分工建设，鼓励非公企业、社会基金、民间团体积极参与，解决前期投入不足问题。

（四）完善概念规范，健全评价体系与问责机制

国家文化公园建设的良性有序发展，离不开相关制度规范的保障和助推。当务之急应该出台相关规定，对诸如词汇概念、称谓用语、度量单位等制定统一标准，做到“车同轨、书同文，行同伦”，保证国家文化公园建设的科学化、专业化、标准化。

建议借鉴天津大学建筑学院张玉坤等学者关于长城文化遗产价值的评价体系和 2008 年英格兰遗产委员会通过的文化遗产《保护准则》所确立的五大价值标准体系；同时利用天津大学建筑学院所属的文化部“建筑遗产传承信息技术”重点实验室、国家文物局“文物建筑测绘”重点科研基地、文化部“建筑遗产传承信息技术”重点实验室推出的“长城多源航测数据库”，并结合国家文物局对长城沿线省区市的定期考核方法，建立起一套科学而行之有效的长城国家文化公园的国家级检测评价系统。根据这一检测评价系统，每年对长城沿线相关省区市的国家文化公园管理绩效进行年度监测与评估，最后再完善为各级党委和政府对各地国家文化公园管理业绩的考核评价体系，从而落实部门的激励与问责。

（五）彰显区域元素特色，构建互补协调的文化长廊

长城作为具有鲜明特色的建筑遗产和文化符号，应该在彰显和保持区域特色的基础上，打造成为一条互补协调的全线文化长廊，用于展示各地区的代表性文化和标识物，以突出地方文化中的长城和长城中的地方文化，从而成为表现中华大地总体文化脉络的“文化主线”与“文化主脉”。

长城国家文化公园（天津段）首先应该彰显出天津地域的长城特色，如水关、八卦城、长城博物馆等，同时在另一方面，也应该彰显出长城文化中的天津特色，把天津具有代表性和典型性的历史文化、“非遗”产品、标识代表在长城文化公园中得以体现。建议在条件允许的情况下，把长城沿线的各地区进行整体规划和比较，从而确定每个地区的“长城文化主题”，以不同主题的形式呈现不同地域的长城特色，从而形成能够综合体现中华民族文化的“长廊”。

（六）“让游客上山、让长城下山”，充分利用多元化的技术手段

长城国家文化公园除了发展旅游外，更应该强调和彰显其文化价值，进一步整合长城的其他文化功能，将长城打造为兼有军事防御、文物遗产、越野体育、生态保护、地质文化、社会生活等多种样态的综合文化载体，使人们认识到长城不仅是历史上的军事防御工程，更是文明互通的桥梁。同时广泛利用最新的网络技术、VR 技术和大数据系统所组成的智慧旅游体系对长城文化元素进行深入挖掘和充分展示。

借助天津大学建筑学院所属的文化部“建筑遗产传承信息技术”重点实验室、国家文物局“文物建筑测绘”重点科研基地、文化部“建筑遗产传承信息技术”重点实验室关于长城科考的重要成果“长城多源航测数据库”，向观众呈现立体多维的视听感受。

（七）整合“非遗”文化资源，营造文旅商融合的格局

结合天津蓟州区风光、风貌，挖掘当地风物、风味，活化本地风俗、风

情，突破单一空间保护、单一景区发展局限，把物质文化、非物质文化和自然生态结合起来。深度挖掘长城及沿线各类文物和文化资源所承载、伴生、积淀、蕴含的文化价值，在共同的文化主题下，共享文旅商融合的格局和概念，按照各段的特征和开发利用方式，大力开发红色长城、复古长城、绿色长城、体育长城、地质长城等不同的文化类型，并通过各类媒体向社会公众广泛宣传，扩大知名度与影响力。

（八）修复本体与清洁能源，打造长城绿色生态示范带

对长城本体的遗址、遗存、遗迹应按损坏程度分类进行修缮、修复，按文物古迹标准进行修旧如旧的修复，或原生态式的保护原有遗址遗存。对已消失的长城线，应寻找到长城的基本走向设立标志，并发掘沿线的遗存和文物。强化对长城沿线城堡型村落、军事聚落的保护和研究，并将其保护开发与美丽乡村建设相结合，讲好长城沿线的乡村故事。

保护长城周边生态应因地制宜，保持水土及防沙治沙，宜林则林，宜草则草，工程措施与生态措施相结合，人工治理与自然恢复相结合。同时，大力发展可再生能源和清洁能源，长城沿线的风力资源和光照丰富，适合太阳能和风力发电，以长城为依托，在长城沿线建立清洁能源电站，形成长江有水力发电、长城有太阳能风能发电的绿色能源系统，在长城沿线建立绿色低碳循环发展走廊。

（九）创建长城智库机构，保障文化公园的智力支撑

由市委相关部门牵头，联合天津高校科研力量，组建多学科专家团队，设立“长城文化研究院”作为咨询机构。建设长城文史专家、生态管理专家、文化产业专家等专家资源库与基础数据资源平台，开展长城沿线的文献资源、建筑资源、碑铭、诗词、舆图以及非物质文化遗产资源等的收集、整理、研究与利用工作，成立长城主题图书馆，加强对长城本体和周边生态的遥感测量、实时监控和定时维护，条件允许的情况下建立长城网络信息数据库，形成文本+电子化的资料储存方式。

同时，大力创作长城文化艺术精品，包括集学术研究、普及读物和数据统计等的系列丛书，讲好“长城故事”，弘扬“长城精神”，为国家文化公园建设提供智力支撑和文化内容，推出系列衍生文创产品，更好地推动旅游发展和文化建设。

高校和科研部门要加大对相关人才的培养和储备力度，各地要完善基层文保队伍建设；加强国际交流与合作，加强与联合国教科文组织世界遗产中心等国际组织的交流合作，通过与大学联合举办文物保护专业、古建培训班和文物保护工程培训班等各类培训班，针对不同对象，培养、培训文物保护工程管理和技术人才，同时进一步完善相关制度，特别是从业资格管理制度，加强资质授予，特别是年检、注册、资质升降级等管理工作，从而培养一大批既有扎实的专业知识和丰富经验又有正确意识的文物保护维修管理和技术人才。

（十）完善基础服务设施，建设长城国家北方步道

针对长城周边的路网建设，应该坚持定制化思维，利用隧道、高架以及高铁等现代交通手段把“边缘地区”纳入全域交通网，打通“最后一公里”，合理配置相应设施的规格与数量，因地制宜建设医疗卫生、娱乐休闲、健康疗养、文化生活等基础设施，形成内部闭合系统和外部开放网络。

依托长城沿线丰富的考古、文化、自然资源，打破传统单一的室内参观和旅游思路，创新展示形式。在条件允许的情况下，在可实现的区域内建设长城国家北方步道，通过步道将各个地区的长城（包括野长城）连接起来，展现长城的体系特点，让人们更深切地感受到长城的雄伟壮观。

参考文献：

[1] 王国良：《中国长城沿革考》，商务印书馆 1933 年版。

[2] 文物编辑委员会：《中国长城遗迹调查报告集》，文物出版社 1981 年版。

[3] 景爱:《中国长城史》，上海人民出版社 2006 年版。

[4] 张鹤珊:《长城民间传说》，五洲传播出版社 2009 年版。

[5] 中国长城学会:《长城百科全书》，吉林人民出版社 1994 年版。

[6] 国家文物局:《明长城》，文物出版社 2012 年版。

[7] 汪荣祖:《明清史丛说》，广西师范大学出版社 2013 年版。

[8] 何宝善:《明实录长城史料》，北京燕山出版社 2014 年版。

[9] 陈海燕、董耀会:《中国长城志·总述·大事记》，江苏凤凰科学技术出版社 2016 年版。

[10] 国家文物局:《中国长城保护报告》，国家文物局网站 http：//www.ncha.gov.cn/art/2016/11/30/art_722_135294.html。